千古人物

民族英雄

郑成功

郭宏文　杨帆 ◎ 著

中国书籍出版社
China Book Press

图书在版编目（CIP）数据

民族英雄郑成功 / 郭宏文，杨帆著. -- 北京：中国书籍出版社，2022.10

ISBN 978-7-5068-8911-7

Ⅰ.①民… Ⅱ.①郭… ②杨… Ⅲ.①郑成功（1624-1662）—传记 Ⅳ.①K825.2

中国版本图书馆 CIP 数据核字（2022）第023406号

民族英雄郑成功

郭宏文　杨　帆　著

责任编辑	王志刚　彭宏艳
责任印制	孙马飞　马　芝
封面设计	东方美迪
出版发行	中国书籍出版社
地　　址	北京市丰台区三路居路97号（邮编：100073）
电　　话	（010）52257143（总编室）（010）52257153（发行部）
电子邮箱	chinabp@vip.sina.com
经　　销	全国新华书店
印　　刷	三河市顺兴印务有限公司
开　　本	710毫米×1000毫米　1/16
字　　数	280千字
印　　张	16.25
版　　次	2022年10月第1版　2022年10月第1次印刷
书　　号	ISBN 978-7-5068-8911-7
定　　价	56.00元

版权所有　翻印必究

前　言

郑成功（1624年8月26日—1662年6月23日），本名森，又名福松，字明俨、大木，明末清初抗清复明和收复台湾的民族英雄。

郑成功的父亲郑芝龙年少时有些放荡不羁，曾因调戏太守的女儿被驱逐出家乡福建泉州。无奈之下，他投奔了住在澳门的舅舅。从此，郑芝龙开始学习经商。没想到，郑芝龙一改平时顽劣的恶习，开始发奋图强。他不但精通了日语、西班牙语、葡萄牙语等多种语言，而且热心学习剑术，还学会演奏西洋乐器，变成了一个风流倜傥、多才多艺的人。

郑芝龙时常去日本进行贸易，这期间与长崎田川氏的女儿田川惠子一见钟情，后结为夫妇。夫妻俩浓情蜜意，日子简单而快乐。不久，他们便有了爱情的结晶。可是，好景不长，郑芝龙与结拜的28位异姓兄弟因长崎之乱被告发，辗转逃到中国台湾北港。无奈之下，郑芝龙把妻子田川惠子和刚出生不久的儿子郑成功留在了日本。

田川氏是个了不起的女人，她识大理，明大义。在她身上，既有日本女人的隐忍、温柔，也具备中国女人的善良、执着。她对儿子郑成功的启蒙教育，从一个个发奋图强、舍己为人、伸张正义、忠于祖国的故事开始，把许多美好的品质以及英雄的种子，播种在郑成功幼小的心灵里，并由此生根发芽。

郑成功从小就接受母亲的儒家教育。他聪明好学，早早就展现出过人的智慧。但由于他们孤儿寡母，日子艰难，因而常常遭人白眼，受人轻待。因此，小小的郑成功，也养成了坚韧、隐忍的性格。

在台湾的郑芝龙，一举接过结拜大哥颜思齐的班，坐上了结拜弟兄掌门人的宝座，成为台湾海峡贸易的创始人之一。随着势力不断扩大，郑芝龙

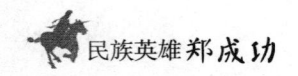

将基地转移到自己的家乡福建泉州,并在泉州发展了强大的海上贸易,建立起庞大的武装贸易。从此,郑家的商船,频频来往于日本、中国台湾、吕宋(今菲律宾),以及东南亚各国,富冠南方诸省。

就在郑成功7岁那年,郑芝龙派人把郑成功接回祖国。

后来,郑芝龙被大明王朝招抚为福建总兵,拥兵几十万,战舰上千艘。但是,商人出身的郑芝龙,总觉得自己低人一等。于是,他不惜花费重金延聘名师,一心想把自己的儿子郑成功培养成文武双全的栋梁之材。

郑成功果然不负父望,舞剑驰射、楚辞章句无所不精。他的叔叔郑鸿逵逢人便说:"此吾家千里驹也!"在郑成功所有读过的书中,他尤其喜爱《春秋》《孙子兵法》,而且有很深的感悟。恰恰是这两本书,给了郑成功忠君爱国的思想,以及成为一个优秀的军事指挥家的潜质。

回到祖国的郑成功,非常思念自己的母亲。他常常到大海边眺望,经常接触郑家军水军。在码头,大家都很喜欢聪明懂事的郑成功,郑成功也非常喜欢听水手们讲述的那些海上惊险故事。这样,在无形中也陶冶了郑成功热爱祖国河山的情操。

明崇祯十七年(1644年),新婚后的郑成功来到六朝古都南京,进入当时最有名的南京国子监求学,拜后来成为清初诗坛盟主之一的钱谦益为师。

钱谦益很欣赏郑成功的才华,评价郑成功的文章为:"声调清越,不染俗气。少年得此,诚天才也。"因此,钱谦益对郑成功非常偏爱。但郑成功从不以此自居,同为钱谦益学生的瞿式耜在夸奖郑成功时说:"瞻瞩极高,他日必为伟器。"

在钱谦益的身边,郑成功接触到许多仁人志士。尤其是东林复社"冷风热血,洗涤乾坤"的忠君爱国精神,激发了他心中的那颗忠君爱国的种子,并迅速成长为一棵参天大树。很快,郑成功就不满足吟诗作对,觉得读书人应先天下之忧而忧,尤其在国家危急存亡之际,要心系天下。

此时,大明王朝正处于内忧外患、满目疮痍之际。后来,随着崇祯皇帝在北京煤山自缢身亡,腐败黑暗、软弱无能的大明王朝轰然倒塌。

留都南京的明朝官僚于五月拥立福王朱由崧为帝,建立弘光政权。然而,弘光政权内部党争不断,内讧不已,搜刮掠夺,无意抗清。随后,对大明王朝忠心耿耿的郑芝龙等人，拥戴唐王朱聿键建立了南明隆武政权，意在恢复大明山河，重振大明王朝的雄风。

面对着破碎的山河，流离失所的百姓，血气方刚的郑成功决定弃文从武。

唐王朱聿键素闻郑家有匹千里驹，而一见郑成功之后，果然是少年英俊，气宇非凡，心里非常喜欢，并有些遗憾地说："可惜我没有女儿，否则，一定招你做我的女婿。"当即，隆武帝朱聿键赠国姓朱，赠名成功。从此，人们称郑成功为"国姓爷"。田川氏母凭子贵，被封为国夫人，有了来中国与丈夫、儿子团聚的机会。但是，令人没想到的是，来到中国不久的田川氏，不堪清军的侮辱而自杀身亡。

对隆武帝的赐姓赠名，郑成功非常感激，更坚定了他忠君报国的信心。其实，隆武帝这么做，是出自对郑成功的喜爱，但也不失借机拉拢郑芝龙，有借助郑家军抗衡清军的意思。可郑芝龙老奸巨猾，内心所打算的是挟天子以令诸侯。而当他眼见着清军的铁骑踏过大半个中国，南明大势已去时，就开始打起了自己的小算盘。

郑芝龙担心郑家失去现有的财富，再加上大清许以的高官厚禄，郑芝龙置跪在他面前痛哭流涕、并苦苦哀劝的郑成功于不顾，一举倒戈降清。从此，父子二人分道扬镳，踏上了不同的人生路。

郑成功毅然与父亲决裂，成为中国历史上罕见的"逆子"。郑成功在孔庙前，悲愤地烧掉了自己的儒衫，瞬间由一介儒生，摇身一变为统率千军万马的大将军。他移孝作忠，竖起"杀父报国"的大旗。他招兵买马，以厦门岛为根据地，矢志抗清复明，与清军血战到底。

后来，台湾首任巡抚、清朝名臣刘铭传在赞叹郑成功时，作了一幅联赞："赐国姓，家破君亡，永矢孤忠，创基业在山穷水尽；复父书，词严义正，千秋大节，享俎豆于舜日尧天。"

郑成功爱兵如子，体恤百姓，严于律己。他励精图治，海商强兵，南下粤海，北上长江，与清军进行了大小58次战役。其间，郑成功凭借80%以上的胜率，不仅使抗清复明大业掀起一个又一个高潮，更是逐步稳固了郑家军在闽南沿海的势力，成为继郑芝龙之后新的东南霸主。

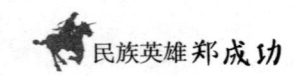

可以说，正是郑成功的坚韧不屈、果敢刚毅，郑家军才一步步发展壮大起来的。但是，由于郑成功常年与西番交往、对抗，不可避免地受到西方价值观的影响。因此，他不拘泥于传统教条，有时甚至不近人情。他铁腕治军，严格执法，怒斩临阵逃脱的叔叔郑芝莞，并逼反施琅、黄梧，从而埋下了黄梧刨郑氏祖坟、献平海策之毒计，施琅掘郑成功墓、一生与郑成功为敌的祸患。

郑芝龙降清后，清政府背信弃义，非但没有高官厚禄，还把郑芝龙软禁起来。为了招降郑成功，清朝廷多次让郑芝龙去劝降儿子，但均遭到郑成功的严词拒绝。最后，无计可施的顺治皇帝亲自写了一封招降信，派使臣带着郑成功的弟弟，来招降郑成功，并准备封郑成功为海澄公。

郑成功的弟弟见到郑成功后，苦苦恳求郑成功看在骨肉之情上，归降朝廷。郑成功的弟弟痛哭流涕地说："哥哥不归顺朝廷，我们全家性命都难保了。"但郑成功丝毫不为所动。

郑家军垄断了东南沿海乃至海峡领域，驰骋于外洋，东抵日本，南达南洋群岛，与葡萄牙、西班牙、荷兰等西方列强展开竞争。尽管没有政府提供的军饷，但郑成功凭借庞大的国际贸易收入，军需自给自足不但没有问题，而且还有充足的资金购买先进的武器装备，以此来武装郑家军，确保抗清大业顺利发展。

自古以来，都是商场如战场，郑成功的海外贸易也不例外。一直以来，郑成功出口贸易中，最主要的一项是生丝。而荷兰入侵中国的台湾，也是为了更方便从中国内地收购生丝出口。荷兰人本就带着掠夺的本性，故而和郑成功之间竞争不断，摩擦时有发生。郑成功一心扑在抗清复明大业上，这才给了荷兰人在台湾耀武扬威的机会。

清顺治十六年（1659年），郑成功联合抗清名将张煌言，率领17万大军，从海上大举北伐。很快收复了瓜州、镇江，接着包围了南京。但由于郑成功刚愎自用，清军总督巧用诈降计等来援军，形势急剧逆转，致使这场震惊全国的大规模北伐功败垂成。

退回厦门的郑成功，并没有消极以待，而是整军练兵，制船造炮，于海门再一次大显神威，以少胜多，大败清军。由于大清朝廷的禁海五策，郑成功开始思考，把台湾作为抗清根据地。

　　台湾自古以来就是中国神圣不可侵犯的领土。明天启四年（1624年），荷兰侵略者占领台湾后，不仅在物质上进行疯狂掠夺，干着卑鄙的勾当，而且还对台胞进行了一场精神上的洗劫。他们推行基督教教育，设立名为"学林"的学校，教授教理、拉丁语、神学等课程，吸收学童加入基督教，强制实行"去中国化"教育，致使台湾人民生活在水深火热之中。

　　经过周密细致的准备，清顺治十八年（1661年），郑成功率领郑家军分成两个梯队，在金门誓师后，横渡台湾海峡，大举进攻台湾。

　　郑成功凭借出色的军事指挥才能，在当地百姓的拥护下，带领郑家军巧渡鹿耳门，兵围赤嵌城。然后，郑成功以攻促降，包围热兰遮城。最后，致使荷兰总督揆一低下了高傲的头，呈上投降书。

　　清康熙元年正月（1662年2月），沦陷了38年的台湾重新回到了祖国的怀抱。就此，郑成功创造了用弓箭和木船，把坚船利炮的荷兰侵略者打得落花流水的神话。而在对待荷兰人的问题上，郑成功更是展现了一个政治家的风范与胸襟。

　　郑成功收复台湾后，废除了荷兰侵略者的一切体制和机构，建立了政府，制定了法律，基本保持了政治制度与大陆一致。郑成功捍卫祖国统一的壮举，不论是在过去，还是在将来，意义都尤其重大。

　　荷兰侵略者占领台湾38年，肆意剥削压迫台湾同胞，生产力极其低下。郑成功收复台湾以后，寓兵于农，开荒种地，自力更生。针对台湾地广人稀的现状，郑成功采用建房给予优厚待遇等政策，招抚流民迁台，开发台湾。他兴修水利，开办教育，推广铁制农具，引进晒盐、制糖的方法，大力发展海上贸易，使台湾的经济得到了发展。

　　后来，郑成功接连遭受父亲被害、永历帝驾崩、儿子郑经乱伦的一系列打击，使已染风寒的郑成功病情日重，最终导致一病不起。在台湾收复5个多月后，许多建设台湾的计划还未来得及完全实施，郑成功就匆匆走完了短暂的38年人生旅程，给人们留下了无限的伤感和遗憾。

　　台湾人民，会永远铭记郑成功的名字。中国人民，也会永远铭记郑成功的名字。

目　录

第一章　乱世少年，心怀壮志修文并

降生东瀛 ………………………………………………… 3
父霸东南 ………………………………………………… 6
母爱如诗 ………………………………………………… 9
辞母回国 ………………………………………………… 12
少年大志 ………………………………………………… 14

第二章　朝廷有难，挺身而出真本色

亡国之痛 ………………………………………………… 21
投笔从戎 ………………………………………………… 24
蒙恩赐姓 ………………………………………………… 27
母凭子贵 ………………………………………………… 30

第三章　局势动荡，父子分歧难同路

与父歧路 ………………………………………………… 37
抗清失利 ………………………………………………… 40
父叛母亡 ………………………………………………… 43
火烧儒服 ………………………………………………… 46

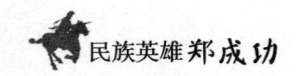

第四章　高举义旗，报国恨大义灭亲

南澳募兵 …………………………………………………… 51
计取厦门 …………………………………………………… 54
悲喜同安 …………………………………………………… 57
蓄势待发 …………………………………………………… 60
大义灭亲 …………………………………………………… 63

第五章　广纳名士，肃军纪踏马河山

招贤纳士 …………………………………………………… 69
喜得良臣 …………………………………………………… 72
施琅叛逆 …………………………………………………… 75
蔑视谣言 …………………………………………………… 78
操练水师 …………………………………………………… 81

第六章　挥师北伐，势如破竹战南京

围头海战 …………………………………………………… 87
海澄大捷 …………………………………………………… 89
羊山海难 …………………………………………………… 92
夺取瓜州 …………………………………………………… 95
决战银山 …………………………………………………… 99

第七章　将军饮恨，经济封锁觅新途

北征饮恨 ………………………………………………… 105
玄著就义 ………………………………………………… 108
对攻清军 ………………………………………………… 111

打破封锁 ··· 114

整军备战 ··· 117

第八章 荷兰入侵，红毛鬼占领台湾

血脉与共 ··· 123

风雨澎湖 ··· 125

台湾被侵 ··· 129

殖民压迫 ··· 132

第九章 储备粮草，雄心万丈收台湾

怀一起义 ··· 139

何斌献图 ··· 142

商议攻台 ··· 145

制造神意 ··· 148

精心筹备 ··· 151

第十章 横渡海峡，郑家军挥师台湾

巧对来使 ··· 157

调兵遣将 ··· 159

祭祀出征 ··· 162

澎湖遇险 ··· 164

第十一章 赤嵌大战，持久围困丧敌志

突破天险 ··· 171

首战大捷 ··· 174

扩大战果 ·· 177
智取赤嵌 ·· 180

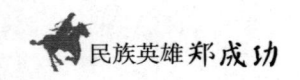

第十二章　收复台湾，决战显英雄本色

街市一战 ·· 187
击退援军 ·· 190
联军破裂 ·· 193
以攻促降 ·· 196
收复台湾 ·· 199

第十三章　开发台湾，众志成城铸大业

荷军离台 ·· 207
寓兵于农 ·· 211
建立政权 ·· 215
严法治台 ·· 218
传播儒学 ·· 221

第十四章　民族团结，名垂千古留青史

祸起萧墙 ·· 227
英雄离世 ·· 231
死因成谜 ·· 234
叶落归根 ·· 237
千秋评说 ·· 241

主要参考文献 ·· 246

第一章 乱世少年,心怀壮志修文并

降生东瀛

郑成功是明末清初著名的军事家,也是为后人称颂的民族英雄。他从荷兰侵略者手中,一举收复了沦陷38年的宝岛台湾,维护了祖国领土的完整统一。这样一位英雄,自有不同于常人的成长轨迹。

郑成功的祖籍是河南光州固始县。为了讨生活,唐僖宗光启年间(885—888年),郑氏先祖迁徙到福建泉州和南安两县之间的一个偏僻小山村里。只是理想很丰满,现实很骨感。小山村消息闭塞、文化落后,郑氏先祖并没有如期待的那样富裕起来。人穷思变,宋高宗绍兴十四年(1144年),郑氏先祖又搬迁到南安石村。这次真应了"人挪活树挪死"那句话,郑氏家族在这个依山傍海的南安石村竟一点点兴旺发达起来。到了郑成功的祖父郑绍祖这一辈,已经是闻名十里八乡的富户了。

别看郑绍祖念书不多,却主管泉州衙门钱库,在当时这可是一个肥差。由于他生财有道、善于经营,郑氏家族置房买地,山林蔼蔼,田畴俨然。

良好的经济基础,又为人正直,郑家不乏民众的支持和拥护,郑绍祖成了闻名乡里的仲裁者,邻里纠纷之类的事情没有他摆不平的。五个儿子中,他独宠长子郑芝龙。

郑芝龙就是郑成功的父亲,生于明万历三十二年(1604年)。小时候,郑芝龙聪明伶俐,但顽劣不服管教。到了上学的年纪,仍然放荡不羁,一副纨绔子弟的样子。郑绍祖一心想找个好先生严加管教郑芝龙,以便让自己的儿子能够成为有用之才。于是便把他带去泉州衙门,督其书经。但郑芝龙习武比习文更有天赋也更有兴趣,一有闲暇时间,他就去练习拳脚,舞刀弄枪,根本无心向学,满脑子只有玩耍。

这一天,他东游西逛一番后,偷着溜进了太守花园。郑芝龙东瞧瞧西看看,觉得很新鲜。尤其花园的假山奇石深深吸引了他,玩得兴起,随手就丢出了一块小石子,要说无巧不成书,这石子不偏不倚就落在了正在溜达的太

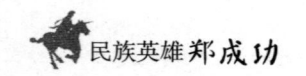

守头上。在自家花园里被人砸了，那还了得。太守勃然大怒，立即派人抓捕肇事者。

不大工夫，几个大汉押着郑芝龙来见太守。太守一看是个倜傥少年，只是训斥了几句，并没有责怪他。郑芝龙侥幸逃脱后，觉得太守都没把他怎么样，别人更不放在眼里了，这胆子是越来越大，脾气更是上涨，连他的父亲也拿他没有办法。

明天启二年（1622年），在人们的眼里。18岁的郑芝龙就已经达到了"双手能举鼎，赤手能擒虎"的程度，在同龄人中脱颖而出。

也许是艺高人胆大，也许是年轻气盛，郑芝龙又一次闯进太守花园玩耍。只是这一次，他无意中偷窥到太守千金，见小姐貌似天仙，顿起了邪念，动手动脚调戏起来。恰巧太守经过撞见，太守火冒三丈，新仇旧恨一起算，一声令下，将郑芝龙逐出泉州，并永不许回来。

郑芝龙性情刚烈，不愿回家，投奔了澳门的舅父黄程。在那里他开始学习经商，并接受了天主教洗礼，教名为尼古拉。他一改平时的顽劣，开始努力学习，不但精通了日语、西班牙语、葡萄牙语等多种语言，而且热心学习剑术，还会演奏西洋乐器，可谓多才多艺。

明天启三年（1623年），郑芝龙奉命押送一批货前往日本。在日本平户港登陆后，喜欢结交朋友的郑芝龙很快结识了华侨铁匠翁翊皇。他经常到翁翊皇家走动，没过多久，便进入当地的华侨圈，成为华侨们各种社交场合的熟客。

翁翊皇有一个日籍继女田川氏，她是日本肥前平户岛主田川七左卫门的女儿，名叫田川惠子，这时才17岁，正值花样年华，美丽动人。俊朗潇洒的郑芝龙，第一次看到她时便被她深深地吸引住了。

田川氏不仅长得漂亮，而且恬静温柔，很会梳妆打扮，在郑芝龙眼中别具异国风情。田川氏对英俊魁梧的郑芝龙也是顾盼生情，真是男有情女有意。不久，两个人便结为夫妻，有情人终成眷属。郑芝龙之前曾娶过一个妻子陈氏，因此，田川氏只能算是郑芝龙的继室。

很快，爱情便开花结果。明天启四年（1624年）七月十四，千里滨（今日本九州西部平户川内浦的海滨）就像平常一样明媚、安静，和相距不远的繁华市镇比较起来，不失为一个好地方。

这天，大腹便便的田川氏正在海边散步，她边走边捡起沙滩上可爱的贝壳。忽然，刮起大风，乌云笼罩了天空。闪电像一把利剑劈向天边，雷声也咆哮起来了，一阵倾盆大雨从天而降。刚刚还是平静温和的海面顿时波涛汹涌，海浪狂暴地翻滚着。这个时候，田川氏忽然感到肚子一阵阵剧痛。她知道自己马上就要分娩了，但一时找不到可以帮助她的人，也没有可以避雨的地方。她只好跟跟跄跄来到一块大石头旁边，就在这里她平安地生下了郑成功。

后来，这块石头因郑成功而闻名于世，被人称为"儿诞石"。如今，这块石头仍放置在平户千里滨的海滩，成为当地的名胜古迹。据说目前这块石头已经被海沙埋陷，潮涨时会没入海浪中，仅能够看见它的顶端。此外，在千里滨还竖有一通碑文，全文约1500字，记录着郑成功出生的事情，以及郑成功一生的功勋业绩。

喝酒回来的郑芝龙看到虎头虎脑的儿子，心中大喜，他预言这孩子将来一定会大富大贵。于是，郑芝龙给儿子取名叫"福松"。"福"代表不要忘了他的家乡——福建，"松"是希望他像松柏一样长命百岁。郑成功的本名，就是郑福松。

郑芝龙看着妻儿，暗暗发誓一定给她们母子一份稳定优越的生活，却怎奈天有不测风云。在日本平户，郑芝龙有28个比较要好的朋友，他们都是血气方刚的年轻人，其中大多是来自福建的老乡。由于背井离乡地做生意，常常遭受一些不公平的待遇。

为改变这一局面，大家抱团取暖，28人结为异姓兄弟。年龄最大、武艺高强的颜思齐做了大哥，郑芝龙最年轻，排在了最末。大家歃血盟誓，"生不同日死必同时"。哥几个意图在日本夺取一块属于自己的地盘，不再看日本人的脸色。

他们把目光放在了长崎岛，经过仔细权衡，定于明天启四年（1624年）七月十五一举拿下长崎岛。不料被人举报，日本当局派兵四处追捕他们。多亏翁翊皇及时通风报信，郑芝龙与27个弟兄，乘坐13艘大船及时逃离日本，经过8昼夜的海上颠簸，到达中国台湾北港。

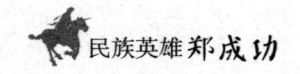

父霸东南

郑芝龙与他的兄弟们登岸后，老大颜思齐见岛上地肥水美、大片荒野还未开垦，决意在此开疆拓土，干一番事业。大家都没有异议，于是迅速在诸罗山安营扎寨，安顿下来，并召集了3000多移民。

吃饭成了头等大事，为了解决温饱，他们一边狩猎，一边开荒种地，开始了台湾最早的大规模拓垦活动。与此同时，他们以逃难的13艘大船为基础，利用便利的海上交通，开展和大陆的海上贸易，并由此推动了海峡两岸的贸易活动。

颜思齐（1589—1625年），字振泉，漳州海澄县人。他生性豪爽，仗义疏财，是第一位开拓台湾的先锋，被后世尊称为"开台王"。

颜思齐是个传奇人物，他的死也充满传奇。明熹宗天启五年（1625年）九月，身材魁梧的颜思齐，不幸感染伤寒，而且一病不起，匆匆走完了36年的人生旅途。

家有千口，主事一人。颜思齐病逝后，郑芝龙众望所归，坐上了头把交椅，当上了华商总会的会长。他在表示一定要继承颜思齐遗志时说："不佞与公等共事二载，本期创建功业，扬中国声明。今壮志未遂，中道夭折，公等其继起。"此后，郑芝龙继续开疆拓土。其实，郑芝龙要比颜思齐头脑灵活得多，更善于经营和扩张自己的生意。

明天启六年至七年（1626—1627年），福建遭遇特大干旱，尤其漳州和泉州最为严重，饿殍满地。大家听说郑芝龙为人重义气，讲信用，于是纷纷投靠郑芝龙，队伍迅速扩大到3万人。

那时，商贸还没有发展起来，南北货物还没有广泛流通。郑芝龙瞅准这是一条赚钱的门路，便在江南一带收购奇珍异物，贩卖到琉球、朝鲜、真蜡、占城等地，再把带回来的珠宝奇货贩到上海、北京、留都（今江苏省南京市）、苏杭、港澳等地销售，由于奇货可居，利润非常大。尤其他把国人看不上的土特产运到海外，那些洋人竟视如珍宝，利润像滚雪球一样往上翻。随着经济实力的不断累积，商会的势力越来越大，很快成为东南沿海的商业巨头。

时间过得很快，转眼就是三年，郑芝龙非常想念还在日本的妻儿，多次派人去接田川惠子母子，却屡遭日方阻挠。

郑芝龙明白，只有自己的实力足够大了，才能尽快接回妻儿。于是他开始自立门户，不断招兵买马，扩大势力。他先后合并了台湾的汉人武装力量，又从大陆招募人员到台湾，并从福建招来郑兴、郑明、杨耿、陈晖、郑彩等部将，广纳贤才。

为了有效管理，他别出心裁地把部下分为参谋、总监军、督运监守、左右谋士等职务，层层管控。郑芝龙还规范了一整套纪律，赏罚分明，并且严格训练队伍，初步建立了郑氏地方统治政权，成为当时闽海上最大的武装集团，威名远扬。

随着郑芝龙的势力日益扩张，引起了明朝统治者的恐慌，尤其沿海官员把他视作海盗上报了朝廷，皇帝不问青红皂白，下旨剿灭。

此时的郑芝龙早已今非昔比，圣旨根本就没放在眼里。在同官军的第一次较量中，郑芝龙一举击败朝廷水师，官兵逃的逃，降的降，可谓大获全胜。不久朝廷又多次派兵围剿，怎奈郑芝龙深得民心，沿海老百姓大多自愿为他通风报信，充当耳目，故而屡战屡胜。

经过大大小小的战役后，郑芝龙声名大噪，但真正让他成名的却是同卢毓英、福建总兵俞咨皋两大名将的战役。

卢毓英是戚继光手下的一员虎将，骁勇善战，久经沙场，杀倭无数，可谓百战百胜。他原本一直驻扎在金门，只是朝廷屡剿郑芝龙屡败，才被皇帝调来围剿郑芝龙。卢毓英一直觉得不过区区几个海盗，调自己来剿，未免杀鸡用了宰牛刀，根本没把郑芝龙放在眼里。结果轻敌冒进，中了郑芝龙的埋伏，还没打个照面，便被活捉了。郑芝龙敬他是个抗倭英雄，百般礼遇，并释放他还营。二人惺惺相惜，敌人变成了朋友。

如果说这次是轻取巧胜，那么同俞咨皋之战可就是龙虎斗了。俞咨皋是抗倭英雄俞大猷的儿子，和他父亲一样勇猛。作为福建总兵，在朝廷中那也

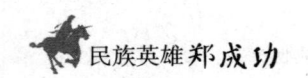

是能征善战的大将，这次统领金闽水师征剿郑芝龙，也是志在必得。

金闽水师是朝廷的王牌部队，骨子里有股子傲气，自是不把郑芝龙放在眼里。但郑芝龙却未雨绸缪，早早做了防范。双方交起手来，郑芝龙亲临战场，沉着指挥，充分调动了每个士兵的积极性，不但重创金闽水师，兵败逃走后的俞咨皋也被朝廷斩首。一时间，朝野皆惊，无人再敢提征剿之事，朝廷也不敢小觑郑芝龙。

没人提，并不等于不存在，郑芝龙成了朝廷的一块心病。后来有人提议，可以招安，皇帝便派福建巡抚熊文灿前去劝降。

其实，郑芝龙根本就没打算背叛朝廷，他一直觉得不论财力多雄厚，军事实力多强，终归是个野路子，没有什么政治地位。而要想光宗耀祖，赢得天下人敬仰，就只有在朝廷里"苟得一爵相加"。

明崇祯元年（1628年）八月，卢毓英在熊文灿的授意下对郑芝龙进行招抚，郑芝龙归顺了朝廷，被封为"游击将军"。这虽是一个空头衔，但朝廷实现了调虎离山之计，郑芝龙离开了海上贸易根据地台湾，坐镇东南沿海。

此时，清军日益强大，明朝岌岌可危。郑芝龙再一次抓住时机，以游击将军的名义，据守台湾海峡，霸占一方水域，对来往商船强行纳税。并且大禁海运，凡是没有郑芝龙旗号的船只一律不得通行，郑芝龙一手控制了海上贸易和营运，钱财滚滚而来，富可敌国。

郑芝龙绝不是守财奴那样的鼠目寸光，他用钱养武装队伍，扩大力量，很快消灭了势均力敌的大海盗李魁奇，打败了杨六、杨七、刘香等几股海盗，并痛击了荷兰侵略者，受到了明朝廷的嘉奖，拥有了一支实力雄厚的水师军队，威望日重。

崇祯三年（1630年），明朝廷病入膏肓，天灾频发，不是干旱就是水涝。老百姓走投无路，苦不堪言。郑芝龙把数以万计的灾民用船运往台湾，不但发放生活费，而且还提供耕牛、农具，鼓励灾民开荒自救。这一举措，深得民心，不但解了朝廷燃眉之急，也让他名利双收，从此开始经营台湾。

崇祯六年（1633年）七月十三日，荷兰人突然袭击大陆沿海，击毁了大量明军船只，其中也有郑氏船只，意图迫使明朝廷开放贸易。郑芝龙听报后，十分震怒，立即派出火船冲击荷兰军舰，狠狠地痛击了荷兰侵略者。

十月二十二日，郑芝龙会同闽、粤两省水师进行反击，在金门料罗湾大败荷军，成为明王朝几十年间从未有过的海上大胜仗。这一战烧毁了四艘荷兰战船，缴获了一艘，烧死、生擒大批荷军。

时隔不久，郑芝龙再次在福建湄洲湾痛击荷军，烧毁多艘荷军战船。从此，福建没有了荷军的踪迹。因为战功卓越，郑芝龙升任福建总兵，同时也取得了东南沿海的制海权，合理合法地掌控了东西洋贸易，连荷兰殖民者也得卑躬屈膝地与郑芝龙修好。自此，郑芝龙成为名副其实的"闽海王"，独霸一方天下，无人争锋。

母爱如诗

明天启四年（1624年）七月十五日，郑芝龙因夺取长崎岛计划败露后逃离日本，田川氏又当爹又当妈，一人担起了教养郑成功的重任。她给郑成功取了一个日本名字"大木"，她希望儿子像树木一样健康茁壮地成长。

虽然郑芝龙也去看过他们母子，但娘俩的生活并不宽裕，郑成功从小就很懂事，从不和母亲提什么过高的要求，学会了过简朴的生活。

田川氏也知道郑芝龙从来就不是一个安分守己的人，但她爱自己的丈夫，欣赏自己的丈夫，这大概就是情人眼里出西施吧！她觉得儿子和他父亲一样聪明，她明白通过良好的教育完全可以让儿子摒弃他父亲的缺点，健康地长大成材。

田川氏识大理、明大义，是个好女人，在她身上既有日本女人的隐忍、温柔，也具备中国女人的善良、执着。原来她的父亲是中国人，自幼饱读诗书，屡试不第后做了工匠。因躲避战乱，被迫到了日本。站稳脚跟后，娶了一个当地女子为妻。由于女随母姓，生下的女孩便取名田川惠子。田川惠子的父亲在对女儿的教育过程中，严守中国的教育方法，教会了女儿诗书礼仪。

田川惠子的父母以锻刀为生，由于生产力低下，都是手工作业，所以日

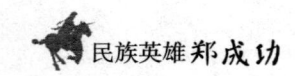

子并不富裕，仅能维持一家人的温饱，没有太多的积蓄接济女儿。

田川惠子不以为意，常常在忙完了自己的活后，回家看望父母，帮他们做一些力所能及的杂活。

田川氏从小就在父亲那里听说了很多中国故事，她没到过中国，但父亲给她描绘的中国风景山水，就像一幅画印刻在她的脑海里，尤其父亲教她的汉语，更让她觉得中国文化的博大精深，她喜欢中国的国学，她感觉中国是个了不起的国度，对中国充满无限向往。

自儿子还在怀抱中开始，也不管儿子听得懂听不懂，每天晚上田川氏都会给郑成功讲故事，直到他睡着。儿子把她的生活填得满满的，似乎丈夫不在身边也没那么孤独了，她很感激儿子的陪伴，尽管他还那么小。

明熹宗天启七年（1627年），郑成功四岁了。田川氏不但教会儿子日语，而且郑成功还能用汉语背诵《三字经》《百家姓》，有模有样地讲述孔融让梨的故事。田川氏十分钟爱自己的儿子，但又严格教诲，从不迁就。郑成功小小年纪就懂得礼仪，深得乡邻的喜爱。

别看平时田川惠子省吃俭用的，在儿子的教育上从不吝啬。郑成功五岁的时候，花重金为儿子聘请了有名的剑道老师，每天晚上教他练习拳剑。她觉得自己吃点苦没什么，只希望儿子有个美好的前途。

郑成功是个聪明懂事的孩子，知道母亲的不易，所以学习起来很刻苦，不久便有了"小剑客"之称。看着儿子一天天地进步，田川惠子的心里就像吃了蜜一样甜。她开始有意识、有选择地给儿子讲述英雄的故事，鼓励儿子发奋图强、舍己为人、忠于祖国。岳飞、文天祥、戚继光……走进了郑成功的脑海，埋下了英雄的种子。她告诉儿子，像这样会武功、文学修养也很高的英雄在中国还有很多。一个人要想有出息，必须从小就得努力学习，积累知识，拓宽视野，打下扎实的基本功。

对于母亲讲的那些故事，大木虽不是完全理解，但英雄的种子已经开始在心里萌芽。

有一次，他和许多小伙伴们在路边玩耍，正玩得兴高采烈，几匹受惊的马沿着土路狂奔而来，扬起一路灰尘。有的孩子吓得一动不动，有的孩子竟哭了起来。正在大家都很紧张得不知如何是好时，只见郑成功拿着外公给他做的玩具刀，像一个大人一样朝那几匹受惊的马冲去，就在马要接近他的时候，他把那个锃亮的刀往头上一举，高喊一声，把刀向马抛去。那几匹马看到一个刺眼的东西飞来，便掉头向其他的方向跑去，所有的小伙伴都没有被受惊的马伤到。此时，郑成功表现出来的聪明和勇敢，对他成年后创立一番伟业起了很大作用。但对于当时的孩子们来说，郑成功就像个小大人，和他在一起就有主心骨，因此许多小孩子都愿意和他一起玩。

晚上，田川惠子知道了这件事，虽然她有些后怕，但她还是表扬了儿子，肯定了儿子的行为。大木若有所思地问母亲，他以后是否能够做大事。听到孩子这样的问题，她知道这个时候一定要鼓励孩子。于是，她对儿子说："只要你肯好好学习，将来你长大了，不但可以做大事，而且还能做大官。"听到母亲的话，大木心里很高兴，对自己充满了信心。

可以说郑成功后来的许多美好品质，皆来自母亲故事里的主人公在他幼小心灵里产生的最大影响。后来，他征战疆场时还时时回忆母亲的教诲，他说母亲讲的那些启发他善心、爱心、伸张正义以及远大志向的故事，对他来讲受益终身。

几年后，大木如田川氏期待的那样，快速成长成一个聪明好学的英俊少年，聪明果敢，极富正义感，小小年纪骨子里散发着一股凛然正气。

有一次，郑成功看见几个小孩在围攻一个孩子，他毫不犹豫地冲上去把他们分开，并斥责那几个小孩不该欺负人。那几个小孩见他也是个孩子，哪肯服气？转身就和他动起手来。大木也没客气，三下五除二就把那几个孩子打倒在地。那几个小孩哭着骂郑成功是个没有父亲的孩子，也不是日本人，快点滚回中国去。大木听了非常伤心，父亲不在身边，一直是大木的软肋，他十分羡慕别人家的孩子可以和父母在一起。很多次大木特别想问母亲，父亲什么时候来接他们，但看到劳累的母亲，话到嘴边他又默默地咽了回去。

田川氏怎能不懂儿子的心事，她经常带儿子去海边捡贝壳、看大海。每次来海边，她总有一种波涛能把她的思念载向远方亲人的感觉，故而她都特别兴奋，总是情不自禁地牵起儿子的小手，指着远方告诉儿子：大海的另一边就是中国，你的父亲就在那里。父亲成了郑成功心中的一个谜，他多么想早日见到父亲。

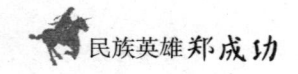

辞母回国

父子连心，大海这边的郑芝龙也非常思念自己的妻儿。自从接受招安后，生活渐渐稳定下来，接回田川惠子和儿子一直是他最大的心愿。

那几年，郑芝龙也曾三番五次地去平户悄悄看过田川惠子和儿子，但由于有人监视，考虑到妻子和儿子的安全，所以每次都是聚散匆匆。除了给她们母子留些钱财，别的什么也做不了，这让郑芝龙非常愧疚。其间他又多次派人去接田川惠子母子，都遭到了日本幕府的拒绝。那时，他的实力还不够，故而只能作罢。

明崇祯三年（1630年），郑芝龙独占东南，事业如日中天，具有了相当的实力了，一家团聚再一次提到议事日程，成为他的当务之急。

由于事务缠身，郑芝龙就把接回妻儿的重担交给了最信任的弟弟郑芝燕。郑芝燕拍着胸脯跟哥哥保证，一定接回嫂子和侄儿。

到了日本后，才发现事情有些棘手，并不是想象的那么简单。原来德川幕府统治时期实行保守的对外政策，"日女不入中原"。这是人家的国策，谁也没有办法。

德川幕府又称江户幕府。1603年由征夷大将军德川家康在江户（今东京）所建。德川幕府是日本历史上最强盛也是最后的武家政治组织，历经265年15代征夷大将军，对外采取锁国禁教等一系列政策，对后世的日本产生深远的影响。1868年，德川幕府彻底垮台。

郑芝燕想想自己可是打了保票的，接不回嫂子和侄儿，他没法向哥哥交差。于是赶忙给哥哥郑芝龙写了一封信，详细地说了这边的情况。

经过了那么多事，郑芝龙更加聪明老练，接到弟弟的来信后，马上明白了，如果不给日本人施加点压力，他们是不会轻易放人的。

做事就怕没有主意，有了主意就会有解决的方法。

郑芝龙派人找来一个画家，让他按要求给自己画一幅像。没用多久，旌旗飘扬，战舰一字排开，郑芝龙身穿官服，威严地站在中间战舰上的一幅画就画好了。

郑芝龙仔细端详了一番，觉得还缺少点什么。于是，拿过笔在上面写下了三个字：军威图，这才觉得满意。他让人把画收好，然后又精心挑选组织了一个船队，一切打点妥当之后，命一心腹统领船队出发。船队带着画和大量的奇珍异宝，浩浩荡荡地来到了日本和郑芝燕会合。

郑芝燕再一次和幕府将军交涉，不但献上了礼物，而且还呈上了郑芝龙的"军威图"，请他允许田川惠子母子回到中国。

没想到郑芝龙的这招还真见效了。这一次日本人不再那么强硬，尤其看到船队上的水手个个身穿铠甲，手执利器，威武高大，这才知道田川氏的丈夫郑芝龙不是等闲之辈。但日本女子不能出国，是有明文规定的，即使是幕府将军也不能违反。

后来，经过双方多次交涉，日本政府提出了一个折中办法，那就是让郑成功回到中国，田川氏则要留在日本。

这个结果令郑芝龙非常愤怒，甚至仇恨，但好歹回来一个，总比一个都回不来强多了。而对于7岁的小郑成功而言，这个结果有些残酷。他同母亲在一起，见不到父亲，如今可以去见父亲，却要离别母亲，他想不明白，为什么他只能和父母中的一个生活在一起？他摇晃着母亲的手，恳求母亲和他一起回国。这时的郑成功完全就像一个日本小孩，他不想和母亲分开，甚至决定不回国了。

田川惠子强忍悲痛，告诉儿子，自己是个日本人，只能待在日本，他必须回国，因为这是好不容易争取来的。

郑成功担心自己走了以后，母亲会孤单，所以临走之前，在家门前亲手栽下一棵松树，让它代替自己陪伴母亲。于是，在他走后，田川惠子非常想念他，这个松树就成了他母亲的精神寄托。很多年后，松树长成大树，虬枝百结，郁郁葱葱，蔚为"松浦心月"的盛景之一，长期为日本友人凭吊。当然，这是后话。

十月份的时候，秋风夹带着落叶，一阵紧似一阵，郑成功就要乘船启程了。临行前，田川惠子握着儿子的手，一遍一遍地叮嘱儿子要注意的事项，

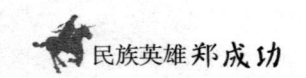

嘱咐儿子要听父亲的话……眼泪止不住地流。小郑成功一边给母亲擦眼泪一边对母亲说：母亲，您别难过，等我长大了一定回来接您。

田川惠子抱着儿子失声痛哭，过了好一会儿，才狠下心把儿子推上船。大船一点一点地离开她的视线，儿子离她越来越远。

7岁，成了郑成功生命中一个标志性的时间。这一年，他离开了熟悉的小伙伴；离开了母亲；离开了熟悉的日本，在海上航行10天后，郑成功到达了这个陌生的国度——中国，来到一个陌生的家。

郑芝龙见到儿子，才发现儿子已经是个英俊的少年郎了。他试着询问儿子一些问题，小郑成功对父亲虽有些陌生，但还是一板一眼地有问有答。郑芝龙见儿子声音洪亮，谈吐文雅，不慌不忙，从容而淡定，根本不像家里的那些小少爷骄横顽劣，他终于看到了郑家的希望，心里乐开了花。

他马上给儿子起名郑森，字明俨。随后，满怀喜悦地带儿子到南安石井拜谒郑家祖祠，然后回到安平城。

一直以来，郑芝龙作为福建的最高长官，可谓有权有势，但在当地的名门望族眼里，也不过就是个海盗、暴发户，骨子里根本就瞧不起他。他也明白，要想洗白，只有靠儿子们获取功名，可家里的小少爷一个比一个顽劣骄横，就没有一个是成材的料。失望之余见到受过良好教育、举止端庄的郑成功，无异于见到了一道曙光，他把读书应试、光宗耀祖的希望都寄托在了郑成功的身上。

而此时的郑成功早已立志好好学习，尽快将母亲接来团聚。

少年大志

郑成功回国，可谓一个华丽的转身。从简朴的渔村一步跨入泉州安平镇最大、最豪华的府邸，从粗茶淡饭的村野小子到锦衣玉食的少爷，由母子相依为命的孤苦到奴婢成群、一呼百应，这一切都来得太快、太突然。7岁的郑成功搞不懂也不适应。

看着一大群的弟弟妹妹在他们的母亲面前撒娇嬉戏，郑成功总觉得自己是个局外人。他越发想念自己的母亲，常常凝望着东边的天空，猜想着母亲此刻在做什么，是不是也在想他？一想到母亲也在想自己，脸上不知不觉地就会浮现笑意。因为这个，没少让叔父和弟弟们笑话。

郑芝龙却认为郑成功是个有情有义的孩子，打心眼里喜欢。尤其有一次，他带着儿子出去，遇到一个铁嘴神算的相面先生，那个先生见到少年郑成功，满脸惊异之色，一口认定郑成功是："济世之雄才，岂止是科举中举人？"一想到儿子将来能成为叱咤风云的人物，郑芝龙心花怒放。

郑芝龙对儿子能够光耀门楣抱着极大的希望，为了栽培他，为儿子聘请了最好的老师。

老师有着强烈的忧患意识，在授业的同时常常拿英雄志士的诗篇让他学习，他希望他的学生能够忧国忧民，一生以民族大义为重。从老师这里，郑成功知道了战法革新破匈奴的卫青；匈奴不灭不治宅邸的霍去病；无求生以害仁的苏武；心昭日月的岳飞；正气浩然长存的文天祥……这些忠肝义胆、杀身成仁的仁人志士给郑成功留下了深刻的印象，他把文天祥的"人生自古谁无死，留取丹心照汗青"作为自己的座右铭，誓做一个顶天立地的英雄。

都说好老师是火种，能点燃学生的心灵之火，支撑起一代人的脊梁。看来这话有一定的道理。

郑成功爱读书，涉猎很广。8岁就会背诵"四书""五经"，10岁就能做八股文。在所有的书中，郑成功最喜欢《春秋》和《孙子兵法》。《春秋》的儒家思想对他影响非常大，忠君爱国根植于心；郑成功带兵打仗，每每在兵力不足的情况下，智取成为他军旅生涯的一大特色。而智取中最常用的间谍术，被郑成功运用得炉火纯青。经他建立的情报网如同蜘蛛网一样灵通复杂，只要清军一有动静，消息就会立刻反馈到他那里，一直到清朝末年，这个情报网仍然存在着。正是《孙子兵法》，赋予了他成为一个将军的卓越才能。

可以说，郑成功成功地把书中的精神完全发挥出来，彻底摒弃了死读书、读死书，而这种好习惯从他在日本时就已经开始了。他自幼头脑灵活，读书作文从不拘泥形式，他在文章中阐述的观点以及独到的见解也令老师赞

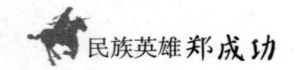

叹不已。

郑成功11岁那年，老师出了一个作文题目："小子当洒扫应对进退"。这是《论语》中的一句话，意思是说，子夏的门人弟子在洒扫庭院、应对宾客、进退礼仪方面做得非常好，堪称典范。郑成功信手拈来："汤武之征诛，一洒扫也；尧舜之揖让，一进退应对也。"

一篇文章的好坏，最重要的就是文中的思想。不过一个普通的日常生活礼仪的题目，被一个年幼的孩子发挥了自己的政治联想，说出了修身、齐家、治国平天下的大道理，文章意境深远，大气磅礴。就连郑成功的老师也感慨不已，连连赞叹："真乃天下奇才也！"

最疼爱他的三叔郑鸿逵逢人便夸郑成功：这是我们家的千里驹。

一直以来，郑成功希望自己成为一个文武双全的人。所以，除了读书，他还勤于剑法拳脚，对骑马射箭也有浓厚的兴趣。郑成功不是浮躁的孩子，花费在这上面的时间很多，务求每一件本事都要学透学好！这为他日后漫长的戎马生涯打下了极为雄厚的基础。

时间总是飞快流逝，一晃七八年过去了。

明崇祯十一年（1638年），15岁的郑成功被父亲送到南安县学习，结业后参加"县试"，强手如林中牛刀小试，以优异成绩中了秀才，迈出了他科举的第一步，郑芝龙无比自豪、欣慰，在那些名门望族面前，觉得自己的腰杆都挺直了。

当时，一位阅人无数的老先生见到郑成功后，就对郑芝龙说："此子将来无可限量，绝对不是你能比得上的！"后来历史证明这位老先生的话的确没有说错，尽管他们是父子，郑芝龙在中国历史上的地位是不能和郑成功相提并论的。

明崇祯十五年（1642年），19岁的郑成功已经是身材魁梧、仪表堂堂的男子汉了，也到了谈婚论嫁的年龄。

前来提亲的媒人络绎不绝，但郑芝龙早就有了一个合适的人选。新娘是礼部侍郎董飏先的侄女，年长郑成功一岁。在封建社会，婚姻就是父母之命媒妁之言，无论郑成功多想找一个情投意合的女子相携人生，也只能听从家长的安排，更何况他还是一个孝子。

尽管郑成功不同意这门婚事，可这位董夫人温柔识大体，很是贤惠，任谁也挑不出一点毛病。她明知道丈夫不喜欢她，可她不计较也不怨恨，谦恭地侍候着郑成功。

精诚所至金石为开，董夫人的宽容大度打动了郑成功，她的贤良淑德赢得郑成功的敬重和爱意。婚后第二年，董夫人为郑家开枝散叶，生下长子郑经。

有了爱妻娇儿，郑成功并没有沉湎于温柔乡里，更没有停下求学的脚步。崇祯十七年（1644年）也是顺治元年，20岁的郑成功以第一名的成绩考入南京国子监太学院。

南京是当时明朝的政治中心，六朝遗风、人文荟萃之地，可谓藏龙卧虎。当时，南京有个诗人叫钱谦益，他以雄浑而沉郁、优美而又华丽的诗风闻名南京乃至东南沿海一带。郑成功读过他的诗，很是敬佩。到了南京后，就以弟子之礼拜钱谦益为师。

钱谦益（1582年10月—1664年6月），字受之，号木斋，晚号蒙叟、东涧老人。苏州府常熟县鹿苑奚浦人，清初诗坛的盟主之一，学者称他为虞山先生。明朝时，官至礼部侍郎，后因权力争斗失败被免职。明灭亡后降清，官至礼部侍郎。后世对他争论不休，但他与柳如是老少配的爱情故事，数百年来却为人们津津乐道。

当时，年轻的郑成功写了几首诗作为拜门帖，钱谦益看后大为赞赏。他认为郑成功如此年纪，就能写出没有一点世俗之气的诗文，颇为难得。

郑成功并不满足于吟诗作对，他一直觉得读书人应先天下之忧而忧，尤其国家危亡之际，要心系天下。为此，他喜欢和他的老师谈论一些国家大事。

此时，明王朝内忧外患，满目疮痍，钱谦益对国家的命运并不抱乐观态度。但郑成功却不那么认为，他觉得事在人为，局势的转变根本就在于人的努力。

钱谦益听了郑成功的观点后，觉得郑成功过于年轻，经历的事太少，所以想法未免太过天真。这个世界上的任何事，都是说起来容易，而要真正去做却是非常的困难。

郑成功不同意老师的说辞，他认真地看着老师说："老师，做事也有区别，能不能做是一回事，愿不愿意做又是一回事。只要下定决心，不在乎个人荣辱，即使只有精兵三千，也足够了！"

郑成功的这段话，言语有些激烈。钱谦益非但没有生气，反而对郑成功刮目相看。他清楚地知道，自己的这个学生无论胆识、节操还是谋略都胜过自己，将来一定是国家栋梁之材。

钱谦益越来越喜欢这个年轻人，倾尽一生所学相授。他常夸奖郑成功：此人英雄，非他人能比。

从这里不难看出，郑成功从小便树立了远大的理想和抱负，以及知其不可为而为之的勇气，应了那句"自古英雄出少年"。

第二章　朝廷有难，挺身而出真本色

亡国之痛

动荡的社会环境，对百姓来讲，虽是苦不堪言，却是英雄角力的舞台，正所谓时势造英雄。

郑成功成年的时候，由于宦官当权，统治者的倒行逆施使大明王朝如同风烛残年的老人，余日不多。而农民起义就像一只最大的推手，加速了它的灭亡。

明天启七年（1627年），由陕西开始的农民起义，如星火燎原般迅猛蔓延开来，从而揭开了农民大起义的序幕。起义群雄中，分别以李自成、张献忠为首领的起义军势力最强、规模最大。

明崇祯十七年（1644年）五月，擅长游击战的张献忠据地开国，在成都建立农民政权，国号大西。

张献忠，字秉忠，号敬轩，外号黄虎，明万历三十四年（1606年）八月出生于陕西定边县的一个贫苦人家。做过捕快当过兵，因爱打抱不平，几乎丢了性命。崇祯年间开始组织农民起义，建立大西国同时也是唯一的皇帝。清顺治三年（1647年）冬月，在西充凤凰山阻止清兵南下时，被流箭射中而死。

虽然史学上对张献忠的争议不少，但民间仍流传下来很多逸闻趣事。其中，"张家长，李家短"这句俚语，就与张献忠有关。张献忠在治理成都时，曾派辑事兵丁在大街小巷来回巡查。一天半夜，辑事兵巡查到城墙附近时，听见边上的草棚里有夫妻吵嘴。起初，这个兵丁也把夫妻吵嘴没当回事。不久，那妻子骂道："半夜三更了，你还张家长李家短地说个不停。"兵丁心里一惊，这不是在侮辱大西皇帝吗！但他脑子一转，觉得自己立功受奖的机会来了，于是便报告了上司。

第二天，这家男子便被拿进官府。张献忠听说后哈哈大笑地说："好，好！张家长李家短，此是吾家胜自成之谶也！他是个良民，发赏释放。"于

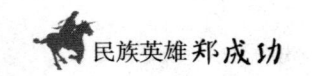

是，"张家长李家短"便流传至今。

张献忠口中的自成，就是闯王李自成。李自成生于明万历三十四年（1606年）八月，原名鸿基，世居陕西榆林米脂李继迁寨。明崇祯二年（1629年），李自成在榆中兵变起义。4年后，率部东渡黄河，在陕西投奔他的舅舅闯王高迎祥。李自成勇猛有胆识，被称闯将。高迎祥牺牲后，被拥继为闯王。

崇祯十三年（1640年），河南遭遇百年难遇的大旱，北方大乱，社会矛盾日益尖锐。于是，李自成趁着明军主力在四川追剿张献忠之际，突入河南，打出"均田免税"的口号，获得民众的欢迎，队伍迅速扩大。不久攻入洛阳，杀死了万历皇帝的儿子福王朱常洵，并把他与鹿同煮，与将士们共享，名为福禄宴。

崇祯十六年（1643年）十月，李自成占领陕西全省。次年正月，在西安建立大顺政权，年号永昌。

李自成登基后，迅速整顿队伍，渡过黄河，挥师北京。崇祯十七年（1644年）三月十七，李自成用大炮轰开了西直门，在城中叛降小太监的帮助下，以锐不可当之势打开了乾清宫的大门。崇祯皇帝朱由检见大势已去，于两天后的三月十九在景山自缢，历时276年的明王朝宣告灭亡。

崇祯虽死，但南方、山东等地依然是大明的天下。此时，关外的清军虎视眈眈，蠢蠢欲动。

李自成进入北京后，没有一鼓作气，扩大战果，而是被胜利冲昏了头脑，只顾歌舞升平，完全忽略了这些内忧外患。尤其是他手下的大将汝侯刘宗敏，到吴襄府把吴三桂宠妾陈圆圆掠来，强行纳做自己的小妾，致使吴三桂即将投降而复叛。

吴三桂（1612年6月—1678年10月），字长伯，锦州总兵吴襄之子。吴三桂武举人出身，借父荫升都督指挥，是明末清初著名的政治、军事人物。时任辽东总兵，封平西伯，镇守在山海关。

李自成多次派人前去招降，吴三桂见大明气势已去，犹豫再三，曾一度有了投降李自成的想法。后听说自己的爱妾陈圆圆被汝侯刘宗敏占有，怒发冲冠。但此时，他的处境很微妙，可以说是两面受敌。关内不敌李自成，关外难挡多尔衮。吴三桂权衡再三，投靠了关外的清军，誓与李自成决一死战，这也就是历史上著名的"三军恸哭皆缟素，冲冠一怒为红颜"。

清军早就垂涎着大明江山，吴三桂的倒戈，无疑加速了清军的进关脚步。

崇祯十七年（1644年）四月，多尔衮率领八旗兵，以吴三桂为先锋，杀向北京。

李自成仓促出战，怎奈起义军进入北京这个繁华之地后，很快腐化，失去了原有的战斗力。几日后，起义军大败而归，被迫离开北京掉头南下。清顺治二年（1645年）四月廿四，李自成在湖北通城九宫山元帝庙被杀。

清军乘机占据北京城后，多尔衮将年幼的顺治帝以及清朝廷，由东北的盛京（今辽宁省沈阳市）迁都至北京，建立起中国历史上最后一个封建王朝——清朝。

自从清朝定鼎中原开始，满族统治者依然根深蒂固地执行"首崇满洲"政策，对广大汉族人民和其他少数民族进行残酷的民族压迫。清兵所到之处，烧杀抢夺。他们大规模地圈地，把汉人的家园、良田无条件地变成满人财产，很多汉人沦为八旗奴仆。并且全然不顾汉人的风俗习惯，强制推行"剃发"令。

遭受灭国之痛的汉人，在民族伤疤还未结痂的时候，又遭遇了种族歧视导致的流离失所，苦不堪言。就是身在朝廷的汉官，也同样不好过。虽然汉官有很深的文化造诣，政务能力也很强，但仍受制于满人，地位低下，得不到信任，满汉矛盾成为清初最主要的社会矛盾，全国陷入一片混乱中。

清顺治元年（1644年）四月，在大地主以及地方实力派拥护下，明神宗朱翊钧的孙子福王朱由崧在南京即位，成立了南明小朝廷，年号弘光。

人们本指望福王抗清复明，却不料他是个扶不起的阿斗，只顾终日沉溺酒色，过着荒淫无耻的生活，对清兵乘胜南下的危机视而不见，不闻不问。同时，南明小朝堂之上，党争又非常激烈。由于朱由崧信任奸佞小人，大肆排挤忠臣，致使抗清名将史可法远走扬州，国事日益不堪。

此时，经历了明清两朝的生死搏斗，目睹了各种各样的人和事，在南京国子监读书的郑成功，思想日渐成熟。郑成功对阉党专权，君臣误国，极

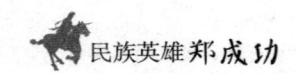

为不满，并且作了一首诗，对明末的弊政和重大失误，做了尖锐的批评，诗曰："元首何昏昏兮，股肱不良；庶事之丛脞，安得黎庶之安康。"同时，郑成功又抒发了自己尽忠报国的情怀："将区区之愚忠直兮，同心同德赋同仇。"

投笔从戎

郑成功尽忠报国的思想进入成熟期，基本是在南京国子监读书这一段时间。

南京国子监建于明太祖洪武十四年（1381年）。太祖朱元璋在南京称帝建都后，觉得"治国以教化为是，教化以学校为本"，"贤材不备，不足以为治"，因而大力主张办学时所建。国子监规模宏伟，学子来自各地的贡生。其中，也有来自日本、琉球、高丽（今朝鲜）、暹罗（今泰国）等地的留学生，是当时世界上规模最大的高等学府，中国古代最大的一部百科全书《永乐大典》，就是在这里编抄成书的。

国子监以儒家经典为基础，传授封建正统思想。郑成功的忠君抗夷、建功立业等观念逐渐在这里成形，并日渐成熟。尤其是他的老师钱谦益是东林党的领袖之一，这使郑成功有机会接触到很多爱国志士。这些爱国志士把读书、讲学同关心国事紧密地联系在一起，触及社会现实问题，议论如何改变政治腐败、民不聊生等现况。东林党人坚守杀身成仁、忠君报国的理念，以及推崇的"冷风热血，洗涤乾坤"的精神，对热血青年郑成功有着极强的感染力。尤其是，忠君之士起兵抗清的壮举在这里广为传诵，勇赴时艰、舍生取义的史可法，深深地震撼了郑成功，并在他心里竖起了一面光辉的旗帜。

可以说，正是这些求学经历，铸就了郑成功对国家民族命运的责任感以及使命感。

此时，郑成功还仅仅是个学生，忠君报国也只是一个想法，而随后南京小朝廷的一系列变故，成为郑成功投笔从戎的推手。

顺治二年（1645年）春天，当南京小朝廷的皇帝朱由崧还在醉生梦死的时候，清军大举南下，明将许定国投降清军，淮河防线一泻千里。

此时，驻扎在武昌、怀有野心且袒护东林党人的明朝大将左良玉，拖着既老且病之身，以"清君侧"为名，从汉口到蓟州排列了二百多里长的军舰，浩浩荡荡地起兵东下，直逼南京。清君侧就指清除君主身旁的亲信、奸臣。

专擅朝政而又排斥东林党人的马士英、阮大铖为了抵抗左良玉，全不顾抗清前线危急，急忙把黄得功、刘良佐两员大将调回打内战，声称宁可让清兵来，也不让左良玉得志。

极具讽刺意味的是，左良玉路过九江时，因挟持九江将领不成，一怒烧了九江城。在离开九江的当夜，左良玉吐血而死。各将领秘不发丧，共同推举他的儿子左梦庚做了主帅。

后来，左梦庚以袁继咸为见面礼，投靠了追逐李自成到九江的清英亲王阿济格。为此，清军实力大增，直逼南京屏障扬州。

南明弘光元年（清顺治二年、1645年）四月十五日，扬州陷入清兵的重重包围之中。镇守扬州的史可法急调受其节制的各镇兵将增援，怎奈个个贪生怕死，无一人应命驰援。史可法抱着与城共存亡的决心，率4000亲兵苦守孤城。

史可法，字宪之，号道邻，河南开封府祥符县人。生于1601年，官至兵部尚书，是明末著名的民族英雄。据《明史》记载，史可法的母亲在生他之前，梦见了文天祥。或许正是这个极具传奇色彩的出生，在面对清兵的时候，他所表现的英雄气概，才让人感到可歌可泣。

由于扬州城城墙高峻，清军在攻城大炮还未运到的情况下，多次派人招降史可法。史可法不为所动，在西城门写下四道遗书，以示抵抗到底绝不屈服的决心。

南明弘光元年（清顺治二年，1645年）四月二十五日，清军以红衣大炮轰开扬州城的城门，清军杀进城内，史可法自刎未遂被俘。

清豫亲王多铎再次劝降，史可法大义凛然地说："我是明朝的重臣，岂肯苟且偷生，头可断，志不可屈！城亡吾亡，我志已定，即使碎尸万段也心

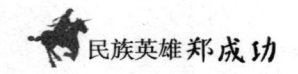

甘情愿。"

于是，史可法慷慨就义。虽然史可法的人生定格在了45岁，但他宁死不屈的民族气节，激励着一代又一代人，千百年来，一直广为传诵。

清军占领扬州后，以不听招降为由，在扬州城大肆奸杀淫掠。他们疯狂屠杀了十日，触目所及，尸骨堆积如山，死者逾八十万人，历史上把这一事件称为"扬州十日"。也正是因为这场疯狂的屠杀，让风景秀丽、风华物茂、烟花三月下扬州的历史名城变成了废墟。

跨过了扬州这道最后的屏障，清军跃马挥鞭，驰骋江北。清军如入无人之境，直杀到长江边上，并借着夜色掩护，由京口渡江，直抵弘光政权的都城南京。

此时，南京城内依旧熙熙攘攘，毫无备战气氛。秦淮河畔，灯火辉煌，燕语笙歌，昏庸的弘光帝正在后宫醉生梦死。而马士英等权臣以及文武百官听说扬州陷落，赶忙收拾金银珠宝，准备南下逃命。之后，清军不费吹灰之力占领了南京，弘光帝朱由崧在逃跑的途中被捉。

当初，福王朱由崧即位时，见郑芝龙独霸东南，兵财两旺，极力拉拢，封他做了南安伯，并擢升为福建总兵，于是，郑芝龙调派四弟郑鸿逵、大将郑彩统领6000精兵，拱卫京师。

弘光政权灭亡后，准备撤往杭州的郑鸿逵及郑彩，听说杭州城也被清军占领，便率领兵马退回福建。

皮之不存，毛将焉附？此时，还在南京读书的郑成功，目睹了弘光政权的灭亡以及百姓的流离失所，他被这乱世震撼了。

自入国子监以来，郑成功总以为读书为治国安邦之本，而现在的朝廷腐败堕落，最终导致了国已不国，读书根本救不了国家。他觉得，天下兴亡匹夫有责，自己应该为国家做点什么。于是，郑成功毅然走出夫子庙，决定先回到福建家乡去，投笔从戎，抗击清兵，重拾大明河山。

明末清初，本就是多事之秋。而回到福建的郑成功，亲身目睹了一个新王朝的建立。

蒙恩赐姓

大明崇祯政权败亡，南明弘光政权仅仅维持一年。弘光元年（顺治二年、1645年）五月，清军兵临江南，并活捉了逃亡的朱由崧，然后押往北京。第二年，朱由崧被清朝凌迟处死，时年四十岁。

弘光帝惨死后，东南王郑芝龙驻守的福建，就成了扛起大明江山的最后希望。

巡抚张青堂、巡按御史吴春枝、礼部尚书黄道周、南安伯郑芝龙等人，得知潞王朱常淓在杭州降清，在群龙无首的情况下，共同商议在福建拥立唐王朱聿健为监国。监国通常是指皇帝外出时，由一重要人物留守宫廷处理国事。此时由朱聿健来代理南明朝政。

朱聿健是明太祖朱元璋第二十三子唐王朱桱的后代，明太祖九世孙，可谓血统纯正的皇室后裔。明崇祯五年（1632年），朱聿健世袭唐王，在南阳拥有了自己的封地，成了优哉游哉的藩王。

崇祯九年（1636年）八月，清军入塞直逼京师，明朝廷危机四伏。锋芒毕露的朱聿健在未获旨的情况下，招兵买马，奋不顾身地出兵勤王。明朝对藩王防备极严，明文规定"藩王不掌兵"。虽然朱聿健动机纯粹，但崇祯帝唯恐有人篡位，非但不领情，反而大怒，把朱聿健废为庶人，关进凤阳皇室监狱。

崇祯十七年（1644年），朱由崧在南京称帝，大赦天下，朱聿健也因此重获自由，并被封为南阳王，但要求他必须迁往广西平乐府。第二年五月，朱聿健动身前往广西，但行至苏州时，弘光政权灭亡。之后，到嘉兴避难的朱聿健，遇到手握兵权的镇江总兵郑洪逵、熊文灿、户部郎中苏观生等人。

朱聿健痛恨历代皇帝的腐败，对南京陷落悲愤不已。想到自己作为皇室后裔，上不能保卫国家，下不能安抚流民，混在一群难民中苟且偷生，不免放声大哭，痛不欲生。都说男儿有泪不轻弹，此情此景，十分感人，同行者

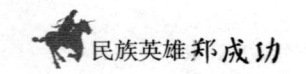

无不落泪。

历史有时也极富戏剧性，被寄予厚望的潞王朱常淓，在清兵来袭时，未做任何抵抗就降了清军，由此，朱聿健被推上了历史的舞台。

南明弘光元年（清顺治二年、1645年）六月十五日，朱聿健在浙江衢州接受监国之职，并在检阅部队时发布誓词：率师恢复中原，收复大明江山。

弘光元年闰六月二十七日，朱聿健在福州称帝大典上，虽然遭遇玉玺碰落一角的尴尬，但仍然顺利地建元隆武，成立了新的南明小朝廷。

南明隆武帝即位后，广纳贤能之士，大施皇恩，封官赐爵。郑成功的父亲郑芝龙被封为平虏侯、叔父郑鸿逵被封为定虏侯，两人皆为首辅。郑芝龙的其他几个兄弟，也分别受到隆武帝的封赐，郑芝豹被封为澄济伯、郑彩被封为永胜伯。

应该说，隆武帝是南明政权中比较有作为的皇帝。他总结了弘光灭亡、潞王降清的教训，以御虏抗清为战略目标。他布衣粗食，严惩贪污，一心勤于中兴政务。

此时，君臣一心，决心平复天下，锐意恢复大明江山。明朝在江西、湖北、广东、四川、云南等地的文臣武将，听到建立了隆武新政权，仿佛看到了大明复兴的希望，纷纷表示拥护，并上表称臣。

自明天启六年（1626年）以来，福州一直是郑芝龙的势力范围。朱聿健建立隆武政权后，军政大权依旧牢牢地掌握在郑芝龙一人手里，隆武帝调不动一兵一卒。

郑芝龙自以为拥护朱聿健登基有功，况且军政开支都由郑家支付，因此居功自傲，成了隆武帝革新政治的一大阻力。为了摆脱这种困境，隆武帝急切地寻找着一个能够为他尽忠效力的贤才。

南明隆武元年（清顺治二年、1645年）八月初三，郑成功随着父亲到福州布政使衙门觐见皇上。隆武帝早就听说了郑家的这位长公子聪明好学，文武兼备，独得郑芝龙的偏爱。而这次见面，果然让朱聿健感觉郑成功英俊挺拔，气宇轩昂，心里便有了几分喜爱。

隆武帝平素酷嗜读书，精通儒家典籍，他有意试试郑成功的才学，话题便从郑成功上学的国子监开始聊起。

隆武帝肯定了郑成功的老师钱谦益的文学造诣，并极力赞扬了钱谦益、阮大铖等一批爱国志士的爱国热情，对抗击清兵、宁死不屈、杀身成仁的史可法赞不绝口。随后，隆武帝将话题幽幽一转，说：如今乃是多事之秋，朝廷人才匮乏，急需治国安邦的良将。朕听说你是莘莘学子中的翘楚，胸怀大志，我很想听听你对当今时局的看法，以及对抗击清兵可有什么对策？

纵使郑成功年纪轻轻就经历了很多事，比同龄人更有见识和胆略，但毕竟是头一次面见皇上，难免有些紧张。

隆武帝为了打消郑成功的顾忌，和颜悦色地对郑成功说："今天咱们是探讨国事，你有什么见解和主张，但说无妨，朕不会怪罪于你。"

郑成功见隆武帝温文儒雅，丝毫没有皇帝的架子，心中也就没了顾忌。他从剖析南明开始，阐明自己的观点，指出："眼下南廷伊始，国事冗杂。仆身于局外，而心怀朝纲，旦夕不敢懈怠，盖思先帝，忧乎危倾耶。近闻朝中以拥立一事，相仇益甚，至有讹言流布，危机暗伏，波诡云谲，层出不穷。此乃仆所至忧也。社稷维艰，于此为甚！纷纭国事，至大至重者，莫过于抗清图存。凡我大名人士，岂无覆巢之忧乎？更有同仇敌忾之志！当此之时，山头之防，流派之争，实不妨暂置于脑后，而应捐异求同，悉心忧国，大明方有生路。此虽愚者也能当省之。以仆之见，新君既已登基，诸君子不必耿耿于昔日之异议，而生离心离德之念。前车之辙，后车之鉴。崇祯帝在位时，官吏擅权枉法，置江山安危不顾，尤言而无信，口蜜而腹剑，不恤民情，致使国家灾难不断，民不聊生，仍要敲诈勒索。昏官奸佞，鱼肉百姓，不以为耻，反以为荣，致使天下苍生不保。因此，揭竿而起者如洪水溃堤，势不可挡！成群结党，麇集于李自成麾下，岂不是官逼民反！鉴于此，治国不在治民，而在治吏，官吏治好了，不贪不占不嫖不赌不勒不索，民受益自然而安矣，民安天下安，民顺天下顺。有如此苍生，何愁江山不稳。社稷不强，区区满儿、胡孙之流，何足惧哉！"

郑成功的一席话，一针见血，正中时弊，说得隆武帝龙颜大悦。在隆武帝的一再询问下，郑成功就人才问题做了详细的阐述，并指出了要救大明江山，唯有稳定民心，万万不可视民为草芥，任意践踏。

隆武帝边听边在心里为郑成功喝彩，同时，更为自己庆幸苍天有眼，

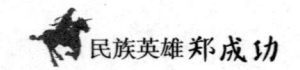

终于觅到了栋梁之材。他不由得对郑成功说："难怪众人都说太师平国公长公子是个小诸葛，果然名不虚传。只可惜朕无公主赐你，就敕封你为禁军提督，享受驸马待遇。赐姓朱，易名朱成功。"

自此，郑森改为朱成功。只是，后代人们习惯的称他郑成功，或是国姓爷。

皇帝赐姓，就已经是一种荣耀了，而如今，隆武帝既赐姓又赐名，说明对郑成功是何等恩宠！此后的郑成功，每每想起觐见皇上的情景时，就兴奋无比，因此下定决心忠君不二。

三天后，郑成功在云端阁写下了一首五言诗："只有天在上，而无山与齐。举头红日近，回首白云低。"并将这首诗，作为自己忠君律己的座右铭。

母凭子贵

郑成功拜见隆武帝，除了赐姓赐名，还有一项恩宠，就是母凭子贵，郑成功的母亲田川氏，因为有郑成功这个儿子，被封为国夫人。

虽然郑成功和母亲在一起只有七年的时光，但母子感情很深。在日本那段困苦的日子里，郑成功和母亲相依为命。因为贫穷，家里又没有男人，所以母子常常被人欺负。他的母亲无数次地告诉他："等你长大了，成材了，就没人敢欺负我们了。"母亲的话，对郑成功的影响很大，在他幼小的心灵里，早早地立下了要保护母亲的誓言。

隆武帝的这一封赏，可以说比赐郑成功姓名更让他高兴。因为田川惠子并不是郑芝龙明媒正娶的夫人，只是侧室。在那个年代，侧室没有什么地位。而获封国夫人，身份自是不同了。

在郑成功离开家的十几年里，田川惠子无数次憧憬过一家团圆的情景。当她从郑芝龙的族弟郑芝燕的口中得知郑芝龙奉母命又娶了颜氏后，颜氏成了郑芝龙明媒正娶的夫人，真是百感交集，心中涌起一阵阵悲哀。想当初，她17岁时就嫁给郑芝龙，两人恩爱而甜蜜。她原以为这种幸福的日子可以天长地久，却不料幸福总是那么短暂。就在儿子郑成功出生后不久，随着郑芝龙回国避难，幸福戛然而止。

田川惠子一直认为，丈夫会很快回来的。她在思念丈夫的百般煎熬中，抚育儿子郑成功，期待着与丈夫团圆的那一刻。

可一年又一年过去了，终究没有盼到丈夫回来。郑成功7岁的时候，田川惠子终于等来了丈夫的船队，她欣喜异常，觉得她终于可以一家团聚，共享天伦了。却不料，"日本女子不入中原"的规定，让她的憧憬再一次像美丽的肥皂泡一样破灭了。

尤其令她肝肠寸断的是，承载了她无数希望和寄托的儿子，也要离开她。田川惠子孤零零地站在海边，眼睁睁看着爱子消失在她的视线里。儿子临行前的那声"母亲，等着我"的呼喊，久久回旋在她耳边，让她心如刀割。从此，她不但思念丈夫，更思念不知今生能否重逢的儿子。在后来的日子里，思念一直伴随着她的生活。

后来，她陆续收到了郑成功写来的几封信。每封信，她都看了一遍又一遍，几乎都能背下来了。透过那些信，她仿佛感受到了儿子的体温一样，她小心翼翼地把这些信一一地收藏起来。

随着儿子栽在家门前的那棵松树一天天长高，十几年一晃而过，田川惠子一生中最美好的青春岁月，也一去不复返。

这时，从中国传来儿子郑成功蒙皇恩被赐姓名、她也母凭子贵被封为国夫人的喜讯，让田川惠子百感交集。喜的是，儿子终于长大成人，并且带给自己这么大的荣耀，这是儿子给她的最好最高级别的礼物。亲朋好友纷纷前来祝贺不说，就连那些平时都不正眼瞧她的人，也对她热情起来。日本政府一改往日的态度，积极地允许她回国，这是日本从来没有过的事情。

兴奋和喜悦之余，田川惠子又非常矛盾和不安。夫妻分别十几载，漫长的十几年中，会有多少变化呢？当初，她认识郑芝龙时，正值豆蔻年华，郑芝龙也是个年轻英俊的小伙子，他们都被彼此深深地吸引着。但是，现在自己已经成了容颜沧桑的妇人，早就不复当年的风采，郑芝龙还会像以前一样爱她吗？何况，他现在已经另外娶了妻室。每当想到这点，她的心就直往

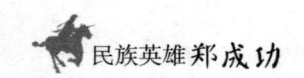

下沉。她实在没有太大的把握。但对于她来说，这个机会实在千载难逢，如果一旦失去，从此就再也见不到阔别已久的丈夫和儿子了，她还是不愿意放弃的。

此时，她尤其思念自己十几年未曾见到的儿子。她知道，儿子非但没有让她失望，而且书读得很好，人品高尚，完全是她理想中的好孩子。如今，儿子又蒙皇上赐名，更是她做母亲的光荣。想到这些，她不由得放下了心中所有的负担，兴致勃勃地准备出国的事情了。

经过了漫长的海上颠簸，田川惠子来到了中国。

夫妻相见，二人早已不是当初的模样了，一丝陌生并没有取代所有的热情和盼望。只是，郑芝龙不但要和朝中的那些文武大臣讨论国事，还要管理一支庞大的海上舰队，忙得不可开交，根本没有时间来看她，更别说陪她说说话了。

田川惠子感觉孤零零的。在郑家，没有一个和她说话的人也就罢了，偏偏有些人视她为眼中钉，对她百般刁难。

当时的明朝，仍然以天朝自居，很轻视日本人，称他们为"倭"。当初，郑成功刚来中国的时候，也常常受到叔父们的嘲笑，使他感到非常的窘迫。而此时，田川氏虽贵为国夫人，但是，在这些亲戚的眼中，她只不过是个来自东瀛的"倭妇"而已，自然不会对她有多少尊重。虽然她感到很委屈，但也默默地承受着。

儿子郑成功远在仙霞关，她来到中国已经很长一段时间，也没有见到朝思暮想的儿子。自古就是忠孝两难全，这个道理她懂。但她还是病倒了，而且一病不起。郑芝龙见田川氏病情严重，不敢耽搁，连忙写了一封信，派人给郑成功送去。

郑成功之所以没有及早来见已经回国的母亲田川惠子，是因为他觐见隆武帝不久，便接受任命，被调往仙霞关，取代了他的叔叔，镇守仙霞关。

时局动荡，郑成功深知母亲这时候回国是不安全的，但没有什么比一家人团圆在一起更重要的了。他太想母亲了，在和母亲分别的十几年里，他无时无刻不在思念母亲。如今，母亲终于回到了家里，近在咫尺，只要有时间，他就可以陪伴母亲了。

郑成功收到母亲生病的消息后，感到非常内疚。他纠结了很久，还是含泪恳请隆武帝准他回家探母。

隆武帝理解郑成功的一片孝心，恩准了一个月的假期，要他速去速回。

郑成功日夜兼程，赶回家中。他顾不得长途跋涉，急忙来到母亲房中。母亲已不是他记忆中的年轻模样，满脸病容。郑成功觉得自己生为人子，却无法侍奉高堂老母、报答哺育之恩，不禁悲从中来。母子俩抱头痛哭，彼此间十几载的思念，化作泪水。见到儿子，田川惠子病也好了几分。

但相聚总是很短暂，一个月匆匆而过，母子俩依依惜别。但谁也不会想到，此一别便成了母子俩的永诀。

第三章　局势动荡，父子分歧难同路

第三章 局势动荡，父子分歧难同路

与父歧路

郑成功第一次觐见隆武帝，在论及当今形势的时候，就曾经指出：不要再搞内乱，否者唇亡齿也寒。大家只有联合起来，对付清军，才是关乎江山社稷的大事。

隆武帝也极力赞同这个观点。但人往往都有一种劣根性，隆武帝非但没有和鲁王朱以海联合起来，还因为谁是明朝正统打起了口水战，上演了一部明朝版的无间道。

其实，即使联合起来，从朱以海的品行来看，也未必是隆武朝廷的最佳搭档。

朱以海是原鲁王朱寿镛的第五个儿子，明太祖朱元璋的十世孙。他从小喜欢饮酒，喜欢莺歌燕舞，一直过着纸醉金迷的生活。鲁王根本不具备一国之君的品行，但因为清军到处烧杀掠夺，浙东各地反清复明运动迅速兴起，急需迎立一位明朝宗室出任监国。于是，一些身在浙江的原明朝文武官员，也把他推上了历史的舞台。

其实，朱元璋的后裔很多，怎么就轮到朱以海做监国呢？有时候，历史的真相远比传说更富有戏剧性。崇祯十五年（1642年），清军南下山东，朱以海的哥哥朱以派遇难后，朱以海仓皇逃往浙江避难。后来，在浙江的明朝亲王、郡王，除了死的，也就只有鲁王朱以海还没有投降清朝，自然就成了浙江复明势力拥立的不二人选。

南明弘光元年（清顺治二年、1645年）闰六月十八日，鲁王朱以海就任监国，改明为监国元年。鲁王政权建立后，拥有浙江义师及原明旧部，控制浙东绍兴、宁波、温州、台湾等地。他本可以卧薪尝胆，积极图治，凭借钱塘江防线，与隆武帝联合起来，与清军一较高下。但鲁王除了喜欢与隆武帝夺皇统外，还与弘光帝一样昏庸腐败，只顾饮酒自娱。

天下事有进无退，你退一尺，人将逼你一丈。清顺治三年（1646年）五

- 37 -

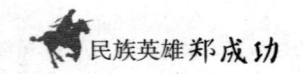

月，清军攻克钱塘江防线后，迅速平定浙东。鲁王兵败逃亡舟山，他的大臣也作鸟兽散，没骨气的降清，有气节的投奔隆武帝继续抗清。

古语说，唇亡齿寒。清军在击溃了鲁王后，士气大增，斗志更旺，剑锋直指隆武政权。

此时，隆武帝的军队驻扎在福建，清军想轻取也不是那么容易的事情。一方面，福建地区山高林密，而且大多是不可轻易而过的高山和森林，是十分理想的天然屏障，可谓一夫当关，万夫莫开，占尽了地利。另一方面，八旗军是女真人的后代，生活在黑龙江一带，是马背上的民族，善骑射，不习惯海上作战，也经不住福建炎热天气的考验。而郑芝龙的军队刚好相反。他手下不但拥有许多精兵良将，而且还有一批训练有素的精锐水军，以及坚利的战船。

如果郑芝龙握住天时，据险而守，以己之长攻敌之短，用水军迎战清军，完全可以扭转战局。

老话说：天时不如地利、地利不如人和。由此可见，人和在战争中的重要性。纵观那些成大事者，皆以得天时为主，以得地利为用，以得人和为基。三国中的魏、蜀、吴，凭借各具特色的天时、地利、人和，形成了三足鼎立之势。曹操得天时、孙权得地利、刘备得人和。但后期吴蜀两国之所以落败，就在于失去了人和。

就在清兵压境之时，隆武政权却出现了严重的内部不和局面。

明朝重臣洪承畴投降清军后，为买好新主子，便献计献策，向清朝征南大将军多罗贝勒博洛提出了招降郑芝龙的建议。建议被采纳后，洪承畴写信劝郑芝龙降清，并以高官厚禄相许。

洪承畴和郑芝龙是同乡，对郑芝龙的为人颇为了解，知道许以高官显位，对手握兵权的郑芝龙，绝对是一件必杀之器。为了尽快促成郑芝龙降清，清朝征南大将军多罗贝勒博洛兵分两路，由仙霞关、分水关进逼福建，威逼郑芝龙尽快做出选择。

郑芝龙本来就是一个投机取巧、唯利是图的小人，之所以拥立隆武登基，也不过是因为明朝大势已去，既想保住自己的利益，又不想离开自己的安乐窝而已，抗清意志根本就不坚定。

第三章 局势动荡，父子分歧难同路

接到劝降信后，原本还在犹豫的郑芝龙，下定决心投靠清朝廷。于是，在南明朝万般危急的情况下，郑芝龙对隆武帝阳奉阴违，从北边全线撤兵，留下供给清兵的粮草，退守安平老家，并召回了自己领兵在外的儿子郑成功。

郑成功对父亲的行为深感不安，力劝父亲郑芝龙重返前线。

《台湾外纪》中有这样一段记载：

> 成功劝曰："……以儿细度，闽粤之地，不比北方得任意驰驱。若凭高恃险，设伏以御，虽有百万，恐一旦亦难飞过。收拾人心，以固其本；大开海道，兴贩各港，以足其饷。然后选将练兵，号召天下，进取不难矣。"
>
> 龙曰："稚子妄谈，不知天时时势。夫以天堑之隔，四镇雄兵且不能拒，何况偏安一隅。倘画虎不成，岂不类犬乎？"
>
> 成功曰："吾父所见者大概，未曾细料机宜，天时地利，有不同耳。清兵虽盛，亦不能长驱而进。我朝委系无人，文臣弄权，一旦冰裂瓦解，酿成煤山之惨。故得其天时，排闼直入，剪除凶丑，以承大统。迨至南都，非长江失恃，细察其故，君实非戡乱之君，臣又多庸碌之臣，遂使天下英雄饮恨，天堑难凭也。吾父若借其崎岖，扼其险要，则地利尚可，人心可收也。"
>
> 龙曰："识时务者为俊杰。今招我重我，就之必礼我。苟与争锋，一旦失利，摇尾乞怜，那时追悔莫及。竖子渺视，慎毋多谈。"

郑成功见父亲不听劝阻，拽着父亲的衣角跪倒在地，哭着说："虎不能离开高山，鱼不能离开深渊。虎离山则失威，鱼脱渊则顿时困杀。父亲应当三思而行。"

可郑芝龙心意已决。郑成功虽然说不动父亲，却坚持自己抗清复明的想法。一个降清，一个抗清，父子俩出现了严重分歧，从而走上了对立的道路。

随着局势的不断变化，郑芝龙队伍抗清的雷声大雨点小。为了鼓舞士

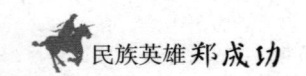

气，万般无奈之下，隆武元年（清顺治二年、1645年）十一月十四日，调不动一兵一卒的隆武帝下诏，御驾亲征。

此时，郑芝龙见百般阻止不成，又担心引起众怒，同时也为了堵住文武众口，便调派郑洪逵、郑彩各自统领几千人马，而号称数万之师，跟随隆武帝出征。

抗清失利

《孙子兵法》上说，兵马未动，粮草先行。郑洪逵、郑彩率领队伍出了仙霞关后，郑芝龙以粮草不足为由，队伍始终停滞不前，致使后继粮草供应不上，郑洪逵滞驻仙阳镇。

隆武帝动用紧急檄文一再催促，怎奈郑芝龙就是按兵不动，不听调配。隆武帝在粮饷不足的情况下，又遭遇清军的猛烈进势，没过多久，隆武帝就陷入了困境。

在过去，抗旨是要灭九族的。但郑芝龙手握兵权，财大势粗，根本就不害怕隆武帝处置。倒是郑洪逵担心有人向隆武帝告密，故而采取了严密的防范措施，禁止儒生从仙霞关出入。

此时，已经出关百里的郑彩，也打了退堂鼓，不顾战事，率兵返回原地。

隆武朝中，吏部文选郎林垐主管铨选，是个有能力有血性的人。眼见战事吃紧，便辞官募兵，准备北上抗清。郑芝龙对其多方阻挠，打压异己，迫不得已的林垐，手书了"大明孤臣之柩"，便带着一副棺椁和一件布衣，进山待死。

虽然战事不如人，而且面临粮草不继的窘境，但隆武帝抗清的决心丝毫没有动摇。他打算从汀州进入江西，以扭转不利局面。而此时，郑芝龙急欲挟天子而令诸侯。为使隆武留在福州，郑芝龙的手段真可谓不用其极。他鼓动军民，遮道号呼，拥阻隆武帝的车驾，致使隆武帝被迫驻跸延平，终日惶惶不安。

一次，郑成功去见隆武帝。见隆武帝两眼通红，十分愁苦，便跪下说："我知道皇上闷闷不乐，是不是因为我的父亲不抗击清兵？臣受国恩，义无反顾，必当以死报效皇上，拯救明朝。"

听到郑成功的这番话，隆武皇帝脸上的愁苦渐渐散去，但对于大明的未来，已经没有什么打算，也不知道何去何从。郑成功呈上自己深思熟虑写成的《抗清条陈》，并就控制险要地形、水陆并进的计划，以及同外国修好增进国力的设想，做了详细解说。

身处困境的隆武帝，对郑成功的《抗清条陈》十分赞赏，仿佛又看到了一丝希望。想到自己出师不利，难免又黯然神伤。但郑成功所表现出来的对朝廷的衷心，以及不与父亲同流合污的精神，深深地打动了隆武帝。为此，他转忧为喜，人也同久旱逢甘霖一样，精神了不少。之后，他立刻下旨，封郑成功御营中军都督，赐尚方宝剑，并任命为招讨大将军，总统全军。

受封赏的郑成功无暇高兴，便带着尚方宝剑，率领官兵前往仙霞关。

仙霞关是中国四大古关口之一，位于浙江、福建的交界处，素有"两浙之锁钥，入闽之咽喉"之称，历来是兵家必争之地。此时，已经成为南明小朝廷防止清兵南下的第一道纺线。

千百年来，中国人大肆修建关口、城墙，主要是用来防御敌人。所以，一旦战争爆发，大多数人只知防守，缺少主动出击性。而思想活跃的郑成功认为：练兵选将、积极进攻，远比防守更重要。另外，后勤补给是决定战争胜负的主要因素之一。既然父亲郑芝龙掐着粮草不放，求人不如求己，可以以商养战，用贸易往来的盈余补充军资。

郑成功这种策略，用现代的眼光来看，他的思想不但积极，而且很有前瞻性。他能有这样长远的军事思想和战略方针，一方面来自他的天赋；另一方面，与他父亲郑芝龙在商业的发展上，带有浓厚的国际色彩是分不开的。只是郑成功的这些想法还没有实施之时，清军人马就已经浩浩荡荡地向关口扑来。

郑芝龙见隆武帝派自己的爱子郑成功驻守仙霞关，便知道隆武帝已经不信任他了。

其实，隆武帝是藏了一个心眼的。他认为，郑芝龙不能看着儿子有危险而不顾。虎毒尚不食子，更别说郑成功是郑芝龙最爱的一个儿子了。

但郑芝龙铁了心投降大清，便以各种理由不见郑成功多次派去的催粮使者。在明知儿子驻守仙霞关缺少粮草，时刻有陷落危险的情况下，非但不出兵支援，反而派自己的心腹到仙霞关，劝说自己的儿子郑成功撤军。

郑成功见到使者后，很不高兴地问他："现在大军压境，我军的粮草已经捉襟见肘，原先说好的太师供应粮草，现在粮草在哪？"郑成功所说的太师，就是自己的父亲郑芝龙。

面对质问，郑芝龙的使者战战兢兢地问："将军，你们的粮草都用完了吗？"

郑成功顿时火冒三丈，质问使者："难道我要粮草是想留给清兵吗？你来看看，我夫人和仆人的首饰以及贵重衣物都卖掉换粮了！"

那使者一看，郑成功的夫人穿着粗衣破裙，身上没有任何首饰，心里大惊。连忙说，回去后，把自己的所见所闻立即上报太师，让太师多多送些粮草，至于太师一再嘱咐的让郑成功撤兵的事，半个字没敢提。因为他知道，弄不好他的小命就扔在这里了。

使者一离开郑成功的营帐，便快马加鞭往回跑，生怕郑成功反悔。

赶回郑芝龙驻地后的使者，马上长舒了一口气。他见到郑芝龙时，两条腿还在哆嗦，豆大的汗珠直冒，跪都跪不稳。

郑芝龙一看什么都明白了，儿子是不肯回来了。但又不死心，忍不住又问了一句："他真不肯回来？"

"不是将军说不回来，是下官根本就没敢提让他撤军的话，否则我肯定不能活着回来复命了！"使者便把郑成功的情况，一五一十地说了一遍。

听完之后，老谋深算的郑芝龙有些悲哀。他怎么也想不到，自己曾努力教导儿子忠君爱国，如今个性刚烈的儿子果然照着做了，成为自己降清路上的最大障碍。如果自己真的不给粮草，难道他们能空着肚子打退清军吗？

后来，尽管郑成功屡次催粮，但催粮使者没有一次能够见到郑芝龙。郑成功在没有粮草的情况下，带着守城官兵，依然死守仙霞关。只是，饿着肚子的守城官兵，在看不到希望的情况下，军心涣散，再也无法抵挡如狼似虎的清兵的猛烈攻击。一战之后，官兵死伤无数，有的甚至开了小差。

抗清失利的郑成功，不得不退兵，回到福州，一心一意地养精蓄锐，以图东山再起。

就在郑成功苦劝父亲不要降清无效后，郑成功邀集朋友陈辉、张进等90多人，乘坐两艘战船，愤然驶往金门。

父叛母亡

就在郑成功驶往金门的时候，隆武帝的境遇是岌岌可危。

隆武二年（清顺治三年、1646年）七月，隆武帝逃出延平。按理说，逃亡应该是轻车简从，越少带东西越好。可这隆武帝嗜书如命，逃亡还带了十车书。而且是一边逃亡一边读书，一边读书一边逃亡。小路狭窄，书又沉，自然就拖慢了逃跑的速度。

到了汀州，隆武帝一行就被清兵追上，仅有的几名随从舍命相护，但仍旧被俘。刚烈的曾皇后跳崖殉节，隆武帝也几次欲自尽，都因清兵看守太严而未遂。可是，一旦一个人树立了必死的决心，是任何力量也阻止不了的。隆武帝誓以死殉国，最后绝食而死，至此隆武政权瓦解，清兵兵不血刃地占领了福州。

在金门的郑成功听到隆武帝蒙难的消息，想到自己尚未报答皇上的知遇之恩，深感遗憾和愧疚，忍不住失声痛哭。他在金门为隆武帝设了灵台，并带头穿上素服，为皇上服丧。

而留在福州的郑芝龙，如愿地接受清朝廷的招抚。但在他还没坐上闽粤总督宝座之时，清朝廷就命他招安他的儿子郑成功。许久以来，清政府都非常欣赏郑成功的才干，多次以高官厚禄对其招安，但郑成功一直不为所动，坚持抗清的立场不动摇。

郑芝龙抱着一丝侥幸心理，给儿子写了一封劝降信。信件几经辗转到了郑成功手上，他不看则已，一看之下，难免心潮澎湃。他知道此生注定要与

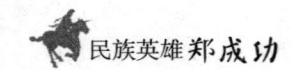

父亲走上不同的道路，正应验了那句"自古忠孝不能两全"。于是，他慷慨激昂地给父亲回了一封信说："从来只听说过父亲教导儿子要为国尽忠，我还是第一次听到父亲劝降儿子的。那些清人哪里是讲信用的人，他们答应您的话，无非就是花言巧语，哄骗你而已，您怎么能轻信呢？现在，如果父亲不听儿子的劝告，执意投降清朝廷，万一您哪天遭遇不测，孩儿只好穿着孝服，替您复仇了。"

父子本是血脉传承，岂是说断就能断得了的？后来，郑成功曾给自己的四弟写了一封信，拜托他多在父亲面前尽孝。虽然悲愤之情溢于言表，但也难掩孝子之情：咱们兄弟分开好几年，匆匆相聚几日，便被裹挟北上，天也！命也！我多次规劝父亲，甚至跪下哭着求父亲，可以说无所不用，但父亲不为所动。现在，我坚决抗清，不是特别特殊的原因根本动摇不了我的决心，即使刀剑架到我的脖子上，也不能改变我的志气。为什么这样？从父亲筹谋降清的那天开始，我就与父亲背道而驰了。凤凰翱翔在千山之上，悠悠于宇宙之间，来往纵横，超超然脱离在世俗之外。我的名字已经广为流传，誓抗清到死，岂有舍弃凤凰而侍虎豹的道理？只希望弟弟你好好侍奉父亲，竭尽孝道，从此以后，不要再挂念于我！

清政府知道郑成功并非池中之物，招安不成，就是大清朝廷最强劲的敌人。于是，大清朝廷恨透了郑成功，郑芝龙及其一家也为此付出了惨痛的代价。

郑芝龙降清后，清朝廷一直对他优待有佳。对此，郑芝龙也坚信，自己手握兵权，一定能受到清朝廷的重用。一天，他同清朝征南大将军多罗贝勒博洛优哉游哉地饮酒作乐，相聊甚欢。多罗贝勒博洛向郑芝龙透露，清兵正以锐不可当之势南下，大清一统指日可待。到那个时候，他郑芝龙就是福建、广东两省的总督了。

郑芝龙早就期待两省总督的位置了。可以说，他的投降，一方面想保持实力；另一方面不能不说高功厚禄起了决定性作用。一听自己终于可以从闽海王变成叱咤福建、广东的闽粤王，郑芝龙心中大喜。都说人逢喜事精神爽，不知不觉间就多喝了几杯。

俗话说：贪酒误事。一向小心谨慎的郑芝龙，平时随时都带着贴身侍卫。而且，为了时刻保持清醒的头脑，不论什么场合，从来不多饮酒。或许他觉得自己的愿望就要实现了，或许他要想讨好新主子，就对多罗贝勒博洛完全失去了戒备之心。

就是这一疏忽，他把自己及家人推上了断头台。当他与多罗贝勒博洛两人喝得酩酊大醉后，话愈谈愈多，最后趁着酒兴，折箭为盟。多罗贝勒博洛一再强调清政府将会重用郑芝龙，而郑芝龙也拍着胸脯表示，对清政府绝对是忠心不二。

不久，郑芝龙就烂醉如泥了。原本已是酒话连篇、语无伦次的多罗贝勒博洛，见郑芝龙真的是醉了，立刻指挥手下火速拔营，挟持烂醉如泥的郑芝龙北上。还真印证了害人之心不可有，防人之心不可无的老话！原来多罗贝勒博洛整个晚上都在演戏，精明的郑芝龙做梦也没想到，竟是这般落在多罗贝勒博洛的手里。

其实，这一点也不奇怪。清廷之所以用"闽粤总督"这个空头衔诱降他，不过是考虑到他在南明的影响。而他投降了，南明的实力就消失了。更主要的是，他投降了，他的儿子郑成功也会投降。而一旦郑成功投降了，郑芝龙也就没什么利用价值了。

清军是不会做放虎归山的傻事的，因为他的儿子郑成功还没有投降，他们只好挟持郑芝龙北上。一路上，郑芝龙如梦初醒。他终于明白儿子和弟弟的话一点都没有错，清政府哪里会讲什么信用呢？只不过是利用自己而已。为此，他的心一下子凉透了。自古道："好梦由来最易醒。"想不到，这个闽粤总督的美梦很快就破灭了。

正值壮年的郑芝龙，一夜之间就苍老了许多。他懊悔自己的一念之差，不仅连累了乡亲，也葬送了爱妻。他悔恨自己怎么就没听儿子郑成功的话。此时，他不知道自己会不会身首异处，也不知道自己是否还有勇气走完到京城的路。

清朝廷见以郑芝龙要挟郑成功投降不成，在将郑芝龙押往京城的同时，向郑成功的家乡南安县安平镇发起了猛攻。

很快，南安就陷入战火之中，一片混乱。郑芝龙的五弟郑芝豹、六弟郑芝鹏等人一听说清兵打来了，吓得魂飞魄散，不敢出战。并急忙打包金银细

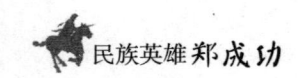

软，召集族人，带着子女坐上大船，准备逃难。

虽然郑芝豹、郑芝鹏再三恳求，但郑成功的母亲田川惠子不愿降清，不肯离去。她手持利剑，站在院中。

清兵杀进郑府，田川惠子持剑与清兵对抗。清军将领固山见田川惠子风韵犹存，便想占为己有。田川惠子宁死不屈，被恼羞成怒的固山一剑贯穿腹部。她卧倒在血泊中，一动不动，用仅剩的力气大骂清兵，直到气绝身亡。

火烧儒服

隆武帝蒙难、父亲叛变、母亲受辱而亡，噩耗一个接着一个排山倒海般压向郑成功，让他遭受了前所未有的打击，简直是痛不欲生。国恨家仇，瞬间点燃了他心中的熊熊烈火。面对家乡，他指天发誓：此仇不报，誓不为人。

郑成功强忍悲痛，披麻戴孝，带着队伍从金门出发，赶回平安镇料理后事。

悲痛化作力量，队伍如下山猛虎，所向披靡。一阵厮杀后，留守平安镇的清军仓皇逃向泉州，郑成功夺得安平镇。为防清军去而复返，他留下主力守城，自己带着几名贴身随从，直奔家门。

一路上，郑成功触目所及的，是一片片废墟，家乡再也没有了往日的繁华与喧嚣。为此，他的内心一阵阵悲凉。

郑成功进得府门，只见母亲横尸院中，身下的土地被血染成了褐色，凌乱的发丝在风中飘舞。她双眼微睁，一手捂着腹部，一手指向前方，淡雅的长裙染满血迹。郑成功泪如泉涌，赶忙双膝跪倒，爬行到母亲身边。他抱起母亲，轻轻地抚上母亲的双眼，泣不成声地说："母亲，恕孩儿不孝，没保护好您……"话语未落，人便昏厥过去。

随从们急忙把郑成功救起，劝他节哀，先让老妇人入土为安。

郑成功痛定思痛。为了弥补母亲回国后一直未能好好陪伴她的遗憾，他决定为母守孝，停尸七日。

第三章 局势动荡，父子分歧难同路

郑家早已人去屋空，空荡荡的郑府，再也不见半个佣人，郑成功只好亲自布置灵堂。其实，即使有佣人，郑成功也不会用他们，他只想亲手为母亲做点事，以送别母亲。

郑成功找来一个老婆婆，把他母亲的尸体，仔细地梳洗一番之后，亲自为母亲换上她平素最喜欢穿的罗裙。郑成功泪流满面，紧紧握着母亲冰凉的手，久久地端详着母亲。只是他的母亲再也感受不到他了，郑成功悲痛欲绝。

后来，在随从的努力劝说下，郑成功把母亲放进楠木棺椁，置于大厅中央，并不分昼夜地守护灵前。每每想到他在日本时，母亲省吃俭用，就是为了给他请一个更好的老师，他便有一种锥心的痛楚。

他学文修武，立志修身齐家治天下，却接连遭遇了崇祯政权、弘光政权以及隆武政权的瓦解与灭亡，目睹了一幕幕山河易主、国破家亡的悲惨景象痛苦万分。尤其是父亲投降，害得母亲惨死，更让他心肺欲裂。国仇家恨，如同烈焰一般，点燃了他胸怀已久的爱国热情，坚定了他抗清到底的决心。他明白，在这个战乱的年代，光靠读书已经不行了，唯有起兵兴师，才能恢复河山。

郑成功在灵堂陪伴了母亲七天，之后埋葬了母亲，也埋葬了他对这个家的最后一丝留念。这时的郑成功，不仅具备了忠君爱国的思想，而且也开始付诸行动。

郑成功带着自己读书时穿戴过的儒服，来到了南安文庙，向至圣先师告别。想起自己15岁入南安县学为廪生，朝拜孔子，受领儒服的场景，他深深一拜，泣不成声地说："昔为儒生，今为孤臣，向背去留，各有所用，谨谢襦服，惟先师昭鉴之。"

随后，他命随从点燃了儒服，种下一棵松树。他自己换上了铠甲，佩上宝剑。这一拜，拜掉了书生的稚气与彷徨；这一焚，星火燎原一样点燃了郑成功心中抗清复明的雄心壮志。从此，儒生郑成功随风而逝，策马仗剑的将军郑成功横空出世。功名场上，少了一个读圣贤书、走科举路的儒雅书生；中华大地上，则多了一个抵御外辱，为国为民的"逆子忠臣"。

问及郑成功为什么在南安文庙烧儒衫？完全是形势所逼，气愤使然。

南安文庙是闽南规模最大的孔庙，又名南安学宫，位于南安丰州路下村

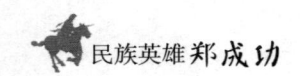

的隗兴阁下,是重要的祭孔、教学以及组织科考的场所。

明代的秀才,各县都有固定的名额,不能占籍。郑成功属于南安县的秀才名额,如要退学,必须向南安县按手续申请,不能越县。郑成功在此焚衣,无异于就是公开向孔子及县学表明,他已经申请放弃了秀才的身份。

从政治角度出发,郑成功焚衣,一方面是号召爱国的文人志士,执干戈以卫江山社稷,投笔从戎。郑成功深知文能治国的道理,抗清是个艰难的过程,如果有文士相助,就能运筹帷幄,事半功倍。另一方面,也是至关重要的一点,就是父亲郑芝龙不听劝阻,一意降清,郑成功担心郑芝龙的余部也随后效仿。

那些余部,大多是小商人和海盗组成,没什么文化,勇猛有余,意志力不足。他必须以爱国之心和孔孟不能两全的大义,消除他们的投降思想,积极抗清。而要把这样一群人整编在一起,统领者必须文能运筹帷幄,做他们的指路明灯;武能立马提刀,做他们的表率,令他们心服口服。因此,郑成功焚衣,就变得势在必行。

郑成功明白,历史赋予了他抗清复明的重任,重整山河是他毕生的使命。为此,他做了一首诗,以书胸臆:"天以艰危付吾俦,一心一德赋同仇。最怜忠孝两难尽,每忆庭闱涕泗流。"

毫无疑问,虽然安平镇人以郑家出了一个降清的郑芝龙为耻,但更以郑家有救民于水火、奋力挑起抗清大旗、顶天立地的民族英雄郑成功为荣。就连日本也把郑成功奉为自己的民族英雄,顶礼膜拜。

后来,人们为了纪念郑成功,南安文庙也叫焚服亭。当年,郑成功种下的松树,历经三百多年的风雨,依旧郁郁葱葱,成为安平镇别具历史意义的一处旅游景观。

第四章 高举义旗，报国恨大义灭亲

南澳募兵

郑成功誓死抗清，他很清楚，抗清若没有足够的军事力量，纵有满腔热血，那也不过是一句空话而已。

此时，郑成功因兵将、战船百无一备，便首先想到了招兵买马。但到哪里才能尽快招募到兵马呢？郑成功经过反复比较、思考，最后把目光放在了海上天险南澳岛。

南澳岛素有"海上互市之地"之称，是东南沿海一带通商的必经泊点和中转站。南澳岛位于闽、粤、台三省交界海面，离台湾160海里，地理位置十分重要。

南澳岛除了是海上贸易的重要通道之外，还是屯兵、练兵、进兵闽粤、易守难攻的兵家必争之地。南宋皇室就曾因元兵追逼，跑到南澳岛避难。南澳岛风景秀丽，有许多美丽的传说。同时，海盗出没、倭寇猖獗，使南澳岛名声在外。明万历三年（1575年），诏设"闽粤南澳总镇府""协守漳潮等处专驻南澳副总兵"。

郑芝龙原本也是以海盗起家。明崇祯元年（1628年）九月，郑芝龙接受明朝廷招抚，由海盗华丽转身为游击官。明朝时游击官，属于军队中的中等偏下官职，职级相当于现在的营长或者团长。

为了扩大地盘，郑芝龙以剿海盗为名，历经无数次大大小小的战争，最后成功灭掉大海盗刘香功，官升南澳副总兵。别看官职是个副职，但他手握实权。也就是从那时开始，郑芝龙盘踞南澳岛，进可攻闽粤，退可守天险。

崇祯十七年（1644年）正月，郑芝龙升任福建都督，这才离开南澳岛，前往福州任所。他的副将陈豹继任南澳镇职，率领1000多名军兵驻守南澳岛，可以说，南澳岛一直是郑家军的天下。

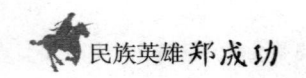

即使在清兵占领福建大部分地方的情况下，南澳岛也如同世外桃源一样，仍是南明最后的乐土。那时，清兵不善水战，还没有建立自己的水师，既没能力也没办法控制闽粤沿海岛屿。况且，清兵的铁骑还没踏足广东，郑成功的叔叔郑洪逵已经占领了金门，而厦门则成了他的堂兄郑彩、郑联的根据地。

郑成功不是郑芝龙，他不会与叔叔郑洪逵以及堂兄郑彩、郑联起内讧，去争夺已经被叔叔和堂兄占领的地盘。因此，与金门和厦门相对较远的南澳岛，就成了南明国姓爷郑成功招兵买马的理想之地。

郑成功到了南澳岛，在陈辉、张进的协助下，以勤王为名，在总兵府前的榕树下竖起"弑父报国"的抗清大旗。郑芝龙旧属、隆武朝遗臣及闽浙沿海抗清之士，都纷纷聚集到郑成功麾下，人数多达数千人，声名远播。

自此，郑成功建立起郑家军，而南澳则成为郑成功东征驱逐荷夷、抗击清军收复祖国宝岛台湾的重要基地之一。后人也因此把那株栽于明万历四年（1576年）、盘根错节、凸凹崎岖的大榕树，称之为"招兵树"。

清顺治三年（1646年）十二月初一，在南澳的烈屿（猎屿）岛，郑成功会见文武群臣，定盟复明。对此，饶宗颐总纂的《潮州志·大事志》就有记载：

> 丙戌十二月朔，郑成功会文武群臣于烈屿，设高皇帝神位，定盟恢复，仍改明年丁亥为隆武三年，移于南澳勤王者远近至，军声颇振。

当时，参加定盟复明的文武大臣，有兵部尚书卢若腾、礼部尚书曾樱等。猎屿面积0.3平方千米，上面有明熹宗天启三年（1623年）所建铳城和上下炮台，这些设施，曾吓退过荷舰的侵犯。

对于郑成功的招兵买马，《清史稿·列传十一郑成功传》《海上见闻录定本》《南明野史》《赐姓始末》《岛上附传》《南澳志》《潮州府志》《漳州府志》《鹿樵记闻·郑成功之乱》《二藩记事本末·卷四》《郑成功传》《闽海纪要·卷上》《南天痕》《靖海志·卷一》《台湾通史·卷二》《辞海·郑成功》等清代以来的许多史书，都有明确记载。其中，《清史稿·列传十一郑成功传》是这样记载的：

> 成功虽遇主列爵，实未尝一日典兵柄，意气状貌，犹书生也。既力谏不从，又痛母死非命，乃悲歌慷慨，谋起师。携所著儒巾、蓝衫，赴文庙哭焚之，四拜先师，仰天曰："昔为孺子，今为孤臣，向背去留，各有作用。谨谢儒服，惟先师昭鉴之！"高揖而去，祸旗纠族，声泪俱并。与所善陈辉、张进、施琅、施显、陈霸、洪旭等盟歃，愿从者九十余人，乘二巨舰断缆行，收兵南澳，得数千人。会将史盟，仍用唐王隆武号，自称"招讨大将军"，以洪政、陈辉、杨木、张正、余宽、郭新分将所部兵，移军鼓浪屿。

成功募兵的郑成功，在南澳岛面临的最大问题，就是解决淡水问题。水是生命之源，尤其是在四面环海的海岛上，没有淡水根本无法生存。

郑成功一边严格训练士兵，一边率领手下多方寻找可提供淡水的水井。经过一段时间的寻找，仍然一无所获。

这天，郑成功带着队伍，到40多千米外的中澎小岛进行实地演练。真是有心栽花花不活，无心插柳柳成荫，训练中，一位士兵发现了一个泉眼。

郑成功喜出望外，急忙来到泉眼旁。见泉水汩汩地往外冒着，清澈甘甜，郑成功就迅速派人挖掘成一口水井，这眼水井，解决了困扰郑家军许久的淡水问题。现在，这口水井被命名为"中澎国姓井"，依旧在造福着当地渔民。

其实，郑成功除了在南澳留下"中澎国姓井"和"招兵树"外，还留下了总兵府、定盟复明处猎屿铳城、问卜斩竹的城隍庙、表彰其父显赫剿贼抗荷大军功德郑芝龙大石坊等遗迹，以及《国姓船不怕鸡翁礁》《阴杯要斩竹，阳杯也要斩竹》《南风鹅投奔国姓爷》等诸多美丽的传说。

清顺治四年（南明永历元年、1647年），郑成功在南澳过完春节，便率领自己的队伍，乘坐大船离开南澳岛，直奔闽南鼓浪屿。

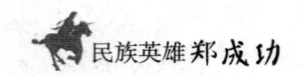

计取厦门

厦门是郑成功的堂兄郑彩和郑联的地盘，此番郑成功带领郑家军前往鼓浪屿，无异于与两位堂兄搞内斗，这与郑成功一直秉承的不搞内讧的初衷完全背道而驰。

郑芝龙被清军挟持北上，郑家军基本处于群龙无首的状态。按理说，郑成功是郑芝龙的儿子，理所当然地继承父亲留下来的郑家集团。但以郑彩、郑成功、郑洪逵为首的三支郑家势力，互不归属，各自偏安一隅。其中，郑彩的势力最大。

郑成功起兵抗清，自身的威信与日俱增。因此，郑芝龙的那些不愿意降清的旧部，纷纷投奔到郑成功的麾下，使郑成功的势力与影响力今非昔比，渐渐超过了他的叔叔郑洪逵。此时，三股郑家势力希望郑成功领导郑氏集团的呼声也越来越高。

厦门北邻南安，东南与大小金门和大担岛隔海相望。厦门虽是一个海岛，但岛上筑有城堡，可以说城外有海，海中有城，进可攻，退可守。对于海军力量绝对占优势的郑家军而言，海洋就成了不善水战的清军难以逾越的一道天然屏障。

郑芝龙不仅是个商业天才，也具备一个优秀指挥者的前瞻眼光。他在厦门苦心经营，广泛开展多种多样的商业贸易，极大地促进了厦门的富裕繁华。同时，厦门也成为郑氏集团对外贸易的重要基地。

经过多年的努力，郑芝龙建立起庞大的海上运输网，不但使厦门成为海上运输枢纽，也使厦门成为郑氏集团最安全的后方粮仓。

相比之下，郑成功所占据的南澳岛地理条件就不是很优越。郑成功用贸易差额补充军饷的方法虽好，却得不到很好的实施，原因是南澳的商业贸易远不如厦门。尽管后来郑成功又开辟了潮阳根据地，但清军已经大肆进军广州，广州城随时都有陷落的可能。尤其是镇守潮州的郝尚久降清后，使根基不稳的潮阳时刻处于清军的威胁中。

郑成功打出"弑父报国"的大旗，足见其抗清的信念已经坚如磐石。而郑成功要想与已占据大半个中国的强大清兵抗衡到底，就必须建立一个稳定的后方根据地。基于这点考虑，厦门就是最理想的建立根据地的地方。但厦门毕竟是自己的堂兄郑彩、郑联的地盘，郑成功一时还下不了抢占厦门的决心。

从明熹宗天启五年（1625年）开始，郑彩就跟随叔叔郑芝龙下海经商，后来一同接受了明朝招抚。郑彩足智多谋，英勇善战。郑彩因拥立隆武帝有功，被隆武帝封为永胜伯，出师江西。清兵入关后，郑彩迎鲁王监国入闽，被封为定国公。南明永历元年（清顺治四年、1647年），郑彩与弟弟郑联挟鲁王朱以海退守厦门。

其实，郑彩对堂弟郑成功早就有了防范之心。他在挥师北上抗击清军时，就曾一再叮嘱郑联："对郑成功的来往大船一定多加注意。"可郑联整天沉湎酒色，不但不管军中事务，还肆取军饷，挥霍无度，由此引起了军中将士的极大不满，一度导致军营哗变。尽管哗变被郑氏强大的势力平息，但队伍已经人心涣散，危机四伏。

当时，郑成功的族叔郑芝莞向郑成功建议说："郑联昏聩无能，厦门早晚失守。与其被别人夺去，郑联性命不保，还不如我们夺来，还能让他安享荣华富贵。况且，厦门是我们郑家军最理想的发展基地，又是你父亲打下的基业，我们取厦门，既合情也合理。做大事之人，要下得了狠心。当年，要不是唐王李世民的玄武门事件，哪有后来的贞观之治？当断不断，反受其乱。而一旦痛失良机，终将悔之晚矣！"

郑成功明知道族叔说得在理，但仍陷入了取与不取两难抉择中。为了尽可能地避免刀枪相见，郑成功权衡再三，最后给郑联写了一封亲笔信，诚恳地希望他能与自己并肩抗清，主动把厦门让出来。

令人遗憾的是，收到信件后的郑联，对郑成功的一片赤诚熟视无睹，对联手抗清一事置若罔闻，迟迟不给郑成功以明确的答复。这不仅让郑成功的心凉了半截，还成为郑成功说服自己夺取厦门的理由。这时，曾经是郑芝龙部将、后投靠郑成功的施琅，成为郑成功计取厦门的关键人物。

施琅生于明天启元年（1621年），故于清康熙三十五年（1696年），字尊侯，号琢公，从小不爱读书，后从师学剑，阅尽兵书，精通各种兵法，可谓智勇双全。施琅是郑芝龙的部将，战场上屡立战功，曾与郑芝龙一起降清。郑成功竖起抗清大旗后，施琅加入抗清义旅，成为郑成功的得力助手。郑成功非常信任他，每遇军事相关的事务以及机密大事都要和他商量。他也不负郑成功所望，总能出良策、献妙计。

清顺治四年（1647年）中秋节的晚上，皎洁的圆月挂在天空，银色的月光柔和地洒在无边无际的大海上，黑夜仿佛白昼。海面上，四艘大船急速行驶着，不停地把海浪幻化成的成百上千个明月，荡开、破碎。很快，这些大船静悄悄地停泊在了鼓浪屿，郑成功、施琅、甘辉等将领率领五百名士兵登上岛屿。

由于守岛的士兵认得郑成功，对他没加任何阻拦，只是急忙坐小船去通报在厦门的郑联。此时，厦门城内热闹非常，到处灯红酒绿，歌舞升平。郑联正在万石岩兴致盎然地大宴宾客，觥筹交错中，早把郑彩让他防范郑成功的叮嘱丢在了脑后。同时，对侍卫报告郑成功率领四艘船已经来到厦门一事，也没放在心上，依旧和宾朋们尽情地狂欢着。

其实，郑联不是不防备，而是他觉得，23岁的郑成功乳臭未干，不过浪得虚名而已，对他根本构不成什么威胁。尤其是厦门的驻军是郑成功军力的几倍，郑成功仅乘四艘船来，不会掀起什么风浪。况且，郑芝龙降清后，郑氏亲戚大多在此，中秋乃传统节日，郑成功前来拜会，也是顺理成章之事。

然而，出乎郑联意料的是，郑成功并不是仅仅带着四艘船，而是早就把战船伪装成商船，陆续停泊在厦门岛附近的白石头、大担、岛美等地。这些船上的兵力，只等郑成功抵达厦门后，号炮为令，一举占领厦门。

顺治四年（1647年）八月十六一早，郑成功便从鼓浪屿出发，坐小船到厦门岛拜会郑联。当晚，郑成功在虎坑岩设下酒宴，宴请郑联。但郑联不知是计，酒宴之上，他豪情满怀，喝得酣畅淋漓，直到大醉而归。

而此时，郑成功手下的大将甘辉率领500将士，早就埋伏在郑联回府的必经之路上。当郑联一行路过时，甘辉率众蒙面杀出。醉醺醺的郑联丝毫没有防备，突遇袭击，惊慌逃窜，结果被甘辉刺杀。其实，郑成功的本意是羁押住郑联既可，但施琅一再嘱咐甘辉，必杀郑联，免留后患。

甘辉得手后，马上发出信号，施琅及其余将领迅速率领部队出击。结果，郑成功的队伍以迅雷不及掩耳之势占领了厦门。

夺了厦门后，郑成功大会文武官员，兵一一论功行赏，全军上下群情激昂，士气高涨。郑成功郑重誓师：我们有了厦门，就有了自己的一席之地，抗清复明就更有保障了。

为了时刻不忘复明的大事，郑成功把厦门改名为"思明州"。

悲喜同安

郑成功在施琅和甘辉的协助下，杀了厦门守将郑联，顺利占领了厦门，从而使抗清复明大业进入了一个突破性的阶段。随着队伍的不断扩大，作为三军统帅，郑成功总结了弘光政权、隆武政权姑息养奸导致灭亡的教训，尤其在选拔将领上，他采取的是一视同仁、唯才是举的策略。在军事组织上，郑成功对军兵进行了精心的改编，还制定了严格的军事纪律，以防止将领拥兵自重、飞扬跋扈。

郑成功不仅以选拔和驾驭将领著称于世，对于操练队伍，也是别出心裁，独树一帜。

同清兵交过几次手之后，郑成功越来越敏锐地觉察到，清兵的骑兵在陆地战上有着很大的优势，而自己的部队只擅长水战，陆地战却是个短板。他觉得，如果要战胜清军，收复失地，恢复大明，必须在陆地战上下功夫，而组建一支军事技术过硬的步兵和骑兵队伍，必须落到实处。所以，他在严格训练水师的同时，组建了一支骑兵队伍。

但是，由于东南沿海缺少马匹，导致骑兵队伍马匹不足，骑兵训练力不从心，最终成为日后郑家军同清兵作战屡屡失利的主要原因。

虽然骑兵训练不是很理想，但郑成功训练出来的步兵却很强大，为郑家军与清军作战增添了胜利的砝码。

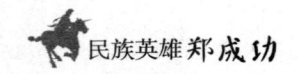

在福建、广东掀起一波波反清浪潮时，郑成功筹划着把队伍拉出去攻击清军，变被动为主动。

郑成功把队伍的第一次出征看得很重，也考虑得很多。他觉得，队伍出征的第一战，既是鼓舞士气之战，也是他树立人心归向之战，所以，一定要旗开得胜，打得漂亮，打得痛快。

郑成功率队出征攻打的第一个目标是同安县。同安县位于安平西部，地处闽南金三角中心地带，如果占领同安，就可进一步巩固抗清基地。同时，同安县也是清兵守军力量相对薄弱的地方，容易攻取。

清顺治五年（南明永历二年、1648年）四月十日，一个注定被载入史册的日子。郑成功率领林习山、甘辉等大将兵分两路，攻打同安。

把守同安的清军将领有两位，一个是游击祁光秋，另一个是协防游击廉郎。两个人见郑家军来势汹汹，急忙集合队伍，带着步兵、骑兵以及乡勇，共同迎战郑家军，双方在店头山拉开阵势。

甘辉一向以作战勇敢、胆气过人著称，他率先挺身纵马，迎战同安守备王廷。几个回合下来，王廷因坐骑失蹄被甘辉斩于马下，清军溃败。祁光秋和廉郎见清军死伤过半，急忙带着队伍退回同安城。

同安城地处平坦地带，城墙低矮，无天险可守。入夜时分，惊魂未定的祁光秋、廉郎和知县张效龄打开西门，悄悄地弃城而逃。

第二天天一亮，百姓得知守城的文官武将都溜走了，便打开城门迎接郑成功入城。

郑成功兵不血刃地占领同安后，立即抚恤百姓，严令士兵不得扰民。他命叶翼云为同安知县，劝说百姓捐献粮饷。又命陈鼎为县学教谕，鼓励学子起义勤王。

轻取同安，对郑成功而言，意义非凡，他的影响力日益扩大。此时，抗清的势力很多，如果各自为政，容易互相倾轧，给清军以各个击破的良机。

郑成功觉得，在这样的大环境下，要想完成抗清复明的大业，就需要一个人登高一呼，来凝聚和统领各股抗清势力。虽然郑成功决心抗清复明，但他的威望尚显不足。而前来投靠的原明朝将领林察，带来了桂王朱由榔，也就是永历帝的消息，让郑成功看到了一丝曙光。

桂王朱由榔是崇祯帝朱由检的堂弟，万历皇帝朱翊钧的孙子。朱由榔袭封了父亲朱常瀛的桂王，崇祯年间受封永明王。清兵入关后，他流徙广西。明朝和南明小朝廷灭亡后，因为是皇室的近亲，清顺治三年（1646年）十一月十八，朱由榔受丁魁楚、吕大器、陈子壮等人拥为监国，接着在广东肇庆称帝，建年号为永历。与此同时，没有投降清军的郑芝龙旧部林察南下广州，借明朝残余势力，拥立了隆武帝的弟弟唐王朱聿鐭在广州称帝，建元绍武。

永历政权和绍武政权在关键时刻不能团结一致，为争夺所谓的正统地位大动干戈，互相攻伐。其间，林察率领海军，一举击败了永历军队。鹬蚌相争之时，降清的农民军将领李成栋带领清军挥师直下，进逼广东，进而占领广州。朱聿鐭逃跑时被俘，当夜，趁守兵不备，朱聿鐭用衣带自缢而死。朱聿鐭和他哥哥隆武帝一样，做到了国君死社稷，也算是个有骨气的汉子。

朱聿鐭自缢后，仅仅存在40天的绍武政权宣布土崩瓦解，林察无奈之下投奔了刚刚攻占同安的郑成功。同时，永历帝朱由榔在一些文武官员的保护下，逃亡广西桂林。

李成栋曾是李自成的部下，后来投降清朝，成为大清的打手。李成栋不仅一手炮制了"嘉定三屠"的屠城事件，更是剿杀隆武帝与绍武帝的急先锋。但他的爱妾赵夫人深明大义，力劝他反清迎回永历帝。就在他犹豫不决时，赵夫人以血代墨，留下一封遗书，然后尸谏李成栋。赵夫人的死，激发了原本不满清朝廷封赏的李成栋的男儿血性。清顺治五年（南明永历二年、648年）闰三月，两广提督李成栋毅然加入抗清复明的行列，从而引起了不小的轰动。

随后，清朝江西总兵金声桓、王得仁也宣布起兵抗清，使反清复明的声势大涨。而可惜的是，各方反清势力一盘散沙，各自为政。不久，就被清军各个击破。

李成栋控制了广东后，把永历帝从桂林迎回广东肇庆。一时间，永历帝的南明政权得到认可，肇庆成为反清复明的大后方。

此时，郑成功派出一个由陈思明、郑宏远为首的朝贺团队，为了避免陆路出现危险，朝贺团队走海路到达肇庆，上表称贺。郑成功还命令丘缙、林

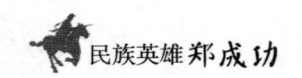

壮猷、金作裕等留守同安，自己率领大队人马，抵达福建南部的铜山岛，等候永历帝的圣旨。

永历帝君臣见到郑成功的朝贺团队，大喜过望，敕封郑成功为威远侯，并派太监刘玉前往铜山岛向郑成功宣召。接旨后，郑成功感到既欣慰又兴奋。他马上召开高级将领会议，传达了永历帝的旨意，并立下誓言：我郑成功甘愿做一名马前卒，冲锋在前，即使遇到艰难险阻，也绝不后退半步。

此时，福建中北部的抗清运动遭到清政府的血腥镇压，闽中、闽北等地的义军也纷纷落败，清军乘势一路南下。

清朝廷接到同安失守的消息后，派遣佟鼎、李率泰、陈锦率军恢复各处。正在南下的佟鼎、李率泰、陈锦迅速调整战略部署，直奔同安。

被郑成功任命为同安知县的叶翼云，积极排兵布阵，安排丘缙、林壮猷防守大盈岭；金作裕把守芋溪岭；自己带兵把守同安城。同时，他安排郑芝豹在五陵设伏，截杀清军。另派人火速赶往铜山岛，请求郑成功回援。

虽然叶翼云布置得当，但力量对比悬殊，郑家军势单力孤，难以打退清军。丘缙身中五箭，林壮猷独力难支，退入城中。金作裕听说丘缙、林壮猷战败，自己再空守芋溪岭也于战局无益，便退回同安城。由于没有外援，城墙低矮，金作裕与叶翼云、陈鼎只得分门死守。

郑家军打得非常顽强，使得清军屡屡受挫，攻城战持续了一个多月。到八月中旬，清军才攻破同安城。丘缙、林壮猷、金作裕与清军展开巷战，终因寡不敌众，力竭而死。叶翼云等人虽然被俘，但拒不投降，从容就义。

清军虽然取得同安，但也付出了惨痛的代价，清军将士死伤无数。主将佟鼎因痛恨同安百姓支持郑家军抵抗清兵，毫无人性地下达了屠城令。顿时，血满沟渠，到处是血雨腥风，致使同安城内屋舍空无一人，令人发指。

蓄势待发

清军攻取同安城，不仅付出了惨痛的代价，还给同安百姓带来了毁灭性的伤害，全城有5万多人遇难，城内屋舍几乎空无一人。

战后，无为和尚等人收集遇难遗体一万多具，集中焚葬于同安轮山左侧。如今，同安城区轮山路"育才中学"校门外左侧的那块"同归所"碑，就铭刻着那段惨绝人寰的历史。

正在铜山岛整顿船只、训练士兵的郑成功接到叶翼云的紧急求援信，立即率领队伍赶往同安。

但天公不作美，海上狂风巨浪，航船难以驾驶。过了5天，郑成功才抵达金门。而这时，前去同安打探军情的探子回报说，同安城已被攻破，诸将除战死外，叶翼云等人从容赴死，全城百姓惨遭屠戮。

都说男儿有泪不轻弹，只是未到伤心处。听到噩耗的郑成功，在金门遥祭百姓以及阵亡、被杀的将士。他放声痛哭，三军将士无不动容感愤。痛定思痛，郑成功将队伍带回铜山岛，只留一部分驻扎在镇海。

铜山位于福建的南部，离广州较近，是闽海五大水寨之一。明洪武二十年（1387年），太祖朱元璋为防倭寇骚扰，在铜山筑城建寨。所建的城墙依山势而走，高低起伏，最高处可达7米，全部用条石砌成，可谓铜墙铁壁。

郑成功之所以选择铜山岛驻扎，主要有两个方面的原因。一方面，他希望能和永历政权联合作战，共同推动抗清事业的发展。另一方面，福建出现了严重的饥荒，郑成功的军队没有官府补充粮饷，全靠自己解决。兵法上说：兵马未动，粮草先行。解决粮饷是郑成功时刻面临的主要问题。

清顺治六年（南明永历三年、1649年）九月，郑成功挥师南下。这次南下，郑成功除了打击闽南清军外，也打算收复沿路各地的城寨作为粮源。闽南地区局势混乱，除了抗清势力和清军之外，到处是土匪、山贼，他们拥据城寨，相互倾轧，就近向百姓收取钱粮，各个富得流油，有钱有粮有武器。

郑成功派遣施琅、杨才、黄廷、柯宸枢等大将率领队伍分头出击，仅用时一个多月，就攻下了云霄、漳浦等地，还平定了达濠、霞美等山寨。

清顺治六年（南明永历三年、1649年）十月，郑家军抵达了铜山岛附近的诏安，屯兵分水关。同时，黄廷、柯宸枢等镇守盘陀岭。

但是，郑家军控制的地区几乎都是沿海岛屿以及小片滨海之地，靠这样的地方维持一支庞大的军队，无异于痴人说梦。况且，福建地区多是高

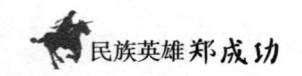

山,即使是风调雨顺的和平时期也缺粮,百姓吃粮,尚需从潮州、惠州转贩过来。

为了解决粮食问题,郑成功不得不与堂兄郑彩联起手来,组织大批船只前往广东购粮。但远水终归解不了近渴,郑成功开始在福建的诏安县募兵征饷。谁知,在募兵征饷的过程中,郑成功却遇到了麻烦。诏安人林日灼等不但鼓动当地人拒绝交粮饷,而且还组织队伍武装对抗。迫于无奈的郑成功,只好派麾下最骁勇的战将甘辉率领军队武装镇压。

甘辉是海澄人,别看身材矮小,但打起仗来勇猛绝伦,英勇无比。他领命前往征讨,消灭了林日灼的反抗势力。

随后,郑家军又转入粤东,经分水关到潮州一带征讨不合作的零星势力。清顺治七年(1650年)五月,郑家军陆续收复了潮州以及周边的许多山寨。这样,在用计攻取厦门后,郑家军终于有了足够可以依托的根据地,推进反清复明大业有了可靠的保障。

经过多年的努力,历经战火洗礼的郑成功,不但掌握了高超的军事和外交谋略,也成了一个意志坚定、行事果敢决断、道德高尚的人。清顺治九年(南明永历六年、1952年),郑成功终于成为强大郑氏集团的首领。

作为郑芝龙的长子,郑成功从小就生长在一个有着浓厚商业气氛的家庭里,对海上贸易有着先天性的认知。他曾经向隆武帝建议"通洋裕国",也曾给父亲郑芝龙提出过"大开海道,兴贩各港,以足其饷"的建议。当拥有了自己的根据地后,郑成功开始努力将自己的一些想法付诸实施。就这样,巨大的国际贸易收入,极大地加强了郑氏集团的物力、财力,郑成功再也不用为粮饷发愁了。

有良好的物质基础来保驾护航,一支经过严格训练的强大部队迅速成长起来。同时,郑成功也从诸多的反清志士中脱颖而出,成为唯一一个能把各股反清力量聚集在一起的人物,深受反清复明人士的认同与拥戴。那时,从散兵游勇到海盗,从地方士绅到饱学儒士,社会各阶层的人纷纷归附在郑成功麾下。

在管理这样一支杂牌军的过程中,郑成功始终做到一视同仁,赏罚分明,带头执行拟定的法规条文。他严禁部下骚扰百姓,如有违反,绝不宽容。在郑氏集团，无人能够享有特权或者额外待遇，领导层内的每个人，职权仅在责任范围内，从根本上杜绝了腐败。同时，郑成功还成功地说服他的支持者们承担了具体而又明确的义务，严格执行正饷、助饷、乐输等饷银制度，使军队管理更加规范化。可以说，郑氏集团在郑成功的领导下，已经成为一个极为有效的军事实体，同时，也成为有着严密组织性、纪律性的军队。

可以说，清政府从来没有停下追剿郑成功的脚步，但屡屡无功而返，其主要原因，就在于郑成功充分利用了他的海战优势。

闽、粤一带海岸线绵长，而且是山高皇帝远，中央政权鞭长莫及。从郑芝龙开始，郑氏集团就建立起海上运输网，从事海外贸易，获取高额利润，再用挣来的钱武装军队。郑成功也是如此。

闽南地区地势特殊，从外省很难进入。清军长途跋涉到达福建，面对的乃是被崇山峻岭阻隔的闽南地区。如果清军搞偷袭，疲惫的军队，其战斗力会大打折扣；如果清军先行修整，就会给对手重组防线固守待援的机会；如果清军在适当的地方建立长期军事基地，由于闽南人都是海上讨生活，军需供应就会成为大问题。即使清军能够攻城成功，但如果军需不保，也意味着得而复失。至于在海上追击对手，不善水战的清军仍处在劣势上。如此，清军战胜并平定郑成功的希望相当渺茫。

武力不成，便用文斗。为此，清朝廷选择了旷日持久的谈判策略。正是谈判这个清朝廷自认为最为合适的策略，给了郑成功修整喘息的机会，让郑成功走向了军事势力的顶峰。

大义灭亲

从大清入关开始，清朝廷就一直致力于征服四海，一统江山。到了顺治七年（1650年），清军铁骑已经踏遍了大半个中国，顺治皇帝也由6岁儿童成长为意气风发的12岁少年天子。在满族特有的尚武精神熏陶下，别看顺治皇

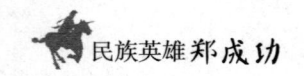

帝年龄不大，骨子里却流淌着满人争强好胜的血性。未灭的广州南明政权，以及一心抗清复明的郑成功，都成了顺治帝的心头大患。

顺治七年中秋过后，皇父摄政王多尔衮代顺治帝下旨：从即日起，原汉军镶蓝旗都统尚可喜晋封为统领，并由靖南王耿继茂协同，率满汉大军，克日进军广州，平定岭南。

尚可喜、耿继茂领旨后，立即调集南方各路大军，直奔广州。

尚可喜，字元吉，号震阳，历史上对他是否是民族英雄争议比较大。明万历三十二年（1604年），尚可喜出生于辽东海州（今辽宁省海城市）。21岁时，由于战乱，家庭支离破碎后，毅然从军。后来，尚可喜率领明军水师，同后金征战十年，杀敌无数。后金占领旅顺后，尚可喜的两位夫人率领一家数百口跳海赴死，为尽忠大明王朝付出了惨痛的代价。更为不幸的是，尚可喜就任广鹿岛副将后，新任总兵百般刁难、迫害。不甘心以七尺之躯俯首就辱的尚可喜，在生死存亡之际，决绝地投降了后金。从此，他把自己的命运同清朝紧紧地结合在一起，这也成了尚可喜的人生转折点。尚可喜随清军入关后，充当了清朝以武力统一全国的急先锋，从辽宁、河北、山西、陕西、江苏、湖南、湖北、广西、云南一路冲锋陷阵，直到这次兵发广州。

驻守广州的南明大将李定国唯恐自己力所不及，以永历帝之名急忙派使者前往厦门，恳请郑成功发兵勤王。

郑成功坐拥厦门，具有绝对的权威，不但经济独立，政治上也完全独立，不受任何权限掣肘。广州不在郑成功的势力范围内，他完全可以不受南明朝廷的干预和掣肘，但他忠君爱主，一心抗清复明。

至于是否支援广州，郑成功召开了各镇将领会议，详细地分析了目前的局势。他觉得，虽然金门、厦门、潮州、汕头一带，相对比较安全，但如果广州不保，永历帝的处境势必更加艰难，复明大业也会更加渺茫。况且，鲁王朱以海在浙江舟山可以分流一部分清军，郑成功认为完全有能力增援广州。

郑成功的这个决定，虽然各镇将领也都表示支持，但就谁领兵增援，谁镇守厦门，郑成功颇费了一番心思。

此时，不仅郑家军的眷属都在厦门，更重要的是厦门是郑家军的根基，一旦不保，后果不堪设想。思来想去，郑成功觉得唯有叔叔郑芝莞可担镇守厦门的重任。

郑芝莞并未料到镇守的任务会落到他的头上，有些抵触情绪。但他又一转念，随军出征，长途跋涉劳苦不说，危险系数也很高。相比之下，厦门有天险做屏障，留守厦门利多弊少。于是，他拍着胸脯对郑成功说：侄儿大可放心出征，家里的事务我会处理好的。

顺治七年（南明永历四年、1650年）十一月，郑芝莞留守厦门，郑成功亲自统兵增援广州。

一路上，郑成功忧心忡忡。他既担心广州局势，又很牵挂厦门的安危。他一直有种莫名的担忧，这要后院起火，郑家军的根基就不保了。他手下的大将陈辉、施琅也都有些担忧。

到了揭阳，郑成功同部将陈辉、施琅商议后，感到回防势在必行。于是，郑成功就派施琅和定国公郑洪逵各率所部马上回防，而郑成功率部继续前往广州增援。

此时，尚可喜、耿继茂率领的大军已经包围了广州。二人听探子说，郑成功的大军已经倾巢南下，厦门空虚。于是，还没等郑成功在他们身后燃起战火，清军就以其人之道还治其人之身，急令福建巡抚张学圣、提督马得功袭击厦门、金门。

张学圣、马得功明知道郑家军善于水战，此去胜算机会不大，但军令难违。于是，马得功点了500人马，大张旗鼓地向厦门进发。队伍离厦门越来越近，却不见郑家军出来一兵一卒阻挡。马得功怕中埋伏，急忙派奸细打探，方知郑芝莞正在收拾金银细软准备逃命。

马得功早就知道郑芝莞向无斗志，是副软骨头。当听说郑芝莞镇守厦门，而且双方还没开打就已经准备逃跑了，马得功胆子也壮了。于是，午夜时分，马得功向厦门发起了进攻。

贪生怕死的郑芝莞听见敌军杀来，全不顾郑成功的夫人抱着郑氏祖先的牌位在海水中，执意开船逃命。幸亏舵手李礼不顾郑芝莞的反对，执意把董夫人背上大船。郑芝莞不顾董夫人死活，坚决要董夫人下船。后在众水手的一再跪求下，才带着董夫人及郑氏祖先牌位开船离开。

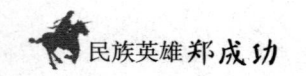

船上的马得功远远看见了郑芝莞的大船,并没有派兵追赶,而是指挥清兵迅速从五通口登上厦门岛。

主将临阵脱逃,军民乱作一团,各顾自己的性命,纷纷争船逃命。

偷袭得手的马得功贪功心切,不听张学圣的劝阻,执意驻守厦门。但张学圣带着在郑府洗劫的财产,与手下登船离开了厦门。

回防的施琅、郑洪逵刚到厦门附近海域,得知了厦门已经失守,急奔金门防守。

经过几天修整的郑家军,在施琅、郑洪逵的率领下开始反攻。

马得功孤军无援不说,还被施琅、郑洪逵截断了退路,成为叫天天不应、叫地地不灵的孤家寡人,这才后悔当初没听张学圣的话。

或许也是急中生智,马得功灵光一现,自驾小船拜访郑洪逵。马得功一见到郑鸿逵,就跪倒在地,一面苦苦哀求郑洪逵念在曾是其旧部下的情分手下留情,一面又以郑芝龙相威胁,留他一条性命。经过仔细权衡,郑洪逵留下马得功甲杖器械,全体官兵放行,演了一出真实版的华容道。

攻克惠州、解了广州之围的郑成功,很快班师回到厦门。

当郑成功得知郑芝莞临阵脱逃、郑洪逵放了马得功时,大叫一声,木然地坐到了地上,如同生了大病一样。

三天后,郑成功身着白甲素袍,亲率三军将士祭奠在厦门之战中牺牲的将使,并抚恤家属。之后,他又拿着尚方宝剑,落座中军大帐,奖惩将士。

郑芝莞哀求郑成功宽恕他的罪责,郑成功非常愤怒地说:"你肩负防务重任,居然遇敌不战,自己带着财产先跑,完全不顾厦门父老乡亲的安危,论罪当诛!"说完,取下尚方宝剑,扔在郑芝莞面前说:"你自裁吧!"郑成功把手一挥,示意将郑芝莞拖下去处死。

看到郑成功不徇私情、大义灭亲,让坐在一旁的郑洪逵脸色大白。他赶紧跪在地上说:"末将年迈昏聩,请求交出兵权,告老还乡。"

郑成功气愤地说,随你的便吧!话音刚落,郑洪逵就离开中军大帐而去。

第五章　广纳名士，肃军纪踏马河山

第五章 广纳名士，肃军纪踏马河山

招贤纳士

郑成功大义灭亲，处死了临阵逃脱的叔叔郑芝莞，三军将士无不心服口服，部队的纪律更加严明。郑家军所到之处，深受沿途百姓的爱戴，并以"铁军"称呼。

在郑成功的带领下，郑家军有着铁一般严明的纪律。由此，各路豪杰志士无不仰慕郑成功的威名，纷纷前来投靠，郑家军的队伍不断发展壮大。

郑成功深知，部队光有人数还远远不够。行军打仗，不仅需要雄兵虎将，更需要有智慧的谋士。纵观历史，刘备得诸葛亮而能三分天下；周武王有了姜子牙而灭商；汉高祖刘邦有了张良辅佐在楚汉之争中夺得天下；燕昭王有了乐毅才以弱胜强报了强齐伐燕之仇；明太祖朱元璋有了刘伯温才开创了大明帝业……为此，郑成功竖起了招贤纳士的大旗。

大旗就插在泉州西门外潘山村北面的招贤桥上。招贤桥长约十丈，因五代时南安招贤院设在此地而得名。后来，郑成功起兵抗清，在招贤桥设立香案，广招各方贤士，招贤桥由此声名远播。

当时，郑成功在人来人往的招贤桥上，摆了一张长案桌，桌上放了一只装满清水的碗。碗边摆了一把剑、一支蜡烛、一副火刀火石。除此之外，郑成功还派了两名亲兵守护在此处，只要看见有人走过来，动桌子上的那几样东西，就要立刻回报，不得耽误。

头两天，虽然路过招贤桥的人很多，但大家都不明白桌子上摆着的清水、剑、蜡烛和火刀火石到底是干什么的，又见有官兵看守，所以大家也只是好奇地看看，议论议论，也就离开了。

第三天，整整一上午都和前两天一样，只有人看没有人动。临近正午，负责看守的一名士兵对另一名士兵说：马上换防了，看来今天上午的希望不大了。另一名士兵叹了一口气说："我一直没弄明白桌上的那些东西是干什么的，还是慢慢等吧！"

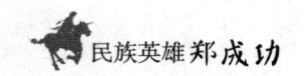

就在两人说话时，一位挑柴壮汉大步流星地走上石桥。壮汉体格魁梧，穿的虽是粗布衣衫，却也难掩眉宇间的英气。他不慌不忙地走近石桌，把肩上的柴担子放置在一边。他也没说话，对着桌子上的几样物件观看了片刻，紧皱的眉头舒展开来。只见他伸手抓起桌上宝剑，猛地击向装满清水的碗，碗应声而破，水滴四溅。接着，他又用火刀撞击火石点燃了蜡烛。

两个守兵你看看我，我看看你，一脸惊愕。马上又回过神来，其中一个急忙跑着报告郑成功。

郑成功一听，心中大喜，他知道他要找的人来了。于是，立刻赶到招贤桥，亲自去迎接那大汉。

一见面，郑成功先是抱拳行礼，然后微笑着问："请问壮士尊姓大名？"

壮汉没想到大名鼎鼎的国姓爷如此礼贤下士，心中不由得暗暗佩服。他告诉郑成功，他叫陈永华，祖籍同安，因仰慕国姓爷的威名和招贤纳士的义举，故而特地前来投奔。

郑成功问："不知壮士以剑击水、引火燃烛，有何深意？"

陈永华从容不迫地回答："宝剑击碎清水，以喻'反清'；火刀击火石点燃蜡烛，比喻'复明'。国姓爷您所寄寓的含义很深刻，着实令人钦佩！"

郑成功一听，不由得惊赞陈永华的睿智和灵悟。他想，如果有他相助，何愁不能收拾旧河山。郑成功与陈永华，一个觅得英主，一个寻得良士，二人各得其所，大有相见恨晚的感觉。

其实，陈永华是明末举人陈鼎之子。明崇祯七年（1634年），陈永华出生于福建省漳州府龙溪县（今漳州石美村），自幼聪明好学。他15岁那年，郑成功一举攻下同安，但仅仅4个月后，同安又就被清军夺取。同安县教谕陈鼎就是陈永华的父亲，同安之战中，陈鼎以身殉国。在明代，教谕是一个官职，专门掌文庙祭祀、教育所属生员。

陈永华惊闻父丧，进入同安城，在同安孔庙中找到了父亲的尸体。此时，陈鼎还吊在明伦堂内。陈永华含泪解下父亲的遗体，背出城。誓言与大清势不两立的陈永华安葬了父亲，就投奔了郑成功，开启了他的传奇一生。

郑成功设案招贤的故事不胫而走，一传十，十传百，迅速传遍东南沿海，很多爱国志士慕名而来。其中，有一个医术高明的老中医叫沈佺期，为了迎接郑成功，沈佺期召集人马，堆积粮草，准备起兵。郑成功得知此事后，喜出望外，亲自去见沈佺期。

郑成功问沈佺期："老先生德高望重，如果偏安一隅，日后何愁没有荣华富贵，为什么支持我抗清？"沈佺期哈哈一笑说："国姓爷此言差矣，古人言：'良禽择木而栖，贤臣择主而伺。'我身为明朝臣民，怎么能卖主求荣呢！况且，伸张正义，救死扶伤乃是我平生之志。虽然老朽年迈，愿以有生之年为国姓爷的宏图大业略尽微薄之力。"听了沈佺期的话，郑成功非常感动，立即把老先生请到军中。

郑成功这些招贤纳士的举动，也吸引了身怀绝技的杨大文。

杨大文为人正直，除了善于制造兵器，还很有民族气节。一直以来，武器都是战争胜败的主要因素之一。清军听说杨大文精通兵器制造，就一度设法以高薪来收买他，被他拒绝。之后，清军又使出下三烂的手段逼迫杨大文，杨大文依然不为所动。恼羞成怒的清军把他关进了大牢，他始终没有屈服。整整三年，杨大文没有给清军制造一件兵器。无奈之下，清军还是放了他。

听说郑成功礼贤下士，杨大文便来投靠义军，愿意为郑家军打造天下最好的兵器，为反清复明大业助力。

见杨大文来投，郑成功喜出望外。他吩咐手下人，对待杨大文一定要顺其心，尽其技。没过多久，杨大文果然制造出了精良武器，并源源不断地充实到郑家军中。同时，杨大文还带出了一大批优秀的兵器制造艺人，受到了郑成功的重用和嘉奖。

郑成功能够不拘一格地选拔人才，与他长期受中华民族传统文化，以及儒家文化的熏陶是分不开的，这也成了郑成功人尽其才、才尽其用的治政原则。

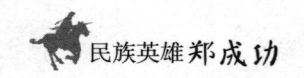

喜得良臣

郑成功见陈永华虽然年轻，但有胆有识，又是忠臣之子，就先让他给自己的儿子郑经当伴读。这为后来陈永华受到郑经的信任与重用，奠定了坚实基础。

陈永华口才不太好，有点结巴。不过，遇有大事，陈永华就仿佛变了另外一个人，处事果断，不会受到别人异议的影响。

顺治十五年（南明永历十二年、1658年），郑成功在与部将商讨北征之事时，大多数人都认为时机尚不成熟，不可北征。只有陈永华力排众议，认为可行，展现出一位成熟政治家应有的高瞻远瞩与非凡气度。

结果，顺治十八年（1661年），郑成功攻取台湾，建立了明郑政权。作为咨议参军的陈永华，全程参与并制定了台湾城乡聚落的空间规划。这一空间规划，以城市为中心点向外辐射。首先，陈永华把东宁（现在的台南市）分为东安、西定、宁南、镇北四坊。同时，陈永华又制定了郊野为三十四里，每里设社，社包括社祭和社学，也就是村里老百姓家的孩子上学的地方。

为了解决粮食问题，明郑政权在陈永华的辅佐下，颁布屯田制，倡修水利，鼓励老百姓开荒种地，传播插蔗煮糖，发展东西洋贸易，史称郑成功开台，陈永华治台。

据《清史稿》记载：郑成功"以陈永华为谋主，制法律，定职官，兴学校"。

但可惜的是，因为一起家庭乱伦丑闻，年仅38岁的郑成功连气带病英年早逝，没能将陈永华提出的空间规划进一步推进。就在郑成功弥留之际，如同刘备托孤一样，给郑经留下的遗嘱是："陈先生当世名士，吾遗以佐汝，汝其师事之。"

也幸亏有了陈永华，台湾才平稳过渡到郑经时代。

郑经很倚重陈永华，军国大事必询问他。康熙二年（南明永历十七年、1663年）正月，郑经在厦门、金门被清荷联军击败，退往铜山岛（今福建省东山县）。这时，投降清军的人很多，军心涣散，也有人力劝郑经降清。后来，经过陈永华的劝说，郑经放下投降的念头退往台湾，并且把国政交给陈永华打理。

当时，台湾很多地方都尚未开发。按照原有的空间规划，陈永华放开手脚，大力建设，努力兴办教育，他建孔庙，立学校，致力于培养人才。在他写给郑经的一份奏折中，就充分体现了他的远见卓识。

陈永华在奏折中说："昔成汤以百里为王，文王以七十里而兴。国家之治，岂必广土众民？唯在国君之用人求贤，以相佐理尔。今台湾沃野千里，远滨海外，人民数十万，其俗素醇。若得贤才而理之，则十年，十年教养，三十年之后，足与中原抗衡，又何虑其狭小哉？夫逸居无教，则近于禽兽。今幸民食稍足，寓兵待时，自当速行教化，以造人才。庶国有贤士，邦以永宁，而世运日昌矣。"

当年承天府鬼仔埔上的圣庙，也就是现在台南市中西区的"台南文庙"大城防，就是陈永华创建的，成为台湾历史上第一座孔庙。陈永华还在孔庙旁兴建了明伦堂，并设立太学院。明伦堂就是学堂。陈永华自任校长，招聘教师，接受贫苦人家的孩子入学。同时，他把大陆的科举制搬到台湾，精心选拔人才，台湾教育从此步入正轨。

此外，陈永华的足迹遍及台湾各地。他大力倡导开荒屯田，积极传播中原先进的农耕技术及住宅营建技术，使台湾得到了健康稳步的发展。由此，陈永华被称为开台首臣。

陈永华布衣蔬食，生活简朴，为人低调。他文采斐然，但留传下来的文字并不多。其中，最有名的就是《中国文学通史》中所录的《梦蝶处记》。

《梦蝶处记》中的梦蝶，源自梦蝶园。郑成功的部将李茂春退隐后，居住在台南永康里的一处小院里。因李茂春与陈永华是好友兼文友，非常仰慕陈永华的才华，故而在他入住时，请陈永华为小院题名。陈永华没有推辞，不但给小院题名"梦蝶园"，而且还做了一篇《梦蝶处记》，以表祝贺之意。

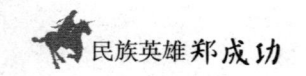

文中写道："吾友正青善寐，而喜庄氏书。晚年能自解脱，择地于州治之东，伐茅辟圃，临流而坐，日与二三小童植蔬种竹，滋药弄卉。卜处其中，而求名于余。夫正青，旷者也。其胸怀，潇洒无物者也。无物则无不物，故虽郊邑烟火之所比邻，游客樵夫之所阗咽，而翛然自远。竹篱茅舍若在世外，闲花野草时供枕席，则君真栩栩然蝶矣。不梦，梦也；梦，尤梦也。余慕其景而未能自脱，且慕君之先得，因名其室曰'梦蝶处'，而为文记之。"

虽然此篇小文仅有不足两百字，但正如《中国文学通史》所说的那样："落墨疏宕，以理趣胜，饶有晚明小品特色，又富于'远滨海外'的风情。"文章足以体现陈永华身上所具有的文人气息。

也正是这种文人气息，最终却害了陈永华。

陈永华、冯锡范、刘国轩同是郑成功的得力干将，并称台湾三杰。三藩叛乱时，郑经应耿精忠之约，率领郑家军伐清，留下长子郑克藏监国。而郑克藏的王妃监国夫人，正是陈永华的女儿。

陈永华协助女婿总理台湾政务，遭到冯锡范、刘国轩的嫉妒与排挤，二人联手算计陈永华。冯锡范假意邀请陈永华一起请辞告老还乡，陈永华信以为真，真的递上辞呈。开始的时候，郑经并不同意，但禁不住冯锡范的恐愿，最终同意了陈永华辞职。

陈永华辞职后，见冯锡范非但没有辞职，反而全部大权落到了他的手里，方知被骗，懊恼不已。想到自己辅佐郑成功一家三代人，总理军政时间长达20年，从不谋求私利，如今竟栽在冯锡范的手里，遂产生了一种英雄一世糊涂一时的感觉。阴沟里翻船，总是一件让人窝火的事。纵使陈永华豁达大度，也难免急火攻心。两个月后，也就是康熙十九年（南明永历三十四年、1680年）六月，陈永华在台湾抑郁而终。

台湾人为了纪念陈永华，很多地方都以他的名字命名，如永华路、永华街、永华里、永华宫等。

后来，金庸也以陈永华为原型，在武侠小说《鹿鼎记》中塑造了陈近南这一武林高手的形象："平生不见陈近南，便称英雄也枉然。"

小说中的陈近南不好见，而见陈永华并不难。但那时，有多少和陈永华谋面的人，却和"英雄"二字擦肩而过！

第五章　广纳名士，肃军纪踏马河山

施琅叛逆

自古以来，人们都敬仰英雄、崇拜英雄。所谓英雄，就是在国家出现危难时挺身而出，以民族大义为重，为国效力，救黎民于水火，解百姓于倒悬。千百年来，正是无数英雄的一腔腔热血，铸就了中华民族的脊梁。

在人们的心目中，卫青、霍去病、狄青、岳飞、文天祥、戚继光、袁崇焕、史可法等，都是顶天立地的英雄，他们的榜样力量，激励一辈又一辈人拼搏向前。

然而，也有一些人，他们虽然为国家做出了突出贡献，却备受争议。明末清初的著名将领、军事家施琅，就饱受人们诟病。

纵观施琅的一生，不外乎两件大事：一是背叛郑成功降清；二是统一台湾。从民族大义来说，在施琅统一台湾的背后，不能不说有其官报私仇的一面。

毫无疑问，施琅是一个反复无常的人。最初，施琅在郑芝龙手下任左冲锋之职。清军进军福州，施琅跟随郑芝龙一起降清，归属于"嘉定三屠"之一的李成栋麾下，继而出征广东，攻打南明两广政权。而在李成栋举起反清复明的大旗后，施琅又跟随他投靠了郑成功。

尽管郑家军中有些部将鉴于施琅的历史，对他并不信任，但郑成功是个爱才的人，非常看中施琅的军事指挥才华，把他视为自己的左膀右臂。不但任命他为左先锋镇，对他信任有加，而且还把他的父亲施大宣封为粮草官，他的弟弟施显封为右先锋镇。

开始的时候，施琅还是一心一意地为郑家军效劳。他率领部将冲锋陷阵，在战场上屡立战功，先后拿下揭阳、漳浦等地。为此，年轻的郑成功非常感激、佩服施琅的勇猛和忠心。在胜利面前，施琅往往有些心浮气躁，经常口出狂言。尤其他在成功回救厦门受到郑成功的嘉奖后，傲慢之情更加膨胀。他经常与部将说：大将军能有今天的声势，能有这块安身之地，还不是

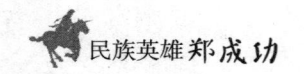

全靠我施琅？

　　世上没有不透风的墙，这些话很快传到了郑成功的耳朵里。别看郑成功比施琅还小三岁，但他的气量又岂是施琅所能同日而语的。郑成功微微一笑，全没放在心里，对施琅一如从前的态度。

　　然而，不久之后发生的曾德事件，成了两人关系的导火索。

　　曾德原来是郑彩的旧部下，施琅反清后，被划到施琅的麾下。曾德精明强干，又善于揣摩人的心思，很得施琅的信任，无形中也掌握了施琅很多秘密。有了这层关系，曾德本以为自己可以出人头地。可施琅在信任他的同时，也时常限制他，总想把他牢牢地控制在自己手里，为自己所用。曾德为求出头之日，利用过去在郑氏集团中的关系，投入郑成功大营。郑成功念其是郑氏集团的老人，打算把他当作自己的亲随。施琅听到这个消息后，很是气愤。同时，他更担心曾德说出他的秘密，就急忙派人把曾德抓回斩首。

　　那么，曾德掌握施琅哪些秘密呢？

　　原来，施琅的父亲施大宣在刚管理粮草的时候，尚能忠于职守。不久，便开始营私舞弊。兵荒马乱的年代，筹集粮草本就非常困难，不管粮草是否来迟，左、右先锋镇的粮草总是按时领取，而且粮草数总比实有的人数多。尤其是西征的时候，施大宣对其他各镇的粮草采用迟发、少发的方法，将剩余的粮草转手卖出，中饱私囊。由于粮草没有跟上，致使西征军耽搁了七八天，失去了进攻的大好机会。施琅睁一只眼闭一只眼，上瞒下欺，极力袒护父亲。

　　这还不算，施琅的弟弟施显居然闹出了人命。施显本是游手好闲之徒，成天沉湎于酒色，多次糟蹋良家妇女。与施琅投奔郑家军后，见郑家军军纪严明，不得不收敛。随着施琅的权势越来越大，施显的劣根性渐渐抬头，慢慢地露出了他的狐狸尾巴。

　　施显去一个叫马家村的地方视察地形。由于施显站的地方地势较高，视野比较开阔，正在一个花园中赏花的马小姐进入了他的视线。马小姐是村中马员外的独生女儿，二八年龄，花容月貌，美如西施。

　　施显一看到婀娜多姿的马小姐，顿时春心淫荡，找了一个借口，马上去了马员外家。

马员外早就听说过郑家军，知道郑家军纪律严明，不祸害老百姓。施显一进来，马员外就把他奉若上宾，好生招待。殊不知，施显暗藏祸心。施显假意和马员外客客气气的，暗中看清了马小姐的闺房位置。

夜幕降临，施显从南窗进入马小姐闺房，意欲调戏马小姐。马小姐万般不从，他便强行施暴，然后溜之大吉。马小姐不堪其辱，留下一封遗书，便寻了短见。

老来得女的马员外夫妇痛失爱女，哭得死去活来。经不起白发人送黑发人的悲痛，一病不起。

马员外的多年挚友钟元才，对马小姐的死倍感蹊跷。经过多日明察暗访，方知是施显施暴导致的人命案。钟元才一纸诉状告到了施琅那里，但出人意料的是，施琅不顾郑家军军纪，草草了事。

虽然曾德没有提起过这些秘密，但却成了他的催命符。

眼看着曾德就要被斩首了，他的一个远房亲属慌忙跑到郑成功大营，向郑成功求助，说曾德有施琅违反军纪的证据，施琅这是杀人灭口。

郑成功一向以治军严明著称，对自己的叔叔郑芝莞临阵脱逃也毫不留情。郑成功听说施琅违反军纪，就决定问个清楚。于是，郑成功急忙令部将方仁林带着他的令箭，把曾德带回他的大营亲自处置。

施琅听了方仁林的来意，心里一惊。他眼见事情越闹越大，索性一不做二不休，立马斩了曾德。

郑成功听说后，非常气愤，更觉此事蹊跷。他没有料到施琅的胆子这么大，竟敢违令不遵。同时，施琅的狠毒也出乎郑成功意料，真是知人知面不知心。郑成功派人把施琅父子三人抓起来，送到副将吴芳古的船上，暂时囚禁。

施琅知道郑成功素来铁面无私，没有说情的余地，自己难免一死，便打起逃跑的注意。他让看守士兵买来很多酒菜，并把吴芳古也请来一起喝酒。

施琅假装兴高采烈，酒过三巡菜过五味，就在吴芳古有些微醉时，颇为神秘地说起了三国时期周瑜打黄盖的苦肉计，暗示自己如今被羁押，正是郑成功准备攻打泉州使用的苦肉计。结果，在吴芳古疏忽大意之时，施琅不顾父亲、弟弟的死活独自逃脱，藏身在一个山洞里。

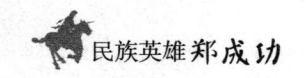

郑成功得知施琅畏罪逃跑，没把他放在心上，只吩咐部下抓回来就是了。郑成功知道，厦门是个海岛，自己为了防止清军偷袭，各港口渡口防守特别严密，施琅是跑不出去的。

在山洞饿了三天三夜的施琅，挣扎着来到好友左先锋镇副将苏茂的家里，苦苦哀求苏茂看在昔日情分上，救他一命。结果，苏茂动了恻隐之心，用一条小船把施琅送出厦门。

第二天，苏茂到郑成功大营负荆请罪。郑成功不但赦免了他的罪，还因为他重情重义让他接任了施琅的职务。

施琅逃出厦门后，立刻投降了清军。从此，施琅在郑成功的心目中死了，同时，施琅也成了郑成功的噩梦。

蔑视谣言

施琅投降清军后，并没有得到清军的信任与重用。为了保全自己，施琅始终与郑成功为敌。更让郑成功想不到的是，施琅散布了许多郑成功身世的谣言。

既是谣言，自然没有什么根据，但谣言却能毁掉稳定的人际关系。人们因为谣言互相猜疑、倾轧、诋毁，使原来比较稳定的秩序变得十分混乱，严重瓦解战斗力。清朝廷就借用谣言来对付不投降的郑成功。

清朝廷眼见郑成功的势力越来越大，投靠郑成功的人越来越多，多次征剿均以失败而告终，郑成功无疑成为清朝廷的一块心病。尤其是郑家军活跃在东南沿海，军中多是南方人，他们熟悉水性，擅长海上作战，郑家军的这一优势，让那些清廷主战者吃尽了苦头。对此，清军也只能空自哀叹，无可奈何。

这样一来，清朝廷的另一股势力主和派便日益抬头。他们提出对郑成功不再使用武力征服，而是用诱降的方法分化瓦解。

为了招降郑成功，清朝廷所使用的招式可谓登峰造极。清顺治八年

（1652年）十月初九，顺治皇帝在颁给浙闽总督的圣旨上说：郑成功的父亲郑芝龙已首先归顺，而郑芝龙的儿子、兄弟哪会背弃父兄，甘心与我作对呢？顺治皇帝还说：郑芝龙已归顺大清王朝，我把他的孩子看作自己的孩子，怎么能忍心去征讨他呢？

不仅如此，顺治皇帝还把过去同郑成功的战争，都推到已死去的多尔衮身上，自己装出一副慈善的面孔，慷慨允诺郑成功许多优厚条件，利诱他接受招抚。同时，顺治还让郑芝龙派家人南下，对郑成功晓之以理，动之以情，使郑成功能够接受和议。

郑成功跟郑芝龙虽是父子，但操守截然不同。清朝廷利诱郑成功达到归降的目的，完全小看了郑成功。郑成功起兵反清并非为一己之私，而是为了民族大义。

本就一眼看穿了清朝廷诡计的郑成功，没有严词拒绝清朝廷的诱降，是考虑到父亲以及家人被挟持为人质，生死全操在清廷手里，而采取了周旋策略。

面对清朝廷的诱降，郑成功巧妙地回答说："多年来，我早就移孝做忠，希望有生之年，能报效国家。当初福建巡抚张学圣无故打我，我不得不防卫。现已骑虎难下，兵集难散。"

郑成功本意是借助张学圣偷袭厦门把郑府洗劫一空这件事，制造清廷内部矛盾，没想到竟被清朝廷误会为财产被掠而心存怨恨。于是，顺治皇帝又使大招，不但封郑芝龙为同安侯、郑成功为海澄公、郑洪逵为奉化伯、郑芝豹为左都督，而且以郑成功的父兄威胁郑成功。同时，任命郑成功的表亲黄征明等人为招降大使，带着"海澄公印""奉化伯印"，以及清朝廷让郑芝龙写给郑成功的投石问路信，招降郑成功。

看了来信后，郑成功将计就计，以家书的形式给父亲回了一封信。他在信中说："你我父子一别，已经八年。我从小读春秋，晓得大义严明，希望自己能身体力行。父亲不听我的忠告，一定降清，从那时起我就决定移孝做忠了。清廷曾说给您封官加爵，如今八年过去了，别说高官厚禄，就是您想回趟故乡都不那么容易吧！清廷既然能失信于父亲，又焉知不能失信于我？孩儿怎能相信您的话呢？"

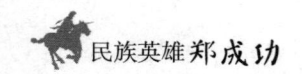

郑成功在信中还说："清廷将领掠夺我财产，将士们极大不满，因此才发动几次战争。现在清廷要招降我，慷慨许愿，但回头看看他们的所作所为，岂不互相矛盾？如今，沿海权早已掌握在我的手里，我们贸易所得，足供我的军队打一辈子仗的，我又何必投清自取其辱呢？我也不愿重蹈你的覆辙，走灭亡的道路。况且，隆武帝赐姓恩典我永生不忘，功名利禄，对我来说如同过眼云烟。抗清复明，就目前的局势来说，是十分乐观的。"

郑成功在信中的一字一句，都说得铿锵有力，足以体现出郑成功"富贵不能淫，威武不能屈"的英雄气概和高尚品格。

郑芝龙看到回信，知道儿子是劝不动的。他把情况如实回报给清廷，清廷也感觉到劝降郑成功希望渺茫。尽管如此，清廷仍不愿放弃希望，主和派再一次占了上风，清廷也再一次升级对郑成功的招降规格，可以说是下了血本。

其实，郑成功让清朝廷感到进不得退不得，战不得和不得，完全是为自己争取时间来储备粮草。

顺治十年（南明永历七年、1653年）秋天，郑成功派人到闽南各地收购粮食，光在晋江就征得20万两军饷，在云霄征得五万石粮食。清朝闽粤总督刘清泰见郑成功四处购粮，又不敢干涉，只得好言相劝郑成功接受清廷的招抚，而心里却有一种"哑巴吃黄连、有苦说不出"的感觉。

顺治十一年（1654年），下了血本的清朝廷不但没等来郑成功和议，而且接连被郑成功克复数座军事要塞。但是，清朝廷对招降郑成功仍不死心，劝降风再一次向郑成功袭来。

和以往不同的是，这次规格可谓空前绝后，钦差都是朝廷重臣。他们以清太祖努尔哈赤的孙子、豫通王多铎的第二子多尼和大臣苏尔哈朗为首，带着郑芝龙的第三子一路风尘仆仆直奔厦门公署。

从未看过大海的二位钦差到了厦门，一下子就被美丽的厦门迷住了。二人虽是为招安而来，却滋生了消灭郑成功、夺取厦门的想法。但在他们看过郑成功的练兵场景后，心里又惴惴不安起来。

多尼总结了前面多次劝降失败的经验教训，决定采用舆论战。他让人四处散布流言蜚语，蛊惑人心。

俗话说，唾沫淹死人。尤其在乱世时期，任何谣言都可以摧毁一支军队的军心和士气。起初，多尼派人散布的谣言只是造势吓人，并没有多大威力。可是，经过无数人的添油加醋，谣言越来越逼真，相信的人也越来越多，大家都以为郑成功和他父亲一样会接受招安，甚至有人开始另做打算。

谣言永远止于智者。郑成功并没有解释什么，只是召集众将士开了一个会，专门研究怎样对付清朝廷的招降。他在会上说："满人入关，烧杀抢掠，亡我大明。我们高举义旗，抗清复明。队伍由小到大，由弱到强，从几个人几条枪到拥有二十余万人马的强大军队，靠的是什么？靠的就是一个打字。我们打了八年，风里雨里，有多少将士为此而付出生命。如今，我们有了自己的根据地，屡败清军，形势大好，在这种情况下，我们难道会被敌人的高官厚禄收买了不成？我们难道就改变了初衷不成？这是绝对不可能的！只要诸位将领跟我一道同心同德，清廷劝降的伎俩就永远不可能得逞！"

主帅强则士气旺。郑成功铿锵的话语，激发了将士们的斗志，大家无不摩拳擦掌，呈现出战无不胜的英雄气概。

郑成功用他的聪明才智，粉碎了多尼的美梦，和议再一次失败。而这一次，清朝廷彻底死了心。

操练水师

郑成功知道，拒绝投降，让清朝廷彻底死心，双方必然要在战场上刺刀见红。没有了清朝廷劝降的干扰，郑成功把全部精力，又重新投入到对郑家军的训练和治理上。他知道，只有平时训练时多吃苦、多流汗，才能造就一支敢打硬仗、能打胜仗的队伍，打仗时将士们才能少流血、少伤亡。

清顺治十二年（南明永历九年、1655年），郑成功在厦门港南普陀寺前的广场，专门修建了一个约500平方米练兵演武场，同时，又命工官冯澄世在厦门港院东澳仔岭之交，修筑一个演武亭楼台。这个演武亭楼台，成为郑成功教练观兵和住宿的地方。

冯澄世虽不是名人政要，但与台湾史却有着千丝万缕的联系。他的儿子

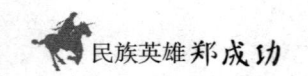

冯锡范是台湾三杰之一，善于玩弄权术，勾结台湾三杰中的刘国轩，哄骗陈永华辞职，从而发动了郑经死后的东宁之变，导致继位不及三日的世子郑克臧遭废黜并被绞杀。

冯澄世生于福建晋江，南明隆武（1645年）举人。冯澄世极有谋略，懂得建筑、机关、布防，很受郑成功重视。原本任参军一职，南明永历九年（清顺治十二年、1655年）正月，郑成功设立吏、户、礼、兵、刑、工六部，提拔冯澄世做了工官。冯澄世见清廷漳州城门楼守将刘国轩才貌雄伟，很有谋略，就引荐给了郑成功。刘国轩受到郑成功的重用，成为后来的台湾三杰之一。当时，为了感谢冯澄世，刘国轩拜冯澄世为义父。

南明永历十八年（清康熙三年、1664年）二月，清军攻陷金门、厦门，冯澄世乘坐小船逃往东碇外海。他的家仆贪图他的财产，伙同船上其他人哗变，逼着冯澄世跳海。被人救起的冯澄世辗转进入泉州，后来降清，当年病逝。

郑成功经常不分日夜地在演武场督操，教练官兵，教授士兵演习五梅花操练法、各阵合操法等战术，训练极为严格。

针对清兵铁骑，郑成功因地制宜，精挑细选了5000名精壮士兵，打造成一支"铁人"劲旅。他们头戴铁面，身披铁臂铁裙，佩戴弓箭，手执砍马大刀，个个武艺精熟，膂力过人，号称"铁人"。郑成功把他们编入左右虎卫镇，由左虎卫陈魁统领。作战时，铁人以组为单位，立于阵前。他们三人为一组，分工明确，一兵拿着团牌保护其他二人，一兵砍马，一兵砍人。铁人不但刀法精湛，刀刀致命，而且弓法也很娴熟，弯弓射箭能够远程命中敌人要害。

这支英勇善战的"铁人"，在后来收复台湾的战斗中，令荷兰侵略者闻风丧胆。

不仅如此，郑成功还在演武亭旁修建了一个演武池，作为训练水师和停泊军舰之用。演武池呈半圆形，面积很大，出口通往大海。

毋庸置疑，水师一直是郑家军的强项，也是历次大败清军的撒手锏。郑家军在厦门共建陆军72镇，其中20镇是水师。水师除了水战士兵外，每艘大战舰上，另外配置40名陆军士兵，每艘中舰上，配置20名陆军士兵；每艘小战舰上，配置10名士兵，以备登陆作战。

郑家军中，想进入水师营当水兵是件很不容易的事情，因为郑成功对水师士兵要求极严，选拔条件非常苛刻。

首先，水兵必须熟悉水性，习惯海上生活，能经受风涛海浪颠簸之苦。其次，水兵要有非常好的游泳技能，能熟练掌握踩水等技巧。二者缺一不可，否则不能入选。这些水兵，手拿大刀或者铳枪，在大海里能够游泳自由进退，并且水不能齐胸，只能淹到腰部。

郑成功在水师将官的配备上，也与陆军不同。打铁还需自身硬，水师的大部分将官，个个拥有丰富的海上生活和战斗经验，几乎都是郑芝龙的旧部。其中的将士，大多是漳州、泉州、潮州等沿海一带人。这些将官，本就熟悉水性，再经郑成功进一步严格训练，无疑将组成一支强劲的海上舰队，也难怪清廷的铁骑屡败于这支海上劲旅，清军只能望洋兴叹而又无能为力。

当时，有一位西方传教士说："郑成功握有大量船舶，由他指挥的强大海军所树立的威名，使邻近海岸一带为之震动。"

自从郑成功把金门、厦门辟为自己的根据地后，投靠的人越来越多。针对明末军令废弛，武备不修，兵将分离等状况，郑成功大力改革军务弊端，健全军队组织，完善军队编制。

首先，郑成功在承袭明朝军制的基础上，建立了前、后、左、右、中五军，每军设提督一名，负责军事指挥。每军又分五镇，分别设镇将一名；每镇有五协，各设协将一名；每协设五正领，十副领，每副领管十班；班有班长一名，班员50人。层层节制，各司其职。郑成功在厦门的陆军共有72镇，各镇用中协做预备队，前、后、左、右四协配置相等兵力，战时不管受到哪方面敌人的进攻，都有充分兵力进行攻击或者防御。除了五军，郑家军还有两支特殊的队伍，将士皆是精挑细选而来，各个武艺精熟。那就是郑成功的亲兵——左右虎卫镇。左右虎卫镇各有一名镇将，由郑成功亲自调领。

其次，郑成功在兵种以及武器装备上，各协配置均匀。确保每协里的刀、牌、弓箭等各兵种能够协同作战。

尤为重要的是，郑成功从起兵开始，就制定了《出军严禁条令》，严禁奸淫、烧杀、抢掠、宰杀耕牛，违反者不论亲疏，一律斩首，大小官员如果治军不严，将从重受到处罚。郑成功还制定出一套行之有效的"杀虏大敌、中敌赏格"制度，每战结束，赏功罚过，奖惩分明。由此，郑成功打造了一

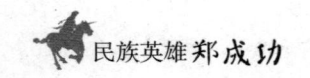

支深受老百姓拥护的王者之师。

尤其值得一提的是，郑成功为了防止营私舞弊，首创了监营一职。郑家军的各个部门，均设有监营。监营的职能，与现在部队的参谋差不多，行军作战随同提督统镇一起出征，对提督起着监督的作用。监营主要负责参谋、情报、军纪等工作。监营采取分层节制，使指挥权更加集中，增强了部队的统一性和战斗力。

在管理金门和厦门的地方事务中，郑成功设置了六部，分掌地方行政和民政事务。为了招纳明室旧臣、缙绅，培育阵亡将士的后代，在六部之后，又设了储贤、育胄二馆。储贤馆招纳明室旧臣、文人，以及闽浙一带的缙绅，让他们协助六部办事，或外派军中为监纪、通盘，使人才各尽其能、各尽其用。育胄馆是郑成功为培养和抚育死难将士和官员子弟而设的育才机构，不仅给他们提供生活保证，而且安排严师教导，使他们得以成材，成为后备力量。郑成功文韬武略，卓有见识，无疑是南明政治舞台上的一位文武双全的优秀人物。

郑成功知道，不论是治军还是管理地方，都需要雄厚的物质基础作保证。在经济方面，郑成功以商养战、通洋裕国的政策得到很好的实施。他一改郑芝龙收取税费的私营方法，派专人经营外贸，改私营为官营。

为了保证充足的货源，郑成功把贸易分为山、海两路，每路均设五大商栈。商栈一面从内地收购原料和商品，一面贩运东西两洋货物。做贸易，郑成功并不垄断，他允许并鼓励、扶持零散商家参加贸易，为此深受人们的爱戴。那些商家自愿为他做耳目，为郑家军搜集政治、军事情报。

郑成功以商养军、以商养战的思想，在天时地利人和的背景下，迅速生根发芽，为抗清和以后驱逐荷兰殖民主义者，提供了充分的物质条件，同时，也促进了商品经济的发展以及沿海一带资本主义的萌芽。

第六章　挥师北伐，势如破竹战南京

围头海战

郑成功不断扩大、巩固抗清根据地，全力准备发起抗清的战斗。在相当长的一段时间，郑家军与清军都没有大的动作，相对维持着较为和平的状态。郑成功督师在海澄（今福建省龙海市境内）、磁灶（今福建省泉州市境内）一带，等待战机。

此时，为了得到清朝廷的信任，降清的施琅献策说，郑成功之所以越来越强大，是因为得到了沿海老百姓的拥护，如果采取相应的策略把郑成功孤立起来，郑家军没有了粮食、武器，以及造船的材料，就会不战自败。

苦无良策的清朝廷为了尽快剿灭郑成功，采纳了这条建议。清顺治十二年（1655年）六月，清朝廷不顾沿海百姓的死活，大力实行"海禁"。所谓海禁，就是下令东南沿海各个省份，禁止船只私自出海，要求"无许片帆入海，违者立置重典"。同时，还强行把江、浙、闽、粤、鲁等省沿海居民，分别内迁三十至五十里，设界防守，严禁逾越，违者以通敌论处，以此来断绝沿海居民卖货给郑成功。

但郑成功并没有坐以待毙，而是主动对清宣战。郑家军接连拿下同安、南安、惠安等地后，清廷震怒，顺治皇帝派出定远大将军、乌金世子济度征讨郑成功。清顺治十二年（南明永历九年、1655年）冬月，济度亲自率领满汉军队的三万兵马南下福建。针对郑成功强大的水师，济度又调配了福建的兵马和船只，气势汹汹地杀向郑家军。

爱新觉罗·济度是清太祖努尔哈赤弟弟舒尔哈齐的孙子、郑亲王济而哈朗的第二子，生于清太宗天聪七年（1633年）六月二十四。济度文韬武略样样精通，朝野政事无一不晓，但他有致命的弱点：心狠手辣，嗜血暴虐，后因此英年早夭。

济度从小就聪敏绝伦，而且武艺高强，几乎无人能敌，在王孙公子中颇有声望。长大后，他训练士兵、带兵打仗别有一套，手下人对他无不佩服得

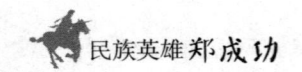

五体投地。他深得顺治皇帝的赏识。顺治八年（1651年）闰二月，济度被封为多罗简郡王。九月，被封世子，擢任议政，成为大清最年轻的议政大臣。济度带兵杀敌，一向冲锋在前，几乎百战百胜。顺治十二年（1655年）冬月，顺治皇帝封他为定远大将军，平定福建。

济度早就听说郑成功的水师厉害。到了福建，济度并没有贸然去攻打郑成功，而是兵分两路，一路由泉州守将韩尚亮统领，由水路进攻厦门；另一路亲自率领，避开郑成功的锋芒，直逼澄海。

清军来袭，郑成功早早就得到了情报，便立刻召集全体将领会议。这一次，郑成功针对清军冒进心理，制定了水陆两套作战方案，并进行周密布置，要求所有将领做好战斗准备。

郑成功采取了四项重点应对措施：第一，派出专人把一部分将领的家属集中在一起，护送到海澄、金门等相对安全的地方。第二，命令黄昌、林顺、杨祥等七镇统领，率领14只大帆船占领上风口，埋伏在围头，静待清兵。一旦发现清兵水师南下到围头，立即袭击，不得让清兵进入厦门和金门海面。围头位于晋江县金井乡的最南海角上，与金门隔海相望，相距不到6海里，曾是泉州海上古丝绸之路四大出海口之一，有着"对台、面金、傍海"的独特地理优势，地理位置十分重要。第三，命令陈奎、陈辉、陈斌、苏茂四镇率领12只大帆船，停泊在金门料罗，正面迎击敌人。为了确保万无一失，严命郑泰所部时刻做好支援的准备。第四，撤出安平、漳州、惠州、同安、南安等地的驻军，加强金门、镇海、厦门和附近几个州县的防守，构筑工事，做到退能守，攻能克。尤其针对海澄，做了巧妙布防。

在所有布置到位后，郑成功又命令万礼、黄梧、黄安、蔡文、林逊五镇，带领10只中帆、10只快哨船，在高崎、浔尾、圭屿一带来回巡视，以防清军偷袭海澄诸港。同时，郑成功通知南澳、铜山的守将做好战斗准备，随时支援厦门，还命令翁天裕、王秀奇负责巡视厦门，如有不测，立即发求信号。

从郑成功的布防来看，足以说明他有着卓越的军事指挥才能。

韩尚亮率领清军水师船队出了泉州港，一路南下。当清军水师刚行驶到围头，就被埋伏在围头的郑家军打了个措手不及。随着一声炮响，清军一条铳船慢慢沉入海底，汹涌的浪花瞬间吞噬了铳船上的几十名清军。

其他船上的清军，眼睁睁看着出征前还在一起说说笑笑的战友，顷刻间魂归大海，一种恐惧迅速笼罩在每个人的心头，整个队伍不敢前进。

埋伏在围头的郑家军呐喊着乘势杀出，清军还没弄清楚有多少伏兵，就慌忙调转船头逃命。郑家军紧追不舍，一路上击沉数艘清军战船，直到傍晚才鸣金收兵。

这天晚上，突然狂风大作，倾盆大雨淋漓而下。海面上，一个巨大的云团旋涡掀起一股又一股滔天波浪。清军水师船只被狂风压下，既回不了泉州港，也回不了深沪，只能如同一枚枚落叶随着海浪各自飘荡。此时，任凭清军喊破喉咙，也不能重新组成船队，而且船只互相碰撞，损失大半。清军士兵哪经历过这等阵势，个个都被颠簸得晕头转向，眼冒金星，自身都难保，更别说去救落入水中的战友。

落入海中的清军不断挣扎着，有的飘到围头，被郑家军水师抓获；有的飘到青屿与金门，只得登岸向郑家军乞降；有的甚至飘到外海、广州等地。而清军指挥韩尚亮却没有那么幸运，落水之后，他就被大浪打翻，再也没能浮出水面。

这一战，由于郑成功布置得当，郑家军水师共缴获清军大船10艘，击沉或焚毁30多艘，大获全胜而归，历史上把它称之为围头之战。

济度得到韩尚亮的水师惨败的消息后，心中大惊，不由得加紧了对海澄进攻的部署，试图扳回败局。可他做梦也没想到，在他的指挥下，清军水师一头钻进了郑成功布置好的包围圈里。

海澄大捷

海澄（今福建省龙海市境内）古称月港，位于九江到海门岛的河道上，其形状如月，因此得名"月港"。海澄与厦门遥相呼应，形成犄角之势，是当时中国对外贸易的著名港口，也是闽南地区的一个繁华大都汇，有着"小

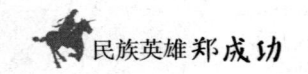

苏杭"的美誉。"市镇繁华甲一方，港口千帆竞相发"写的就是海澄。

作为清朝廷三军统帅的济度，对海澄这个兵家必争之地，是非常重视的。因此，他亲自率领一路大军，浩浩荡荡地奔袭海澄。

别看济度只有二十二岁，可他很会带兵，打仗也颇有一套，是清朝廷有名的常胜将军。在诸贝勒中，济度以精明干练、军务卓越而备受瞩目，这也成就了他骨子里的高傲与自负，甚至有些目空一切。

济度进攻福建，在战略上是蔑视郑成功的。他总觉得郑成功不过就是半路出家的文弱书生，率军打仗未免有点勉强。可在战术上，他对郑家军是非常重视的，尤其对郑家军的水上优势有所顾虑，甚至有些畏首畏尾。当年郑成功的父亲郑芝龙称霸东南，依赖的根基就是强大的水师。

济度深知，急功冒进乃兵家大忌。但是，年轻气盛的济度，对同样年轻的郑成功有着一种骨子里的战胜欲望，他太想及早剿灭郑成功。由此，他在被朝廷任命为定远大将军、兵发福建后，不辞辛苦，亲自视察了南疆诸地，对战略要塞做了全面详尽的了解，反复调整作战方案。

经过一系列精心的准备，第二年孟夏，济度才兵分两路，攻打郑成功。他亲自率领五万陆军，直奔南疆要地海澄。韩尚亮率领的清军已经被击败，几乎全军覆没。清朝廷水师的首战失利，不仅令清军士气受挫，更让济度这位身材高大而壮实的八旗子弟有些愤怒。为了挽回海上惨败的面子，更是为了鼓舞士气，济度决心打好海澄之战，一举拿下海澄。

济度一连忙碌了几个日夜，仔细研究作战方案，终于确定了一个让他满意的方案。在确认进攻海澄的方案万无一失后，济度才长舒了一口气，布满红血丝的眼睛闪现出了一丝轻松。

这时，有探子回报，说郑成功在厦门、海澄的守军不多，也就几千人马。济度听说郑家军在海澄的防守非常薄弱，取胜的信心大增。同时，他的心里还莫名其妙地蔑视起郑成功，觉得郑成功把这么重要的地方当作儿戏，实在难负招讨大将军的盛名。他穿戴好盔甲，佩上战刀，浑身抖擞着威风，步履矫健地走出行军大帐。他迅速集合队伍，向众将士宣布作战命令。此刻，济度如同一头刚睡醒的雄狮发现了猎物一样，率领清军浩浩荡荡地扑向海澄。

海澄是个港口，当地人习惯使用水上交通工具，很少有人选择陆路。其实，当地人通过陆地往返于海澄的路有两条，一条是山路，崎岖险阻，仅容一人通行；一条是平地，坎坷崎岖不说，还有很长一段的沼泽地，水虽然不深，但泥泞难行，一不小心，就会陷入泥潭，所以此路行人不多。

海澄的守将是郑家军少壮派将领刘国轩。刘国轩（1629—1693年）比郑成功小五岁，与冯锡范、陈永华并称为"台湾三杰"，其字观光，福建省龙台市长汀县四都镇溪口村人。刘国轩自幼聪明过人，人们都认为他是奇才。15岁时，战争波及他的家乡，人们结寨自保。少年刘国轩指挥乡民，大破扰民清军，从而闻名乡野。南明永历八年（顺治十一年、1654年），刘国轩投到郑成功麾下，随着郑成功转战江南，屡立战功。

其实，郑成功哪能不知道海澄的重要性。正是因为战略重要，他才派足智多谋的刘国轩驻守此地。他认为，法阵在于精，智者一人可敌千军万马。

刘国轩见清军气势汹汹而来，用自己的三千守军来对付清军的五万精锐，在人数上毫无优势。如果硬碰硬地正面迎击，无异于鸡蛋碰石头，没有丝毫胜算。于是，刘国轩根据海澄的地理特点，决定打伏击战。

为防万一，刘国轩急忙给郑成功写了一封求援信，并连夜差人送去。然后，他按照自己的方案部署兵力。

首先，刘国轩挑选一名平时行事作风严谨的将领，带着一部分人，星夜把沼泽地用干草伪装起来。做好伪装后，迅速埋伏在四周，静待陷入沼泽地的清军。

其次，刘国轩派出一队动作灵活的人马，作为诱敌深入之军。他对这队人马千叮咛万嘱咐，只做诱敌，不可恋战。

此外，刘国轩还挑选老弱士兵埋伏在险要处，以防济度从山路偷袭。

清军兵广将多，辎重甚丰，山路自是无法通过，自然选择平地进攻。清军在济度亲自指挥下，士气高昂。当听说郑成功远在厦门，清军更是个个精神抖擞，高举着定远大将军的旗帜，呐喊着风卷残云般杀奔而来。

清军出击没多远，就遇到了郑家军诱敌之军。匆匆一照面，郑家军佯装败阵，就边打边跑，边跑边放冷箭。清军以为郑家军看他们人多就吓跑了，早没了怀疑和戒备之心，哪肯轻易放过逃跑的郑家军？他们一路紧追不舍，

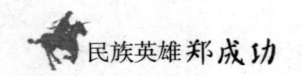

一直追杀到沼泽地带。

眼见着郑家军就在不远处，清军也不顾脚底下是否有诈，只顾着穷追猛打。

清军骑的都是北方高大战马，驰骋飞腾，速度极快。别说在没有防备的情况下，就是发现有诈，也难一下子控制住前行的惯性。结果，冲在前面的将士连人带马纷纷陷入沼泽地，人喊马嘶，越挣扎陷得越深，清军队伍顿时大乱。

诱敌之军也不再往前跑了，而是回转身，与早已埋伏在道路两旁的郑家军形成包围之势，把清军围在沼泽里猛打。一时间，万箭齐发，直杀得清军鬼哭狼嚎。

那边郑成功派出的援军还未到，这边的战斗就已经结束了。清军伤亡过半，丢下辎重，溃逃而去。

济度水陆两战皆败，这是他有史以来为数不多的几次战败中最惨烈的一次。他羞愧得无地自容，对郑成功真是又恨又怕，从此再也不敢轻言宣战。郑成功犒赏三军，全军沉浸在胜利的喜悦中。

郑家军水陆大捷，士气空前高涨，威震大江南北。郑成功更是气贯长虹，誓言要攻取清军要地南京。郑成功打南京的目的有两个：一来迫使清朝廷不敢对西南大肆用兵；二是减轻永历皇帝的压力。由此可见郑成功对南明永历皇帝的赤胆忠心。

羊山海难

自有了攻取南京的想法后，郑成功就着手准备北伐的战略物资，包括兵马、粮草、武器装备以及船只等。他要求郑家军的各级军官，全面严格整肃水陆大军的军纪，竭尽全力督军备战。

南明永历十一年（顺治十四年、1657年）五月，北伐南京的一切准备就绪，郑成功大宴文官武将，做战前动员。郑成功的夫人董氏明大义、识大体,用自己的行动无声地支持着郑成功。她在府内设宴,按官职等级,招待出征及留守文武官员的亲属,以此来鼓舞士气。

永历十一年七月,经过深思熟虑,郑成功留下洪旭、陈辉两员大将,协助董夫人和儿子郑经守卫厦门,自己亲自统率大军北征。

清朝廷留在福建、浙江一带的守城将领,多是明朝的旧臣,当初降清,完全是迫于形势。如今,郑成功率兵一到,他们便纷纷打开城门,欢迎郑成功。一路上,郑成功几乎未遇到阻击,兵不血刃地顺利北上。

八月,郑成功率领大队人马进攻黄岩,守将王戎开城投降。郑成功乘胜围攻台州,守城的总兵李必、知府齐维藩随即开城投降。

九月,郑家军开始围攻太平、天台。清朝守将早就听说定远大将军济度败给了郑成功,当他们看见郑家军中飘扬着的"招讨大将军"旗帜,早就腿软了,哪还敢出战?还没等郑家军进攻,就挂出了白旗,大开城门投降郑成功。

但清军将领也不都是软骨头,大胆站出来抵抗郑家军的也大有人在。福建总督李率泰就是抵抗者之一。

李率泰本名李延龄,明万历三十六年(1608年)出生于辽东铁岭。十二岁时,入朝侍奉清太祖努尔哈赤,深得清太祖信任,被赐名率泰。十六岁时,又蒙圣恩,娶了努尔哈赤宗室之女为妻。李率泰武艺精湛,英勇善战。明崇祯十七年(1644年),李率泰随多尔衮入关后,在进攻李自成、打击南明永历帝政权的战斗中屡立战功,倍受清廷重用。

李率泰见郑成功的大军北上远行,觉得有机可乘,就调集兵力,袭击郑成功在福建的根据地。他在征调黄梧的兵将时,黄梧没有及时接受命令,迟到了几天,从而引起李率泰的猜疑。于是,他毫不客气地把黄梧的兵将编入八旗军中,只给黄梧留下几个贴身的随从。

黄梧曾在郑成功手下担任中权镇左营副将。他机智勇敢,颇得郑成功赏识。顺治十三年(1656年),黄梧背叛郑成功降清。

由于李率泰的不信任,黄梧成了光杆司令。他又恼又怒,心里很是窝火,甚至后悔当初投降清廷,如今落得个虎落平阳被犬欺的下场。黄梧思前想后,决定重投郑成功的麾下。于是,黄梧请人向郑成功求情,表示愿意回

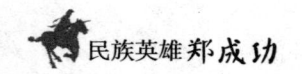

归到郑家军大营。郑成功虽然内心爱惜人才，可一想起黄梧出尔反尔，唯恐他以后还是如此，最终没有接纳他。

李率泰虽然要袭击郑成功的根据地，但他并没有盲目出击，而是把目光放在了闽安。闽安位于闽江下游，是防守闽江的要塞。闽安距福州仅有30千米，地势险要，自古就是兵家的攻防要地。戚继光曾在此垒台筑寨，抗击倭寇。郑成功攻占闽安，也就控制了福州清军的出海口。但郑成功一直有个劣势，那就是城镇驻军偏少，这也成了他很多次得城又失城的主要原因。

当李率泰率领清军大队人马突袭闽安时，兵力薄弱的郑家军难以抵挡强大清军的猛烈攻势，被迫投降清军。可是，投诚的郑家军将士非但没有受到清军的优待，反而惨遭李率泰屠杀，无一幸存。

听到闽安失守的消息，郑成功大吃一惊，马上召开将领会议，一起商议是继续北伐还是马上回防事宜。大家都担心根据地不保，便极力反对北伐。于是，郑成功留下一支队伍镇守浪崎，自己率领兵将赶回厦门防守。同时，积极筹备作战物资。

顺治十五年（1658年）正月，郑成功因地方频得频失，始终没有定局，便召集文武官员，商讨军事大计。吏官潘庚钟、工官冯澄世、参军陈永华都主张进军江南以号召天下。而甘辉则认为，江浙地区广阔，没有几十万的军队根本攻不下来。如果把部队都开到前线，势必造成金门、厦门两地后院起火。不如就近寻找清军薄弱之处下手，则进可攻退可守。

而此时，由于郑成功在海上取得一系列胜利，便觉得有些飘飘然了。他过高地估计了自己，进而接受了北伐的建议，并派人去广西，请求永历帝派兵与他在长江会师。

永历帝接到郑成功的求援后，立即任命在浙东一带活动的鲁王旧部将张煌言为兵部侍郎、翰林院学士，晋封郑成功为潮州王，授封郑成功的手下部将各种爵位。同时，让张煌言统率军队协助郑成功进行北伐。

顺治十五年三月，清政府兵分三路，分别向云南、贵州前进，准备消灭永历政权。郑成功采取围魏救赵的策略，开始了二次北伐。

临行之前，郑成功重新颁布出兵十禁，再一次严格约束部队。五月十三日，郑成功命令洪旭、黄廷、郑泰协助董夫人、儿子郑经留守厦门，自己亲率十八万大军出发北伐。其中，战舰数千艘，甲士十七万，铁人八千。部队分三程进发：第一程由甘辉指挥，统领两万五千人马，配船五十只；第二程由马信指挥，统领两万人马，配船六十只；第三程由万礼指挥，统领两万人马，配船六十只。而郑成功亲自领兵四万，战船一百二十只，浩浩荡荡，扬帆北上。

六月，郑成功招降平阳、瑞安，令全浙震动。之后，郑家军一路向北，到达长江，与长期坚持在浙东的张煌言会合在一起。经过短暂的休息和调整后，八月初九继续北行，当晚停泊在羊山。

羊山其实不是山，而是海中岛屿。这里山水相依，构成一幅绝妙的八卦图，相传这里曾经是秦王的屯兵之地。郑成功无心欣赏景致，在此只是为了稍作休息。

没想到，八月初十中午，队伍正准备出发时，羊山一带突然狂风大作，雷雨交加，海面上巨浪滔滔，天昏地暗。郑家军的船队被冲散，很多船只都沉到了海中。

更令人不可思议的是，郑成功所在的中军船也被狂风巨浪打破，转瞬就被吞噬，船上男女老幼二百三十一人眨眼间消失在海面。所幸的是，郑成功抓到了身边的一块木板，并被身边的将士救起。

风停天晴之后，盘点队伍时才发现，军中将士死了八千多人。尤其是郑成功的第六位嫔妃、二儿子郑睿、三儿子郑浴、五儿子郑温都不幸罹难。

这场海难，让郑成功悲痛欲绝。他妥善安葬了遇难将士以及亲人的尸体后，又重整船队，返回舟山。这一次，他开始在浙东一带扩充地盘，一边筹集粮饷，一边招兵买马，进行调整，等待战机。

夺取瓜州

羊山海难后，郑成功在舟山经过八个多月的整补修复，于顺治十六年（南明永历十三年、1659年）四月十九，联合张煌言，一举全歼了定海的清

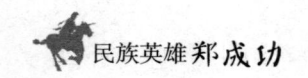

军,焚烧清军水师战船100多艘,制造了进攻宁波的假象,有力地牵制了清军进攻云南和贵州,诱使清军不得不日夜兼程,赶往宁波救援。

顺治十六年(1659年)五月十三,郑成功亲率十余万大军,分乘大小战船3000余艘,从舟山定海出发北上。

出发前,他再一次严明军纪,表达自己恢复大明江山、上报国恩、下救百姓的决心。他说:"此行我师一举一动,四方瞻仰,天下见闻,关系非细。各提督统镇十余年栉沐亲勤,功名事业亦在此一举。当从恢复起见,同心一德,共襄大事。进入京都之时,凡江中船只货物,准其插坐,但要和衷,不准争竞;其岸上地方百姓,严察秋毫无犯。"

严明的军纪,高昂的士气,让郑家军一路所向披靡,沿江一些地区的清军望风而降。

顺治十六年六月十三,郑家军顺利抵达焦山。

俗话说:"山不在高,有仙则名。"焦山虽高不过百米,却因东汉隐士焦光在此山中隐居而得名。焦山四面环水,有着江中浮玉的美誉。由于焦山屹立于万里长江中,如同镇江之石一般,与它周围的金山、北固山、云台山、象山等山丘形成了一水横陈、连港三面的独特地貌,自古以来就是军事要地。

登上焦山,郑成功仿佛看到了宋代抗元名将张世杰与元朝水师"焦圃险要屯包港,宋代兴亡战夹滩"的壮烈搏斗场景。想到自己肩负着抗清复明大业,郑成功竟有一种砥柱中流之感。他和三军将士都换上了白色孝服,三叩九拜,祭祀天地、明太祖和崇祯帝。一时间,郑家军群情激愤,反复高喊着"太祖高皇帝",场面极其悲壮激昂。

六月十五,郑家军兵临江阴水域崇明。对于攻打崇明,郑家军将领张煌言、冯澄世一致认为,此地地理位置特殊,看似弹丸之地,但就近可以获得江南富庶之地的粮饷,退可以重登战舰,发挥水师的水战特长,是一个非常理想的根据地。

但在郑成功看来,崇明之地易守难攻,队伍攻打崇明,必将延误行军数日。而取瓜州不但可以截断清军的粮草,更可以乘势夺取江南,崇明就会不攻自破。于是,郑成功听取了武官的建议,以县小不攻为由,溯江而上。实际上，郑成功不去攻打崇明，是担心消耗兵力。后来的事实证明，正是这个战略上的小小失误，郑家军在攻打南京失利后，失去了一个依江而侍的稳固立脚点。

六月十五日晚，郑家军进驻瓜州北岸，郑成功连夜制定并部署夺取瓜州的作战方案。

瓜州是扼守南京的东大门，屹立于长江下游北岸，历来乃兵家必争的战略要地。对此，北宋著名诗人王安石曾写下这样一句诗："京口瓜州一水间，钟山只隔数重山。"

清军得知郑成功北伐，不敢轻举妄动，在瓜州布置了不下一万的重兵把守。他们日夜大造防御工事，时刻都加紧备战。清军不仅设置了谭家洲炮台、瓜州柳堤炮台，做好用重火力封锁江面的准备，而且针对郑家军水师的特点，在江面上布置大量的有火炮的竹筏。

为了做到万无一失，清军还设置了滚江龙。所谓滚江龙，就是在江面上拉起一条铁索，一端钉在焦山，一端钉在金山，拦江锁住船只通道。

六月十六日早上，郑成功兵分三路，对瓜州发起攻击。一路由张亮率领一支快艇队，前去砍断滚江龙；一路由左提督马信和前先锋镇余新各带战船五十艘，前去摧毁清军火力点；一路由中提督甘辉和右提督翁天佑率领，左右夹击瓜州。

张亮是水师中最富有作战经验、又勇敢顽强的闯将。接受命令后，他身先士卒，乘着快艇冲向滚江龙。快艇都是经过特殊设计的，周身包裹了一层厚厚的棉絮。炮弹打在上面，根本奈何不了艇身，更何况那时使用的都是土炮，威力不大，射程也短。

清军一见郑家军来袭，立即用密集的炮火轰击快艇，炮弹如雨点般落在快艇的四周，溅起一串串水花。四艘快艇毫不理会，借着东南风势，拼命往前猛冲，眨眼工夫便靠近了滚江龙。为了吸引清军的注意力，张亮让水兵跳入江中后，带着快艇掉头往回冲。清军的炮火一味猛轰快艇，完全没有注意到已经在滚江龙处漂浮的郑家军水兵。此时，经过严格训练的郑家军水兵，很快就把滚江龙锯为两段。与此同时，马信和余新也以迅雷不及掩耳之势，摸到了清军炮台附近，一举端掉了清军的炮台。

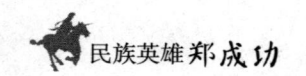

清军苦心经营多年的锁江防线，不到一天就土崩瓦解。郑家军没有了拦路虎，水师队伍长驱直入，清军一下子乱了阵脚。周全斌的水师先行抵达，率领队伍在一处水田登陆。

瓜州守将左云龙打算趁周全斌立足未稳之时，将郑家军赶下江去。但没想到清军骑兵在水田中难以发挥优势，倒是左云龙与周全斌二人展开了一场激战。二人棋逢对手，一连大战了几十个回合也没分出胜负。但随着周全斌的越战越勇，左云龙有些胆怯了。于是，左云龙瞅准机会，调转马头便跑。周全斌带着郑家军紧追不舍，一箭把左云龙射落马下。瓜州城门来不及关闭，郑家军趁势冲入城内。

瓜州城内，左云龙的军师朱衣佑正在布置人手应对围城，并准备派人带着令旗到淮安求援，却没料到骑兵这么快就败了。朱衣佑还没弄明白怎么回事，就成了郑家军的俘虏，周全斌将朱衣佑押去见郑成功。

朱衣佑原是崇祯末年的贡生，做过明朝的官吏，降清后为虎作伥，成了一名反明干将。朱衣佑本就是贪生怕死之徒，一见郑成功，腿早就软了。他早就听说郑成功极重孝道，便以家中八十老母无人赡养为由，一边不停地叩头，一边连连喊着国姓爷饶命。这一招果然奏效，郑成功不但放了他，而且还赠送了盘缠路费，让他回家好好侍奉老母。

当晚，郑成功犒赏三军，庆祝瓜州大捷。

六月十七，郑成功用缴获的红衣大炮炮轰谭家洲，歼灭清军2000多人，郑家军顺利地占领了谭家洲。郑成功召集诸位将领，商量镇守瓜州以及进攻镇江事宜。

张煌言认为：瓜州的清军虽然在陆地上战败了，但水师退入了芜湖，必须严加防范，以免遭受祸患。

郑成功也恰恰担心这一点。于是，他命令张煌言率领水师前镇逆流而上去芜湖，追击并拦截从长江上游赶来的清军援军。同时，他还命令援剿左镇留守瓜州，监纪柯平管理沿江防务和地方事务，自己领兵沿着水路直奔镇江。

第六章 挥师北伐，势如破竹战南京

决战银山

镇江与瓜州仅仅相隔10里，位于长江下游南岸。如果郑成功进驻镇江南岸，无异于站在了南京的东大门外，拿下镇江，就等于即将打开南京的东大门，攻下南京则指日可待。

镇江守将高谦见瓜州和谭家洲失守，忙派人向南京求救。南京总兵喀喀木曾挂过"靖南将军印"，手下有一支身经百战的八旗精锐骑兵，根本没把郑成功放在眼里。喀喀木接到求救信后，立即组织15000多人的队伍，由提督管效忠率领前往镇江增援。

顺治十六年（南明永历十三年、1659年）六月十九日，管效忠带领的这支队伍，在镇江南岸七里巷遇到了郑家军。清军见郑家军意欲登陆，便策马过去迎击，可郑家军马上升帆将战船开走。没走多远，郑家军又做出登陆的样子，清军又连忙过去迎击。当清军靠近郑家军时，郑家军又从容离开。如此反复，清军跟在郑家军屁股后面，沿着长江跑了3天。

此时，正值盛夏酷暑，天气又闷又热，整天铠甲不离身的清军骑兵，口渴难耐，只能喝马蹄印里的雨水解渴。

六月二十一日，周全斌带领所部择岸登陆。清军一见，赶忙起兵过来迎击。但是，由于清兵过于疲惫，行动迟缓，等他们接近郑家军时，郑家军已登陆完毕，并列好阵势，准备迎敌。

清军发现登陆的郑家军全是步兵，心里就如同吃了一颗定心丸，他们甚至放言："这些海贼，不够吾杀！"清军远远地就搭箭在手，单等一靠近郑家军就放箭。

然而，这一次郑家军与以往不同，所有人虽然都是赤脚，但全身都是铁甲，带着铁面具。第一排是铁人；第二排是团牌手，每人都是一手执刀，一手执藤制盾牌；第三排是火铳手。队列后面还有一人敲着一面小鼓，方阵踩着鼓点前进，鼓声缓则行动迟，鼓声快则行动快。

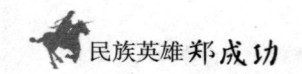

刚接进郑家军，清军就听到密集的火铳响，随即密集的火铳弹将清军许多骑兵打下马来。与此同时，清军的箭也如漫天蝗虫一样飞出。郑家军队形一变，第二排的团牌手迅速上前，用藤牌护住前后两人，挡住飞箭。清骑兵冲到阵前中，左冲右突，兵器、躯体的撞击声响成一片，但郑家军阵型岿然不动。清军甚是惊诧，收兵退出几十米再骤然冲击，结果仍是一样，不仅没有冲乱郑家军阵形，反倒损失了很多战将。

正当他们准备再组织一次冲锋的时候，郑家军的鼓声骤然加剧，郑家军火铳手向清军投出火铳弹。随着一声声炸响，清军人仰马翻。战场局势瞬间逆转，郑家军掌握了主动权，大举冲入清军阵中。他们钩马的钩马，砍人的砍人，三人一组，个个以一当百，直杀得清军人仰马翻。

郑家军将士们越杀越勇，清军阵脚开始大乱。苦撑了一阵后，清军提督管效忠带着骑兵残军退到了银山。

六月二十二日夜，郑成功指挥军队悄悄潜到了银山脚下，天明时分，一举控制住银山。此时，尚在熹微中的银山，睁开惺忪的睡眼，袒露胸怀，兴奋地拥抱着威风凛凛的郑家军。

清军提督管效忠怒发冲冠，领兵前来冲击郑家军的中军大营，试图一举击溃郑家军。

郑成功亲督左右武卫亲军当先锋，沉着应战。两军交锋，先是火器、弓矢齐发，密如雨点，紧接着炮声隆隆，惊天动地，战斗异常激烈。郑家军表现出惊人的纪律和战斗素质，阵形依旧不乱。郑家军士兵即使有的脚上中箭，但拔掉后仍继续战斗。

俗话说，兵败如山倒。银山地区地势复杂，道路狭窄不说，还到处是交叉分布的河沟。在这样的环境下，清朝廷的骑兵根本无法发挥优势，大败之下各自顾命，纷纷逃窜，被淹死的、踩死的不计其数，尸横遍野。郑家军乘胜追赶了十几里路，缴获了大量的马匹、骆驼、盔甲、弓箭，而郑家军只损失了几名士兵。

绝望的管效忠抢过清军执旗官手中的大旗，亲自扛着逃到镇江城壕前。镇江守军怕像瓜州一样被郑家军夺门而入，不敢打开城门，管效忠只得逃往南京。

此战从辰时一直杀到未时，整整3个时辰，曾扬言海贼不够他们杀的那股清军，还没弄明白郑家军的铁人是怎么作战的，就全部战死于郑成功的铁人刀下。提督管效忠虽然没有全军覆没，但4000多人马只剩140人，损失惨重。

管效忠祖籍辽宁抚顺，属于汉军八旗，从皇太极在位时起，就跟随清朝八旗出战，经历过大凌河战役、松山之战等著名战役，随满清入关后，凭着军功，官至总兵、提督，颇有些自负。一直以来，管效忠自视甚高。

镇江兵败，管效忠羞愧难当，不由地慨叹道："自从入关，东征西讨，不敢说身经百战，但十战中我至少经历七战，可从未有一战死伤这么多人啊！"感慨终究是感慨，只是更让他想不到的是，正是这次兵败，令清朝廷的当权者对他非常忌恨，以至于秋后算账追究败绩，被发配为奴。

郑成功兵临城下之时，镇江守将高谦、知府戴可进、太平府守将刘世贤等人相继献城投降。郑成功严命手下不许侵犯百姓，郑家军进驻镇江后，城内外的店铺照常营业，农民如同往常一样在田间耕作，秩序井然。

扬州的文官武将一听镇江失守，各自逃命，城中百姓手执彩旗、羊酒到镇江请求郑成功派人接管扬州。句容、仪真、滁州也先后主动为郑家军提供军饷。

在镇江的日子里，郑成功每天在教场山下训练军队，郑家军军威森然。

江南各地人民，已经十几年未见过穿着明朝服饰的人，现在突然看见一支威武的明朝大军，人们沸腾了。他们奔走相告，盛赞郑家军是"天兵"，人们扶老携幼，纷纷前来观看。

顺治十六年（1659年）六月二十八日，郑成功召集各位将领商议攻取南京事宜。

甘辉认为：瓜州、镇江是南来北往的交通要道，守住瓜州就能抵挡住从背面而来的清廷援军，而占据北固山，就可以有效控制焦山、金山、象山、北固山以及云台山所组成的一水横陈、连港三面大格局，切断清军江浙通道，达到不动用军队而收复南京的目的。

但郑成功不肯采纳甘辉的建议，执意出兵攻取南京。无奈之下，甘辉又建议郑成功从陆路向西进发。甘辉认为，陆路的速度相比水师更快，既可以乘机一鼓作气攻下南京，也可以一路轻取各个州县，以此阻截清朝廷的援军。

可是，被胜利冲昏头脑的郑成功，依旧没有采纳甘辉的建议。顺治十六年（1659年）七月初四，郑成功率领郑家军大队人马逆流而上，奔袭南京。

第七章　将军饮恨，经济封锁觅新途

第七章　将军饮恨，经济封锁觅新途

北征饮恨

元顺帝至正二十八年（1368年），西吴王朱元璋称帝，成为大明王朝的开国皇帝，定都应天府（今江苏省南京市）。明成祖永乐十九年（1421年），朱棣迁都至北京，但南京依然是中国南方的政治中心。

清顺治二年（1645年），清军占领南京，将"应天府"改名为"江宁府"。清朝廷知道，控制了江宁府，就等于控制了江南的富庶之地，就可以为大清王朝提供强大的物质基础。

顺治十六年（1659年）六月，郑成功一举攻克了镇江，无异于打开了江宁府的门户。如果他一鼓作气攻下江宁，就等于恢复了大明王朝东南的半壁江山，由此，对于怀着故国之情的广大汉人来说，郑成功的号召力必将不可估量。

但历史却跟郑成功开了一个莫大的玩笑。

郑成功没有采纳甘辉用连战连捷的士气抄近路日夜兼程直取江宁的建议，而是以舰队为核心，采取了稳扎稳打逐步推进的策略。此时，郑成功忽略了郑家军战船体型庞大，运转笨重，在水流湍急而又狭窄的江面上逆流而行的弱点，很多时候只能靠人在岸上拉行，极大地降低了行军速度，给了清军喘息、等待救援的机会。由此，郑家军错失了清军刚刚大败，士气低落，江宁城大兵少的最佳战机，逐步形成了成也水军、败也水军的局面。

七月初七，郑家军主力到达了江宁城北的观音门外。观音门是明代南京外郭18座城门之一，位于燕子矶附近，江宁主城近在咫尺。

三天后，郑家军大队人马在仪凤门登陆上岸。上岸后，郑家军先后在离水域较近的观音门、金川、钟阜、仪凤、江东、神策、太平等门外建营83座，每营前排列大炮，配备云梯、藤牌、铁锹、凿子等攻城工具，并且切断了水上交通，基本上对江宁的西、北两面形成了合围状态。

站在南京城下的郑成功，望着烟波浩渺的江面和笼罩在雾中的城楼，感

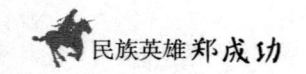

慨万千，提笔写下一首诗："缟素临东誓灭胡，雄师十万气吞吴。试看天堑投鞭渡，不信中原不姓朱。"

毫无疑问，郑成功的诗力透纸背，感人至深，充分显示了他博大的胸襟以及远大的抱负。郑成功包围南京的消息传出，很快震动一方。浦江、太平、江浦、六合、芜湖、当涂等地的守城将领，纷纷献城归降，郑家军的攻城形势一片大好。

而此时，郑成功有点飘飘然了。在他眼里，江宁府无非是孤城一座，取江宁府犹如探囊取物。可他不知，正是他的轻敌，没在东、南方向布下一兵一卒，给清朝廷援军顺利进城并展开反击留下了通道。

江宁提督管效忠曾经领略过郑家军的厉害。见郑家军大军压境，他一面坚守城门不出，一面苦思破敌之策。

在瓜州被郑成功释放的朱衣佑单骑入城，给管效忠献出了十六字计策：写信诈降，拖延时间，等待援军，绝地反击。

于是，管效忠给郑成功写了一封言辞恳切的诈降信。他在信中说自己想弃暗投明，无奈清朝军法规定，将领守城不超过30天，妻儿老小都要被杀，希望郑成功体谅自己的难处。

在接下来的几天里，郑成功并没有对江宁发起进攻。甘辉等人多次建议迅速攻城，郑成功认为直接攻城伤亡损失大，不如等清军援军汇合一起之后一举击破，进而迫使对方献城而降。

面对郑家军的围而不困，守城清军并没有消极以待。管效忠、喀喀木等清军将领一面加紧储备粮草，做好随时开战的准备；一面派人前往北京、苏州、杭州等地紧急求救。求援信中，管效忠着重强调了江宁局势之危急。尤其在给朝廷的求救信中，管效忠动了一点小心思，夸张地写道郑成功率领20多万人，战舰上千艘，士兵都是铁衣铁甲，刀枪不入，似乎就是无敌之师。

得到南京急报，刚刚攻破云南凯旋的八旗兵马尔赛、噶褚哈等部，快马加鞭星夜赶抵南京。七月十五，苏松水总兵梁化凤率领3000多名官兵，悄悄进入南京城。在郑成功毫无觉察的情况下，南京城内陆续集结了二万多人马，双方态势发生了大逆转。

芜湖的张煌言见郑成功围城不攻，写信劝其攻城，但为时已晚。

第七章　将军饮恨，经济封锁觅新途

入城的梁化凤日夜登城观望，见郑家军大军首尾相连，一直无计可施。可有一天，梁化凤忽见白土山下驻扎的郑家军人马防务松懈，便出奇袭阵。

白土山的驻军是郑家军前先锋镇，将领是郑成功久经战阵的一员猛将余新。此人作战勇猛，但骄傲自大，与南京城清军虽近在咫尺，但仍若无其事地放下兵器，每日欢宴撒网打鱼。郑成功唯恐误事，派翁天佑协助防守。而余新贪功心切，唯恐别人抢了他的功劳，拒绝翁天佑协防于他。

七月二十一日午夜，清军挖开砌塞已久的神策门，梁化凤带着五百骑兵突袭余新部，毫无防备的余新败入萧拱宸营中。梁化凤一鼓作气，灭了两营，硬生生把壁垒一样的郑家军撕开一个口子。萧拱宸浮水逃生，余新被俘遇害。梁化凤的偷袭，极大地打击了郑家军的士气。

次日凌晨，一击得手的清兵先用大炮轰击郑家军大营，随后在城外用骑兵列开阵势，发起更大规模的反攻。

由于郑家军在镇江之战时各镇抢功，互相攻讦，郑成功一怒做出了对不得命令擅自出战者进行治罪的决定。所以，清军前来突袭，郑家军各将领在没有得到郑成功命令的情况下，既不敢主动出战，也不敢互相增援。林胜见郑成功还不发布命令，率领本镇大战梁化凤，被与东门冲出来的骑兵合击，全军覆没。

随后，郑家军各镇营寨阵地先后被清军攻破，郑家军大败，人马纷纷向江边溃散。郑家军水师黄安率领本部一面拼死抵抗，一面掩护岸上逃来的败兵和随军家眷撤退，并从水中救起跳江逃回的士兵数千人。

激战中，尽管郑家军水师损失大小战舰500多艘，但却抵挡住了清军的水上攻势，成功地掩护残余陆军撤到船上，避免了全军覆没的悲剧。二十四日夜里，郑成功退到镇江。

江宁之战，是郑成功军事生涯中最惨重的一次失败。先锋镇、左先锋镇、援剿右镇、后劲镇、前冲镇、左武卫、左虎卫等陆军部队，先后被重创或歼灭，兵员伤亡不计其数，单是提督、镇将等高级将领就有14名阵亡。其中，后提督万礼力战大桥山死于乱箭中，户官潘庚钟护卫郑成功而战死，甘辉、张英掩护郑成功挥师撤退，他们边战边退，张英战死，甘辉退到江边的时候，仅剩三十几人。面对一步步不断逼上来的清军，甘辉临危不惧，一连

— 107 —

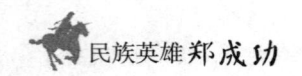

击杀清军几十人，鲜血染红了战袍，最后因战马力竭倒地被俘，甘辉宁死不降，英勇就义。

其实，看似清军大获全胜，但也付出了极大的代价。战后，管效忠、梁化凤等清军将领每忆起当时战事，都心有余悸，不免感慨：郑家军是自己一生征战中遇到的最强对手。

作战总结会上，郑成功痛责自己。他边哭边说：当初我要听甘将军的话，怎么能败得这么惨呢？

玄著就义

郑成功在江宁战败的消息，很快传到了芜湖，张煌言马上写了一封密信，连夜差心腹送到郑成功的军营。

张煌言在信中力劝郑成功不要撤退，更不要置百姓于不顾。他说："胜败乃兵家常事，我们可以依靠的就是民心，上游的许多县、镇我全守得很好。如果增援，我战舰百艘沿江而上，收复失地或许尚可为。倘若骤然而返，将置江南百万人民于何地？"

此时，郑成功根本不听张煌言的劝告，自己一意孤行。他一面派蔡政去北京与清朝廷议和，一面撤走在镇江、瓜州及长江流域驻守的军队，从海路匆忙退回厦门。

自顺治十六年（1659年）七月初七，张煌言就乘着几十艘战船，带着不到一万人一路西行以来，攻克仪真，拿下六合。虽是孤军深入，但由于军纪严明，不侵百姓分毫，深受沿江百姓的爱戴。张煌言队伍所到之处，百姓执酒相迎。

攻下芜湖后，张煌言兵分四路，先后攻取了溧阳至广德、和州、池州、宁国，并以郑成功名义发布檄告，号召各地"归正反邪，端在今日"，"先机者有不次之赏，后至者有不测之诛"。

仅仅半个月时间，张煌言率领的队伍就连克皖南的太平、宁国、池州、徽州、无为、和州，以及苏南的高淳、溧阳、溧水等城池，共计四府、三洲、二十四县，部下水陆大军发展到数万人。对此，湘赣鲁豫为之震动，忠勇志士纷纷捐钱捐物，投营效力。张煌言因此威名远扬，稳居长江上游。

对于张煌言的节节胜利，清朝廷开始惊慌起来，除了征调大军南下镇压以外，顺治皇帝也开始筹划御驾亲征。

郑成功攻克镇江后，张煌言曾致信郑成功，与甘辉共同主张先抚定夹江郡县，再从陆路进军，直取南京。可是，郑成功并没有采纳他们的建议，最终导致南京兵败，从而断送了来之不易的抗清局面。

张煌言，字玄著，号苍水，明泰昌元年（1620年）出生于浙江鄞县。自幼胸怀大志，慷慨好论兵事，崇祯十五年（1642年）中举人。因清军在江南推行剃发令大肆杀人，与大明刑部员外郎钱肃乐在宁波投笔从戎，积极抗清，并联合附近各郡县义军，奉鲁王朱以海至绍兴监国，在江浙地区打出抗清复明大旗，先后占据浙东山地与海岛。

张煌言曾三入长江，为郑成功举兵北伐探明道路。

但是，郑成功不听张煌言劝告撤入厦门后，张煌言便孤军奋战在芜湖一带。清军采取各个击破的战术，集中兵力，全力对付张煌言。张煌言虽然有着良好的群众基础，但由于清军围追堵截，整个队伍陷入了四面楚歌的境地。

在兵败之时，张煌言仍然镇定地命人凿沉剩余战船，然后率领残余士兵登岸，在湖北、安徽交界处的英山、霍山一带艰辛辗转。仅剩的几个随从走散后，张煌言在当地乡民的帮助下，带着仆童杨冠玉东躲西藏，一路经过安庆、建德、祁门、淳安、义乌、天台等地，步行跋涉二千余里，历尽千辛万苦，重新回到了浙东滨海地区。

当地人民得知张煌言又活着回来了，无不悲喜交加。

在浙东海滨地区，张煌言重新竖起了抗清大旗，广招兵马，一些志同道合者又迅速归拢过来。他带领有志之士以台州临门岛为根据地，继续抗击清军。

清军经过秘密筹划，逮捕了张煌言的妻子和儿子，关入宁波大牢，并以妻儿的性命，威逼张煌言投降，但张煌言不为所动。

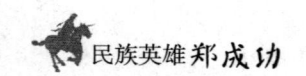

清军一招不成，又使一计。他们不顾沿海百姓死活，强行推行迁界禁海政策，意图割断义军的粮源，困死义军。可这并没有难住张煌言，他带领义军垦荒种粮，自给自足，坚持斗争。

后来，张煌言听说郑成功要入据台湾，心急如焚，一面派人送信挽留，一面率领队伍出发，想与郑家军汇合后，同谋抗清大业。

张煌言认为，郑成功一旦进入台湾，势必丢失金门、厦门，天下抗清复明之士就会心灰意冷，抗清复明大业就会一蹶不振。

可是，郑成功心意已决，执意赴台。等张煌言带兵赶到福建北部的沙埕时，郑成功已经在奔赴台湾的路上了。自此，两人率领的队伍各自成为孤军，给了清朝廷下手的机会。

清康熙元年（1662年）四月，永历帝被害、鲁王病死金门后，抗清形势愈加严峻，东南沿海只剩下张煌言这一支抗清队伍。清朝廷借机招降，张煌言仍不为所动。他即使处于穷荒僻岛，也坚持战斗。

清康熙二年（1663年），张煌言率领百余艘战舰准备攻击福宁，因叛徒出卖，兵败退入舟山，并含泪解散队伍，自己只带十多个随从驾着小船，登上南田岛附近的名为悬山花岙的小岛隐居。小岛孤悬海中，荒无人烟，张煌言建了一座茅草屋栖身。

一日，一名随从私逃下山，看到重赏捉拿张煌言的布告时见利忘义，把张煌言的住处泄露给浙江总督赵廷臣。张煌言猝不及防，于住处被俘。两天后，头戴方巾、身穿葛衣、神态自若的张煌言被押到了宁波。

清军提督张杰设宴招待张煌言，以高官厚禄再三诱降，张煌言始终拒不投降。无计可施的张杰，用大轿把张煌言押送到杭州。在离别故乡时，张煌言壮怀激烈地吟诵了一首诗："生比鸿毛犹负国，死留碧血欲支天。忠贞自是孤臣事，敢望千秋春史传。"之后，他所过之处，路旁皆站满百姓，大家无不悲伤落泪。

到了杭州，清朝廷许以兵部尚书之职，来劝降张煌言。张煌言嗤之以鼻，力求一死。

康熙三年（1664年）九月初七，45岁的张煌言大义凛然地写下了一首《绝命诗》："我年适五九，偏逢九月七。大厦已不支，成仁万事毕。"之后，他就坐而受刃，英勇就义。与他同时被处死的还有幕僚罗纶、仆童杨冠玉。

监斩官见杨冠玉眉清目秀，天真无邪，不忍杀他，有心为他开脱。杨冠玉断然拒绝道："张公为国，死于忠，我愿为张公，死于义。要杀便杀，不必多言。"说完，跪在张煌言面前，先给张煌言磕了一个头，然后引颈受刑，时年仅有15岁。

张煌言被杀后，身首异处。好友黄宗羲在荒野捡来他的尸身，明遗民纪昌五花重金买来他的首级，与尸身合在一起，葬于西湖边南屏山北麓荔枝峰下。张煌言墓恰好与岳飞、于谦二墓为邻，相为辉映。

张煌言一生爱兵如子，与部下同甘共苦，故能屡战屡胜。只是兵薄将寡，难以像郑成功一样打出一片天地。后来的史家都把他推为千古难得的一位忠臣，称其为真正的儒将。毋庸置疑，郑成功失去张煌言，也就失去了一个坚实的拥护者。

对攻清军

郑成功率领郑家军北伐失败，无数将士殒命沙场，极大地挫伤了郑家军的士气。将士们回到厦门，一种强烈的挫败感笼罩在每个人的心头，整个军队都显得一蹶不振。

与将士们一样，郑成功的心里也有难以名状的挫败感，只是他不想把它表现出来。在祭奠阵亡将士时，他忍不住痛哭流涕，似乎只有眼泪才能平复他心底的悔恨、愧疚，才能宣泄他心底复杂的情感。他真诚安抚那些阵亡将士的家属，尽可能地多给一些抚恤，让他们生活得好一些。同时，议定江宁（今江苏省南京市）战役的功过，该奖的奖，该罚的罚。将士们看到主帅从容镇定，人心渐渐地稳定下来，兵力也有所恢复。

其实，郑成功的内心远没有表面那么淡定，他派去北京与清朝廷议和的人迟迟没有消息，心中总是莫名地生出一种不祥的预感。

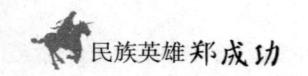

郑成功不是消极的人，他一边招募失散的将官士兵，一边加紧整修战船，打造兵器。

清朝廷自从江宁一战胜利后，觉得郑家军也没那么可怕。于是，清朝廷调整战略部署，决定用强硬的军事手段征服郑成功，而不再用和谈的方式来招降他。清朝廷封内大臣达素为安南将军，并将浙江明安达礼属下的八旗军，以及沿海各省绿营水军，都归达素统一指挥、调配，意图一举消灭郑成功所部。

顺治十六年（1659年）年底，郑成功不但没等到和谈的消息，反而收到探子发来的清朝廷即将围攻厦门的密报。

郑成功赶紧召开作战会议，分析敌我形势，集思广益，寻求破敌良策。他一反过去独断专行的行事作风，显示出吃一堑长一智的成熟心态。

将士们一致认为，经过多次战争，清朝廷的军队损失不小，在短时间内集结大队人马，发起强有力的攻击是不可能的。所以，当务之急就是抓紧时间训练士兵，积极备战。另外，清军以北方陆军士兵围剿郑家军海岛水师，无异于拿他们的短处拼我们的长处，这本身就犯了兵家大忌。

郑成功采纳了将士们的意见，但也谈了自己的设想，他说："驱逐荷兰殖民者收复台湾，一则可以解救台湾同胞于水深火热之中，二则可将台湾辟为抗清的根据地，厦门的大后方。"

顺治十七年（1660年）三月，达素率领清军抵达泉州，开始部署作战方案，准备进攻厦门。

达素能征善战，多次大败明军，在清军中是个狠角色。明崇祯十四年（清崇德六年、1641年），达素包围锦州时，明军几十个人用火器坚守塔山。达素仅率六个骑兵冲上山，把山上明军全部斩杀，达素因此一战成名。

对于这次率清军征剿郑成功，达素觉得势在必得。他兵分三路，从同安、围头、海澄三个方向向郑家军发起攻击。同时，命令驻守广东的清靖南王派兵北上围剿厦门。

郑成功早就收到探子打探来的消息，决定以攻对攻。经过周密部署，郑成功派人将各提督统镇官兵家属全部迁往金门。为防万一，郑成功还以重兵结为船队，停泊在崇武，抗击从泉州港和所有从上游而来的清兵船只，保证

第七章 将军饮恨，经济封锁觅新途

家属们的安全。他派郑泰率部出击浯屿，抵御广东方面的清军；派陈鹏率领所部守卫高崎，抵御同安方面的清军；他自己率领主力集结海门海域，迎击海澄方面的清军。

为了消除士兵北伐兵败而产生的畏清心理，郑成功以瓜州、镇江之战为例做战前动员。他说："郑家军的水上优势就是清军的短板。况且，这次清军改用战船进攻，不仅船少，而且所用人员多是叛降者。所有这些，都注定了此次郑家军必胜。"

随后，郑成功又公布了特殊的悬赏标准，不论官、兵，一律照新的悬赏标准立功受奖。

听了郑成功的动员，加之实施新的悬赏标准，郑家军将士们的斗志得到了极大的鼓舞。

顺治十七年（1660年）五月初十，天际微露出蛋白，清军从海上发起攻击。此时，云彩聚集在天边，像是浸了血，把海水映成红色。清军的400艘战船，如同碾过一波一波的血水，列阵扑向厦门。

双方在海上展开激烈的战斗。郑成功的大将陈尧和周瑞率领战士拼死反击，终因寡不敌众，双双壮烈牺牲。清军水师又攻击陈辉部队，陈辉下令开炮迎敌。结果，清军大部分船只纷纷起火，清军且战且退。

临近中午，海上刮起大风，海浪汹涌。郑成功手执指挥旗，立于船头，亲自指挥战斗。此时，郑家军越战越勇。清军在郑家军的猛烈攻势下，阵脚大乱，死伤无数。李率泰领兵从浯屿赶来支援，被预先埋伏的郑家军两面夹击，战船被点燃，迅速溃败。逆潮中，清军船只互相碰撞，船头的清军士兵站立不稳，纷纷跌落海里，溺水而亡。达素乘坐一艘小船，狼狈逃回泉州。两百名清军士兵坐船逃到圭屿后，被随后赶来的马信诱降，之后，马信连夜把清军士兵全部投入大海。

驻守高崎的郑家军守将陈鹏暗中通敌，从同安出发的清军以为高崎唾手可得，得到高崎只是接管，所以登陆时完全没有戒备。陈鹏部下陈蟒不肯投降，他率领部下不顾一切地冲杀出来，已经登陆的清军还没明白怎么回事，就被郑家军一阵斩杀，死亡高达一千六百多人，而且主将被俘。

郑家军缴获清军大量船只，胜利返回厦门岛，并把4000名清军俘虏弄成

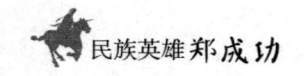

残废，送回陆地。

作为叛徒，陈鹏终归没有好下场，他被郑家军抓住后，斩首示众。而后，郑成功指派陈蟒接替了陈鹏的职位。

五月十二日，广东方面的清军赶来增援，得知清军已经惨败，也没敢进攻，沿着原路灰溜溜地返回了。

此次反围剿，郑成功给清军的精锐部队以致命打击，可以说，完全打出了郑家军的威风，郑成功再一次赢得东南沿海人民的拥护。

接下来的几个星期，清军腐败的尸体以及战船的残骸，不断地漂到厦门和金门的海滩上。

顺治十七年（1661年）六月，郑成功几次派使者向达素下战书，但达素始终躲在泉州大营，不敢出来应战。达素一面忍受郑成功的羞辱，一面承受来自清朝廷的压力。最终，他的心理承受力彻底崩溃，落得个吞金自杀的下场。

郑家军打败了清军，厦门这块根据地安然无恙，暂时保存了郑家军的基本力量。但是，就整个抗清形势来说，郑家军的前景不容乐观。

打破封锁

郑成功厦门反围剿取得了一场酣畅淋漓的胜利，一扫北伐江宁（今江苏省南京市）失利的阴霾，如同给郑家军以及沿海百姓打了一针兴奋剂，使处于低迷的抗清斗争又出现了一些生机。但是，就全国整个大环境来说，郑家军所面临的形势仍然不容乐观。

尽管清军厦门围剿郑家军战役失利，可清军主力仍然存在，随时都有卷土重来的可能。况且，清王朝已经控制了中国的大部分国土，张煌言的抗清队伍被清军围追堵截，部队七零八落，张煌言下落不明，在全国的抗清斗争，仅剩下郑成功这一支正规队伍。于是，清朝廷决定抓住这一时机，全力以赴地征剿郑家军。

第七章 将军饮恨，经济封锁觅新途

对于清朝廷来说，东南沿海难以平定一直是一块心病，郑成功不除，反清复明的隐患就依然存在。可每一次出兵征剿郑家军，清军总是铩羽而归。无计可施的清政府只得暂停进攻，苦苦等待着剿灭郑成功的良机。就在这时，黄梧给大清当权者鳌拜献了一计。

黄梧本是郑成功的手下，担任过中权镇左营副将，带兵打仗机智勇敢，一直备受郑成功的青睐与重用。顺治十三年（1656年），黄梧与清平南王尚可喜的一万大军展开揭阳攻防战时，郑家军损兵折将。郑成功论处揭阳兵败之罪，依据郑家军赏罚条例斩了苏茂，而黄梧被记责，戴罪代守海澄。但黄梧聪明有余，忠义不足。他担心自己再犯错就会送命，便与副将、苏茂的堂弟苏明合谋，献海澄降了大清。

海澄是郑成功多年以来精心打造的坚固堡垒，失去海澄，郑成功不但失去了数百万计的军械粮饷，更使他的根据地厦门失去了可以依托的重要据点。

黄梧凭借献海澄之功，得到清朝廷的重用。为报答新主子，在后来同郑家军的作战中，黄梧奋力征战，屡立战功，赢得了清朝廷的信任与嘉奖。黄梧非常了解郑成功，熟悉东南沿海情况。因此，他针对郑成功与沿海百姓的鱼水关系，为鳌拜献上了一个"平贼五策"，具体内容是：

一策是金门、厦门不过弹丸之地，能坚守到现在，是因为沿海百姓为利链而走险，供应给郑军粮饷、油、铁、桅船等物资。如果将山东、江苏、浙江、福建、广东五省沿海居民全部迁往内地，设界把守，不许百姓到沿海生活。切断百姓与郑军的接触，就切断了郑军的物资来源，郑成功就会不攻自破。

二策是郑成功的父亲郑芝龙在北京，郑成功经常通过南来北往的商人探听清政府的消息。应立刻追查并严办送消息的商人，没收货物，切断商人与郑军的联系，堵死郑军获取情报的渠道。

三策是捣毁郑成功家祖坟，断绝其命脉。

四策是将沿海的船只全部烧毁，寸板不许下海，所有入海河流处都禁止运送木材。违反者，杀无赦。郑军虽然人多船众，但得不到木材，就无法修复船只，日久自然腐烂，郑军就没有了海上交通工具。

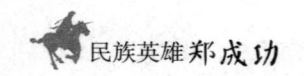

五策是东南沿海投诚过来的官员，大多散居在各府州县，为了杜绝他们从中捣乱危害地方，可将投诚的官员迁往各省，开荒种田。这样，既可以杜绝他们之间互递不良消息，还可以开拓疆土内的蛮荒地带，增加国库收入。

清朝廷一看不用打仗就可以剿灭郑成功，黄梧的"平贼五策"刚一上报，就被清朝廷采纳，并迅速组织实施。于是，兵部尚书苏纳海奉旨到福建监督执行"平贼五策"，强令沿海百姓放弃自己的田地房产，内迁30里，使距离海边30里到二三百里不等的整个中国沿海地区，成为无人区。

虽说迁界禁海是对郑成功进行的经济封锁，却使沿海百姓遭遇妻离子散、家破人亡的悲苦。沿海数千里肥沃的土壤变成了荒原，明代以来东南沿海的原始资本主义经济遭受残酷摧残。

最可恨的是，黄梧把他知道的被郑成功买通的福建、广州两地各级政府官吏、衙役，以及郑成功的密探线报统统逮捕处死，使郑成功多年苦心建立的情报网几乎陷于瘫痪状态。对曾经欢迎过郑成功的人士，黄梧更是严加追查、诛杀，牵连甚广，致使江南一带抗清复明的局势遭到了毁灭性的打击，百姓从此再也不敢同郑家军接触。

"平贼五策"的实施，既断绝了郑家军与沿海百姓的联系，也断绝了沿海商人与海外的联系，更断绝了郑家军的财路。

以往，郑成功的船队从事海外贸易，航线有两条：一条是直接连接中国和日本；另一条是取道中国，经东南亚到达日本，航线更为广泛。

郑成功的商业贸易船队通常从内地购买生丝、丝绸、中药材等土特产，从海路运到日本、巴达维亚（今印度尼西亚首府雅加达）等地，换回白银以及中国缺乏的紧俏物资。然后，再把这些紧俏物资通过沿海港口贩卖到内地，获利后武装郑家军。

那时，日本对外贸易港口只有长崎一个地方，并且只允许中国人和荷兰人出入，而只有中国商人才享有特权地位。郑成功充分利用这一点，谨慎地将自己的竞争市场战略扩展到日本，并精明地控制了相当大的货物供应基地，使荷兰人处于下风的地位。这也是荷兰人攻击台湾，劫掠中国商船的主要原因。

清朝廷实行迁界禁海令，郑家军庞大的商业网就成了摆设，郑家军就没了财路。庞大的郑家军，仅靠厦门、铜山、南澳几个海岛供养，根本供养不起。

清朝廷早打算困死郑成功，因此，清朝廷不仅实施经济封锁，还将清靖南王耿继茂调驻福建，与郑成功对峙，致使郑成功所面临的抗清环境越来越险恶。郑成功要想保住郑家军，把抗清斗争继续下去，就必须打开新局面。

面对严峻的形势，郑成功把部队化整为零，重新调整了军队的组织、将领，分派各镇到温州、台州、舟山各港驻扎，一面修理战船、备造军器，一面休养训练。

整军备战

郑成功是中国历史上一位杰出的军事家，他用自己所积累的儒家知识管理军队，在同清军作战中创造了多起以少胜多、转危为安的经典战例，一手缔造了郑家军这支威武之师。

由于郑成功自幼就熟读《孙子兵法》，因此，他在训练士兵时，善于针对不同的兵种运用不同的训练方法。

水师是郑家军的优势，郑成功一直重视水师建设。水师船队的排列行进，有着一套完整的程序。训练时，水师官兵严格按规矩进行，指挥官用螺号和彩色小旗发号施令。旗子代表阵形，不同颜色的旗，代表着不同的规定动作，随着旗帜的变化，就会排列出不同的阵势。螺号音穿透力比较强，指挥官用长短不同的螺号，指挥水师或进或退，或左或右，整个水师的行动井然有序。有了这样的训练基础，从而确保每条战船在作战时，都能快捷迅速地到达自己的位置，并相互配合，进退有度。

郑家军的水师官兵，大多都是经过层层筛选的沿海渔民和船民，自幼生活在水边，早已练就了在水中讨生活的本事。惊涛骇浪中，他们如履平地一般在战船上跳跃自如。而后，他们又经过严格系统的训练，更是掌握了在水中击敌的本领，从而成为郑家军中强大的水上劲旅。

在同对手作战时,郑家军水师善使火船,而且屡屡得手。一般情况下,他们把一只或几只小船系在一起,船内堆满易燃物品,点燃后,让船队顺水而下,或将船队划近敌船,最终撞击敌船,使敌船快速燃烧,或爆炸沉没。

后来,郑家军在同荷兰军队作战时,常用此战术。败走后的荷兰军队,对郑家军的火船一直是谈虎色变。他们心有余悸地描述说:"与郑成功的水师作战,简直是太可怕了。那火船的火势十分猛烈,就像船上载满了硫黄,随时要来夺取我们的生命。"

俗话说:尺有所短,寸有所长。水师是郑家军的强项,而陆军确是郑家军的短板。作战中,郑家军陆军屡次被清军铁骑占据了上风。自从明崇祯十七年(1644年)清军入关以后,清军铁骑横扫大江南北。具备骑射能力的清军精锐骑兵,在对付各种各样临时组成的义军及抗清的军队时,具有强大的优势,常常以几百铁骑,就击败几千或上万兵马。

郑成功吃过清军铁骑的亏,他仔细研究发现,清军铁骑队伍人数极少,一般都在2000到4000人。通常情况下,清军每次只派遣10多个骑兵挑战,其余的压住阵脚不动。就在人们相互拥挤,身体发生碰撞时,清军骑兵突起冲锋。一瞬间,千骑奔腾冲锋而来,强弓铁箭蔽空而下。尤其是清军长矛借着战马前冲的力量反复突刺,抗清队伍的队形就会大乱,官兵迅速奔逃。结果,由于后队堵塞严重,从而自相践踏。清军铁骑乘势纵马驰骋,一鼓作气取得战斗的胜利。

郑成功深知,乌合之众是难成大事的,军队必须有编制,而且训练有素,才能在强敌面前不自乱阵脚。因此,他大胆创新,建立起军镇制,一镇辖五营,一营辖五排,一排辖五班。临阵时在地上画线,后退者杀,军法官每次战阵都手持铁杆红旗站在后面,上书:军前不用命者斩,临阵退缩者斩。郑成功一直秉承练时多流汗,战时少流血的原则,并配合他新颁布的营盘法,严格训练士兵,甚至一日达到两练。

为了对付清军的铁骑,郑成功还创立了藤牌军,并把这支队伍训练成冲锋陷阵的主力。

藤牌军是郑成功的子弟兵,多是泉州、漳州人。每10人中设一名队长,负责指挥和督促士兵冲锋。藤牌军所使用的武器不同于其他士兵,一件是藤

第七章 将军饮恨，经济封锁觅新途

牌，一件是锋利的长刀。藤牌形似一顶大圆帽，由此有人称它为团牌或是滚牌。藤牌用藤编制后浸油而成，光滑坚固，用于防御。

郑成功对这支藤牌军花费了很多心血，不断调整训练方案，武器配备力求最精，队形转换力求最快。

每逢战斗，藤牌军都会灵活出击。如遇敌军大队铁骑，他们就会密集队伍，高举藤牌掩护，防止敌军弓马骑射；如敌军散开，他们就会变为小队，每兵活动范围为前进八尺、后退一丈，进退灵活。这种灵活的方式，尤其适于在山野和泥泞地区作战。在瓜州和镇江之战中，郑成功就凭藤牌军出奇而制胜。郑成功的藤牌军发挥最大威力，还是在后来郑成功收复台湾驱逐荷兰殖民者的战役中。

郑成功生活在明末清初，但他却有超越那个时代的作战想法。那时，郑成功给每个士兵配备3个铳弹，水师战船配备大炮、龙炮、连环炮，利用火药枪弹杀敌。尤其他还发明并使用地道爆破战，在保卫海澄战役中，发挥了最大威力，成为郑成功17次防卫战中，5次取得胜利的战役之一。

北伐江宁失败后，郑成功更注重训练士兵。即使面对清军的经济封锁，他也采取武艺竞赛法练兵，凡是成绩优异的士兵，立即给予奖励和提拔。

江宁一战，郑家军损失了14名大将，让郑成功心每时每刻都在滴血。对于新将领的选拔，他一丝不苟地面对。他说："士兵的勇敢和胆怯，关键在于将领。将领怯，士兵就会畏惧不前，将领勇敢，士兵稍弱也可以应对敌人，也就是强将手下无弱兵的道理。"

郑成功认为，拥有强兵猛将，并不代表拥有钢铁般的队伍，只有钢铁般的纪律，才能铸就钢铁般的军队。因此，从建立郑家军伊始，郑成功就制定了一整套军规，来规范队伍的行为，并做到身体力行。

有一次，郑成功骑马来到马信的营寨。当时，守门的陈勇事先没有得到放行的命令，便拦住郑成功的马匹，郑成功因此受了轻伤。马信知道了这件事，急忙把陈勇捆绑起来，送到郑成功面前。郑成功非但没有怪罪，还亲自给他解绑，盛赞他做得对。同时，郑成功还给陈勇发了赏银，勉励他继续执行军令。

在军纪面前，郑家军没有特权者，即使郑成功的亲友也不例外。他的叔

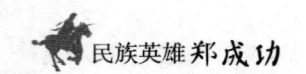

叔郑芝莞，就因为临阵脱逃，被他毫不留情地处斩了。

《鬼谷子·符言》中说："用赏贵信，用刑贵正。"郑成功深明这个道理，故而制定出赏罚条例，每次战役结束，就召集文武官员，公开评议官兵的功过，做到奖惩分明。对于抗命者，即使取得胜利也要处罚；对于奉命行事者，即使犯有错误也要给予奖励。

正是由于军纪严明，郑家军在江宁大败后，也没出现一个逃兵。

郑成功说："铁的纪律固然是构成军队战斗力的重要因素，但更是赢得人民群众拥护的重要法宝。"郑家军就是依靠沿海人民群众的拥护，取得一次又一次的胜利。即使清朝廷在迁界禁海，仍有许多人在偷偷地帮助郑成功。

当时，全国仅剩下郑成功这一支抗清队伍，全国抗清斗争陷入低迷状态。在面临经济封锁时，郑成功利用现有条件，积极地训练士兵，整修战船，打造兵器，为开辟新的根据地积蓄力量，打好基础。

第八章　荷兰入侵，红毛鬼占领台湾

第八章 荷兰入侵，红毛鬼占领台湾

血脉与共

在清朝廷对郑家军全面加大经济封锁后，郑成功将开辟抗清新根据地的目标，锁定在了台湾和澎湖列岛。

台湾自古以来都是中国的神圣领土，考古学家曾对台湾出土的石斧、石锛、石镞，以及彩陶器和黑陶器，做了认真的研究、比对，一致认为：石斧、石锛、石镞，与中国内陆沿海地区出土的石器，属于同一类型。而对彩陶器和黑陶器的研究结果证明，台湾的新石器文化，是从大陆沿海地区传过去的。

中国文化源远流长，有文字记载的历史就超过了5000年，而记载台湾岛的文献，距今已有1800年的历史。

秦朝时，称台湾为"瀛洲"。到了汉朝，称台湾为"东瀛"。公元230年，三国时期的孙吴为扩展海上势力，派将军卫温、诸葛直率领一万多官兵，浩浩荡荡地航海来到夷州，由此称台湾为夷州。由于孙吴的官兵水土不服，造成疾病流行，一年后，卫温和诸葛直不得不领兵又带着数千夷州人从夷州返回大陆。

应该说，这是中国大陆军队第一次到达台湾。三国东吴临海郡太守沈莹通过到过夷州的官兵以及由官兵带回来的夷州人，详细了解夷州情况，写出了《临海水土志》，成为世界上最早记录台湾的文献之一，沈莹也成为最早研究台湾的学者。在他的《临海水土志》中，对当时被称为"夷州"的台湾情况有着专门记载。可惜的是此书已经流失，但其中的主要内容记载在《太平御览》之中。从《太平御览》所记内容来看，《临海水土志》是当时最完整的关于台湾的文字资料。

三国时蜀汉及西晋时著名史学家陈寿所著的《三国志·吴志》，就有记载，说当时的夷州人经常渡海到会稽（今浙江省绍兴市）贩卖自己织的细布、斑文布。临海郡的人在海上作业时，遇到大风暴，就到较近的夷州躲

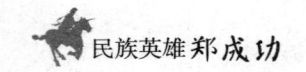

避，甚至移居夷州。《三国志·吴志》所记载的内容，真实地反映出1800年以前，台湾与现在的浙江、福建等沿海地区，同属三国时吴国的临海郡。

后来，内地陆续有商船驶往台湾，进行贸易。

隋朝时期，称台湾为"流球"。公元607年至610年，隋炀帝杨广先后两次，分别派羽骑尉朱宽、武贲郎将陈稜率队航海到流球，慰谕当地居民。其中，跟随朱宽和陈稜去流球的官兵，有很大一部分人没有返回大陆。这些留在海岛上的官兵，成为大陆到台湾的又一批居民，进一步密切了台湾和大陆的联系。

在郑成功的眼里，处于台湾西部的澎湖列岛，战略地位尤为重要。澎湖列岛位于台湾岛西部的台湾海峡中，因港外海涛澎湃，港内水静如湖而得名。澎湖由台湾海峡东南部64个岛屿组成，主要岛屿有澎湖本岛、渔翁岛和白沙岛，其中尤以澎湖本岛最为重要。澎湖列岛居台湾海峡的中枢，扼亚洲东部的海运要冲，被称为"东南锁匙"。澎湖距离大陆比较近，帆船一天就可以抵达。随着航海技术的发展，澎湖逐渐成为大陆与台湾交通的跳板。

据记载，唐代时就有大陆居民移居澎湖。唐宪宗元和十四年（820年），进士施肩吾不愿做官，率领全家族人迁居澎湖。在澎湖，施肩吾就曾作了一首《题澎湖屿》的诗："腥臊海边多鬼市，岛夷居处无乡里。黑皮少年学采珠，手把生犀照咸水。"

南宋时，澎湖隶属福建省晋江县，成为中国行政区域的一部分，纳入中国行政治辖范围内，并有兵驻守。宋元之际，大陆战乱不断，很多沿海居民纷纷渡海到台湾定居。

元朝时，元世主忽必烈派员到台湾宣抚，并在澎湖设立澎湖巡检司，巡逻海面，征收盐税，管辖台湾岛等岛屿。当时，澎湖隶属于福建泉州路的同安县。从此，台湾正式列入中国版图。

明万历年间，官府文告正式采用"台湾"这一地名，意为滨海之地。台湾降水丰沛，气候湿润，竹林茂盛，物产丰富。台湾本地土著高山族擅长狩猎，他们用锋利的铁质镖枪、竹柄铁镞猎捕鹿、老虎等猎物，除了留下足够自己食用的猎物外，基本用于交换其他生活用品。他们还与渡海而来的汉族人民亲密合作，一起开垦荒地，广泛种植稻米、甘蔗和棉花等农作物。

明永乐年间，郑和率船队西行，曾到台湾停泊取淡水，补充给养。

明代中叶以后，随着东南沿海地区商品经济的发展，越来越多的汉族人民渡海到台湾，与高山族人进行贸易。他们用瓷器、玛瑙等物换取鹿皮、鹿角，深受高山族人的欢迎。也有一些人到台湾的平原地带开荒，在海边种植甘蔗，台湾经济愈加繁荣。

随着明朝的闭关锁国，国事倾颓，官吏腐败，军备废弛，各地不断地有农民军揭竿而起。此时，朝廷已经无力顾及台湾，台湾和澎湖的防卫越来越薄弱。

15世纪末，大陆商人、游民组成的海商武装集团，经常往来于台湾和大陆之间。他们以台湾为根据地，以武装力量的大小建立起不同程度的统治政权。从日本逃难的颜思齐、郑芝龙，就是其中最有名的武装力量。他们与高山族人合作，共同开发台湾，为台湾的发展做出了巨大贡献。

明天启元年（1621年），颜思齐进入台湾。他以北港为中心，带领从漳州、泉州招募来的移民，有计划地垦荒狩猎，建立了一定的社会制度。

颜思齐死后，郑芝龙继位为首领。他继承发扬了颜思齐的拓垦大业，在台湾设官职，立旗号，与高山族人和睦相处。后来，郑芝龙又以台湾为根据地，广泛发展海上贸易，几次与前来征剿的明军作战，大败明军，很受台湾和闽粤沿海一带老百姓的欢迎。即使在他接受清朝廷招抚后，面对福建连年遭遇大旱，百姓流离失所时，他也极力鼓励灾民去台湾垦荒自救，并且提供银两、耕牛甚至用船送去台湾，人数多达数万人。

这些来自大陆的人，把大陆先进的生产力和生产关系带入台湾部分地区，不仅促进了台湾社会经济的繁荣发展，更使台湾和大陆人民的联系日益加强，关系日益密切。

风雨澎湖

在郑成功的心目中，除了抗清大业外，更关注着台湾和澎湖列岛的主权

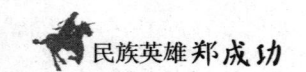

归属，他绝不允许台湾和澎湖列岛落入倭寇之手。

自古以来，台湾就与大陆一衣带水，密不可分。但是，明朝廷始终认为台湾不过就是住着蛮夷之人的弹丸之地，对其没有引起足够的重视，这就给外敌的窥视、觊觎以可乘之机。

明嘉靖二十二年（1543年），一艘前往日本的葡萄牙船只经过台湾海峡时，船员在海上望见了美丽的台湾岛。他们见台湾高山峻岭、树木葱绿、非常美丽，便激动地大喊："Ilhaformosa（美丽之岛）！"于是，他们称这座岛为"formosa（福尔摩沙）"。"福尔摩沙"在葡萄牙语中，就是"美丽"的意思。虽然葡萄牙人当时并没有登陆台湾岛，但"福尔摩沙"之岛却被口口相传。后来，荷兰人也一直沿用"福尔摩沙"来称谓台湾，这也是很多人喜欢称呼台湾为"福尔摩沙"的由来。由此，美丽的台湾岛自然成了吸引外来侵略者的地方。

16世纪伊始，随着资本主义的发展，西方殖民者开始相继东进，抢夺殖民地，进行掠夺性的贸易。由此，亚洲地区的东南海域，就成了西方殖民者横行海上的"走廊"。随着《马可·波罗游记》在欧洲出版，东方的中国无疑成为欧洲人猎取财富的目标。最早入侵亚洲的西方国家是西班牙、葡萄牙，接踵而来的是荷兰和英国。

明嘉靖三十六年（1557年），葡萄牙殖民者利用欺诈手段，攫取了中国的澳门，并狂妄地宣称台湾为澳门属地，企图进一步入侵台湾。

明嘉靖四十五年（1566年），当明世宗朱厚熜疯狂迷恋炼制各种长生不老的丹药时，在遥远的欧洲大陆尼德兰，爆发了当地人反抗西班牙统治的"乞丐革命"。这场战争，引发了荷兰的独立战争。后来，战至精疲力竭的双方签署了停战协议，西班牙承认荷兰独立。从此，人类历史上第一个资产阶级共和国——荷兰诞生了。荷兰的独立，后来对遥远的中国产生了重大的影响。

这期间，日本倭寇也开始侵犯中国大陆沿海地区。他们时常窜入澎湖、台湾地区，并以此为据点，抢劫来往商船。当时，日本武将丰臣秀吉还制定了一套完整的侵略计划，准备大肆入侵中国。没想到，风云变化太快，1592年至1598年，日本先后两次发动的对朝鲜侵略战争，均败给强大的中朝联军，高傲的丰臣秀吉备受打击，抑郁而死。

丰臣秀吉死后，日本侵略中国的脚步并没有停下。明万历三十年（1602年）年初，抗倭名将沈有容率军追击倭寇至台湾，并胜利地把他们逐出台湾，开创了中国历史上以中国军队从倭寇手中收复台湾的先河。明朝军队在大员湾（今台湾省台南市境内）登陆时，受到了当地人民的热烈欢迎。在以后的漫长岁月里，尽管日本野心不死，多次进攻台湾，但都被明军打败，侵占野心始终未能得逞。

荷兰与葡萄牙一样，是一个土地极度缺乏的国家，他们不得不向大海上发展。于是，葡萄牙人开创的欧洲到东方的航线，就成了荷兰人梦寐以求的航线。可是，葡萄牙人对航线资料保管极严，1504年，葡萄牙国王曼努埃尔甚至颁布法令，将地图中任何涉及刚果航线的标识及说明，统统销毁或者篡改。为了直接到东印度群岛进行香料贸易，荷兰人开始了海上探险之旅。1593年，荷兰就曾派遣船队搜索北极航线，但一无所获。

就在荷兰人山重水复疑无路时，明万历二十三年（1595年），荷兰人范·林锁登所著的《旅行日记》，成了荷兰人的柳暗花明又一村。

林锁登与主人葡萄牙大主教在印度生活七年，其间多次随船队往返澳门，掌握了大量的第一手资料。他把自己的见闻，以《旅行日记》的形式奉献给了自己的国家荷兰。

《旅行日记》一经出版，立刻成为荷兰人的《马可·波罗游记》，葡萄牙人辛辛苦苦保守了近一个世纪的秘密，瞬间变成了常识。就在当年，荷兰著名航海家霍特曼·阿布洛霍斯，率领249人的远航船队从荷兰出发。他们在《旅行日记》的指引下经好望角到印度，最后来到印度尼西亚的爪哇岛，成为首支获得远航成功的荷兰船队。

两年后，尽管回到荷兰的这支船队仅剩89人，但他们带回的货物获得了400%的高额利润。在巨大的利益驱使下，荷兰人派出第二支远征船队。这一次，他们不仅获得了最大的利益，还在印度尼西亚的班达岛、安汶岛设立了商站。此后，荷兰人组织或大或小的公司，义无反顾地涌到东方海域，开始扩张掠夺之旅。

明万历二十九年（1601年），荷兰人以贸易、通商为名，"驾大舰、携

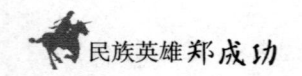

巨炮"来到中国。但中国自朱元璋开始，就禁止人民从事海上贸易。就是郑和下西洋，也是在民间航海被禁止的条件下举行的最后的航海壮举。在这之后，中国从海上退出。50年之后，才有了西方的航海大发现。

荷兰殖民者到中国后，四处乱窜，侵扰沿海各地，企图占有一个可以控制对华贸易和劫掠中国财富的基地。荷兰人曾一度想从葡萄牙手中夺取澳门，怎奈天不遂人意，被葡萄牙人打得落花流水。

斗不过葡萄牙人，荷兰殖民者便盯上了澎湖。

明万历三十二年（1604年）七月，荷兰殖民者头目韦麻朗率领荷兰队伍抵达澎湖并发起进攻。当时，驻守澎湖的明军水师因倭寇多在春冬季节来犯，故而只在春冬两季驻守，季节过后便撤回大陆。农历七月，正是明军水师防守的空档。荷兰殖民者乘虚而入，轻而易举地占领了澎湖，并升起国旗。

随后，韦麻朗派人给漳州地方官送去一封信，扬言中国若是不同意通商，就用武力解决。明朝官方不但拒绝了他的通商要求，而且派出平倭名将沈有容指挥50艘战船驱逐韦麻朗。

明朝廷船队指挥官沈有容，曾先后参加过万历朝鲜之役和东南沿海剿倭战役，是一位身经百战的名将。明朝政府派出这样一位强势将军率船队前来应战，是荷兰人万万没想到的。

沈有容受命之后，一边整军备战，一边严令禁止沿海商人与荷兰人私下贸易。整军完毕后，沈有容率队赶到澎湖。

当时，韦麻朗嚣张至极，拔剑相对。沈有容厉声大喝："你们以通商为名，却行强盗行径，我们中国人习惯杀贼，难道你没听说过吗？我在海上大败倭寇，当时倭寇的血把海水都染成了红色。现在，我实在不忍心这一幕再重新上演！"

韦麻朗见沈有容的队伍阵容强大，心里就合计：早就听说此人难以对付，今日一见，果不其然。他觉得，自己兵力不足，根本不是沈有容的对手。于是，明万历三十二年（1604年）十二月二十五日，韦麻朗率众被迫撤离了澎湖。

为纪念沈有容没费一兵一卒、一枪一弹，成功收回澎湖的壮举，当地人立下了一块石碑，上面刻着："沈有容谕退红毛番韦麻朗等处。"这块被称为"台湾第一石碑"的石碑，于1919年出土后，改立在台南天后宫清风阁右壁处，成了中国人民反抗荷兰殖民者侵略的历史见证。

台湾被侵

荷兰殖民者头目韦麻朗在澎湖被沈有容驱离后，并不死心，一直在筹谋新的侵略计划。当葡萄牙人还在纠缠于北非到日本的广大领域时，荷兰已经不声不响地完成了航海业的积累。到16世纪末，荷兰一跃而成为横扫世界各大洋的海上霸王，并拥有了"海上马车夫"的称号。

明万历四十八年（1620年），荷兰人在印度尼西亚的巴达维亚（今雅加达）建立了荷兰东印度公司基地，并把日本的长崎据为自己的据点。但巴达维亚和长崎之间距离遥远，急需再建立一个中转站。

于是，荷兰人想到了澳门。明天启二年（1622年）春，荷兰驻巴达维亚总督库恩，派遣雷耶斯佐恩率领16艘战舰和1024名士兵，大举进攻澳门。库恩在下达进攻指令时说："为了取得对华贸易，我们有必要借上帝的帮助占领澳门，或者在最合适的地方，如广州或漳州建立一个堡垒，在那里保持一个驻地，以便在中国沿海保持一支充足的舰队。"

显然，在西方霸权者的眼里，这些中国海港都是他们随意建立军事据点的地方。

然而，荷兰人低估了澳门的抵抗能力。一场战斗过后，登陆的800名荷兰士兵中，有136人阵亡，126人受伤，40多人被俘，荷兰以失败而告终。

但是，荷兰人的东印度公司为了贩运中国的瓷器和生丝，必须在中国沿海建立贸易点。于是，荷兰设在印度的东印度公司，开始策划实施侵略中国的行动。

明天启二年（1622年）七月十一日，被击退的荷兰人雷耶斯佐恩率领17艘武装商船，登陆澎湖。巴达维亚总督库恩非常认可雷耶斯佐恩的行动，他

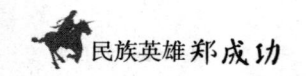

特别要求雷耶斯佐恩攻击附近所有的中国船只，把俘获的水手送到巴达维亚作为劳力使用。

八月起，荷兰殖民者大肆掠夺中国各类渔船600多艘，并强迫抓来的华人奴隶在澎湖兴建红木埕要塞，后来又在白砂、八罩附近兴建类似的炮台和城寨。其间，有1300多名中国人饿死累死，270人被强行带往爪哇岛做苦力。荷兰殖民者还利用在澎湖的据点，不断骚扰中国大陆，严重危害到沿海人民的生产和生活。尤其令人不能容忍的是，荷兰人秉承以战逼商的原则，在澎湖的要塞完工后，又进驻了一批荷兰军，频频进犯沿海地区，而厦门恰恰首当其冲。荷兰人狂妄地扬言：非经荷兰人允许，中国船只不得随便到各地贸易。

被激怒的明朝廷多次派兵驱逐荷兰人。明天启三年（1623年）冬月，福建巡抚南居益用计烧毁了荷兰战船，活捉了52名荷兰军，斩杀8人。两个月后，南居益率领两千多名明军，悄然出现在澎湖要塞，对荷兰人实施突然猛袭。荷兰人退至风柜后，依托三面环海、一面临陆的有利地形，兵分两路，一路在陆路设置路障，一路以战舰封锁海上，用强大的火力，封锁阻止明军的进攻。

于是，明军索性在澎湖安营扎寨，与荷兰军对峙。此后，南居益迅速集结各处明军，架上大炮，布置火船。针对荷兰军的炮舰，南居益命令士兵，把无数个五尺见方的巨型篮子填满碎石，放置在圆木上。白天，明军以篮子为掩体，炮轰荷兰军。晚上，明军推着圆木前进，一点点接近荷兰军。就这样，荷兰战舰成了摆设，再也没能发挥威力。

南居益派人向荷兰军喊话：若再不撤出，顽抗到底，就用碎石填平澎湖湾。

荷兰军面对马上就要攻上来的明军，无奈再一次退缩。他们在明军的监视下，拆除了经营两年的澎湖要害，灰溜溜地乘船离去。

但是，荷兰舰队并没有回巴达维亚，而是由汉人李旦领路，直接去了台湾。

明天启四年（1624年）九月，荷兰舰队来到台湾大员。荷兰人以借用"一张牛皮大的地方"歇脚为由，骗取了当地居民的信任，顺利登陆大员。

登陆后的荷兰侵略者，迅速撕掉了虚伪的面纱，露出狰狞的面目。原来,他们所说的"一张牛皮大的地方",就是把牛皮剪成极细的皮线,连接在一起圈地。

无耻的荷兰人名正言顺地圈占了七鲲鯓(今台湾省台南、安平一带)后,大兴土木,修建"奥伦治城"。后来,他们把奥伦治城设成荷兰驻台湾的总督府,并命名为热兰遮城。由于大员与台湾本岛交通不便,荷兰人又用十五匹粗麻布,换取了本岛一块地方,建立了普罗文查城。

明崇祯六年(1633年)七月七日,新任荷兰台湾长官普特曼斯,率领以"密德堡"号为旗舰的13艘荷兰战舰,以突然袭击的方式,对明朝管辖的南澳发起了进攻。明南澳守军立即还击。激战中,明把总范汝耀受重伤,17名明军将士阵亡。而荷兰军也伤亡惨重,不得不解围北上。

但荷兰人并没有想到,他们将要面对的敌人并不仅仅是明朝海防卫所序列里的正规军队,还包括一支新近崛起的民间武装力量,这支民间武装的首领即是郑成功之父郑芝龙。

荷兰军封锁厦门湾后,强迫金厦两地附近的居民纳贡,并威胁中国开放贸易。在忍无可忍的情况下,明军于崇祯六年(1633年)十月二十二日,打响了对荷兰侵略者的料罗湾海战。郑芝龙用火船攻击战术,大败荷兰军。

遭到失败的荷兰军虽然向明朝廷求和,但却达到了以战逼商的目的。经过谈判,明朝廷与荷兰人签订了三项条议:荷兰放弃澎湖岛;中国允许荷兰通商;荷兰可暂居台湾,但不得侵扰内陆。

由于明政府的妥协,对荷兰军没有彻底赶出,给国家领土主权的完整留下了后患。

当时,在台湾岛的还有另一个西方殖民者西班牙。

明隆庆五年(1571年)时,西班牙殖民者占据吕宋(今菲律宾马尼拉)后,在葡萄牙人口中听说了福尔摩沙之岛,从此垂涎欲滴,寻机在福尔摩沙占领一席之地。

明万历二十六年(1598年),西班牙终于按捺不住了,派驻菲律宾总督率领军舰前往台湾。但西班牙军舰围绕台湾岛转了一周,也没找到适合的登陆点,只好无功返回。

当荷兰殖民者在大员筑城,与其他西方国家展开海上贸易时,西班牙人

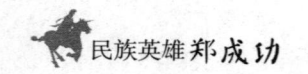

感受到了威胁。明天启六年（1626年），西班牙殖民者派出300名士兵，再次前往台湾岛，最终在三貂角登陆，占领鸡笼港（今台湾省基隆港），并在港内小岛上修筑城堡、炮台。不久，西班牙人又侵入淡水，并建筑圣多明哥城，一点一点地蚕食占领了台湾北部地区。

西班牙殖民者和荷兰殖民者一样，收捐收税，疯狂掠夺矿产资源以及大米、鹿皮等。西班牙殖民者不仅对台湾北部进行物质掠夺，还进行文化侵占。由于他们在此处大肆进行传教活动，遭到了当地民众的极力反抗。

明崇祯五年（1632年），蛤仔难（今台湾省宜兰县）民众就用竹竿、锄头、猎枪等工具袭击西班牙商船。在杀死多名西班牙船员后，遭到了西班牙殖民者的疯狂报复，他们焚毁村庄，杀死12名无辜村民。

从明天启六年（1626年）开始，西班牙殖民者占据台湾北部，在海上与中国、日本、南洋等一些国家进行贸易。同样，荷兰殖民者无论在海上航行还是贸易，都受到了来自西班牙的影响，尤其在政治上、军事上，受到的威胁更大。

荷兰人为排挤西班牙的势力，向西班牙人发起攻击。明崇祯十五年（1642年）八月，驻台荷兰军派出先遣队北上，抵达鸡笼港，要西班牙人投降并离开台湾。西班牙人"以台湾是中国的，你无权干涉"之由加以拒绝。

而后，随着荷兰军实力大增，荷兰军再次向西班牙人发动进攻，并很快拿下鸡笼、淡水等地。八月二十五日，西班牙军被迫投降。五天后，西班牙人不得不全部撤出了占据16年的台湾北部。

当时，明朝廷正在平息农民起义，忙得焦头烂额，根本无暇顾及台湾。荷兰殖民者独自霸占台湾后，将对台湾的统治一直延续了38年，直到清顺治十八年（南明永历十五年、1662年）十二月十八日郑成功收复台湾。

殖民压迫

自明天启四年（1624年）九月荷兰人进入台湾，尤其崇祯十五年（1642

年）八月独自统治台湾后，开始了他们的强盗行径，对台湾人民进行残酷的剥削和殖民统治。

在政治上，荷兰殖民者在台湾设立行政长官，成立殖民统治机构"评议会"。该机构听从巴达维亚东印度公司总部的指挥，下设各级统治机构，对台湾人民进行最残酷的统治。此外，荷兰殖民者还强迫高山族人做顺民，极力挑拨制造高山族人和汉人的矛盾，从中坐收渔人之利。

表面上看，荷兰殖民者似乎很尊重高山族人的传统习惯。但实际上，他们用设置"长老"，建立"地方集会"的方法，威逼利诱高山族人做顺民。为了达到统治目的，他们甚至不惜搞种族屠杀。

崇祯十年（1637年）春，荷兰殖民者袭击了小琉球岛，并在岛上大肆杀戮，全岛的1200名居民中，死于战火和屠杀的就达400多人。同时，还有100多青壮年人，被荷兰殖民者分批卖到东南亚做奴隶。岛上的所有适龄女人，都被当作礼物，分配给荷兰军士兵。这些女人，有的不堪凌辱而死，有的被蹂躏至死。这一行径，甚至惊动了荷兰东印度公司总部高层，他们不得不发表声明，认定此做法"不是很妥当"。

在荷兰殖民者的控制摧残下，高山族部落锐减，到郑成功收复台湾时，高山族部落由原来的219个剩下164个，人口由61696减少到不足2万人。

为了便于管理，牢牢地把台湾人民控制在自己手中，荷兰殖民者别出心裁地推出了结首制度。所谓结首制度，就是把几户或是几十户编在一起，组成一小结，并指定一人为"结首"。然后，再将几十个小节组成一大结，也指定一人为结首。通过操控结首，达到控制台湾人民的目的。

随着大批高山族人被征服，岛上的汉族人也跌入痛苦的深渊。

荷兰最后一任驻台总督揆一曾说："台湾真是一头好奶牛。"既然是奶牛，荷兰殖民者就理所当然地从台湾拼命挤奶。

荷兰殖民者用武力强迫高山族等土著民族缴纳稻谷、鹿皮、黄金等各种实物。其中，缴纳鹿皮最多，每年有20多万张鹿皮被东印度公司搜刮走。

崇祯八年（1635年）四月，荷兰殖民者规定，高山族人不能私自贩卖鹿皮。当时，鹿皮是中国台湾特有产品，因为不能私自买卖，高山族人捕捉到的鹿皮，只能廉价卖给荷兰当局。

自从荷兰殖民者占领台湾后，把全部土地攫为己有，当作自己的王田。为了收取更多的地租，他们把王田分成上、中、下三等，强迫汉族农民耕种，把农民全部变成了东印度公司的佃户。至今，在台南、嘉义等地，仍有名为"王田"的村庄。

除了地租，荷兰殖民者还征收各种各样的苛捐杂税，并美其名曰：人头税、狩猎税、渔业税、关榷税、厝税、矿税、酒税、赌税、屠宰税等，名目繁多，五花八门，遍布各行各业。甚至人们在走路时，也要收取过路费。

崇祯二年（1629年）三月，荷兰人颁布法令，向岛上的汉人征收十分之一的酒税。一年后，又出台人头税。人头税是按人丁征收，凡是17岁以上的人，不分性别、民族，"每丁年纳四盾。领台之初，岁收三千一百盾，其后二十年，增至三万三千七百盾"，土著居民可以用鹿皮代替。

但汉人想用鹿皮交税，就得到荷兰人指定的地方购买。于是，荷兰人把从高山族那低价收购的鹿皮，高价卖给汉人交税。这一买一卖间，荷兰人就从一张鹿皮上刮走两份钱，这还仅限于台湾当地。

对外贸易一直是荷兰的重要财政来源。仅就他们把搜刮来的鹿皮出口到日本，剔除在台湾的收购价，差价就高达50倍，可谓一本万利。

而狩猎税从最初的"猎者领照纳税，月课一盾"，增至后来的"月课十五盾，岁入三万六千盾，亦少二万余盾"。

所设的关榷税，更是骇人听闻，是"以稽市物，岁余十万余盾"。"以稽市物"指的是积存物品，也就是说，家里积存物品也要上税。

崇祯十二年（1639年），荷兰殖民者规定，凡是汉人在热兰遮城、赤坎等地买卖房屋，要缴纳十分之一的税款。也是从这一年开始，汉人连买盐都要交税不说，种植的甘蔗也不允许私自买卖，只能低价卖给荷兰当局。而荷兰殖民者用低价收购的甘蔗，炼成蔗糖，再高价卖给台湾人民。

崇祯十七年（1644年），汉人购买糖、蜡烛、烟草、鱼等物品，统统都要交税。甚至过年杀猪，冬天取暖，也必须按照货物交税。一位东印度公司的高级职员曾说："我们简直想不出，还有什么办法可以从中国人手里拿到钱。"

按照荷兰当局的人口统计，从明崇祯十二年（1639年）到清顺治十一年（1654年）这15年间，台湾本岛的汉族人口大约增长了87%，但缴纳的赋税，却增长了高达1480%，是原来的15.8倍。

当时，荷兰殖民者极尽贸易之能事，一面将台湾出产的大米、糖、藤、鹿皮制品等运往中国内地或日本，又将日本的白银贩运到中国，再将中国内地的丝绸、瓷器、黄金、药材贩运到日本、南洋及欧洲，将南洋的香料、胡椒、琥珀、木棉、锡、铅，尤其是鸦片贩运到中国，来来回回地从中牟取暴利。

后来，人们从荷兰东印度公司当时的账目统计中看到，每年台湾向荷兰东印度公司上缴的财政收入，占当时东印度公司在亚洲总收入的四分之一。而平均每年从台湾运到荷兰的财富，价值相当于四吨黄金。

殖民者的疯狂掠夺和经济剥削，无疑使台湾人民的生活陷入水深火热之中。而更令人发指的是，大批台湾百姓被荷兰人贩卖到东南亚做奴隶，以至于惨死在异国他乡。

为了防止台湾人民的反抗，荷兰殖民者除了驻扎军队、建立军事据点外，还颁布一系列的禁令，手段强硬而毒辣。

明崇祯五年（1632年），荷兰殖民者出台禁令，禁止汉人拥有武器，违者轻者坐牢，重者处死。荷兰驻军有胆敢卖给汉人武器者，除了将购买的汉人处死，还要将卖武器的荷兰人处死，一个也不放过。一旦有外地的汉人来台湾，也必须先交出武器后才能登陆。

明崇祯十七年（1644年），随着明朝的灭亡，荷兰人趁着中国改朝换代的机会，妄想把台湾变成合法的荷兰领土，加紧对台湾人民精神上的奴役、压迫。

荷兰传教士打着上帝的名义，在整个台湾广设教堂，传播宗教思想。他们强迫台湾人民做礼拜，用荷兰文写文章。只要台湾人民稍有反抗，荷兰殖民者就用"五马分尸"等惨无人道的酷刑，进行处置镇压。

随着荷兰人在台湾的势力不断增强，他们组成联合舰队，专门打劫葡萄牙人和中国人的商船。这期间，连郑成功的船也没能幸免，常常遭到荷兰人的无理干扰和扣留。郑成功多次派人交涉，一直没有任何结果。为此，郑成功非常愤慨，发誓有朝一日必与荷兰侵略者决一死战，将其驱逐出台湾。

第九章　储备粮草，雄心万丈收台湾

第九章 储备粮草，雄心万丈收台湾

怀一起义

随着荷兰殖民者在台湾的实力越来越强大，郑成功的商船屡遭荷兰舰队的干扰，即使经过多次交涉，荷兰殖民者仍我行我素。这让郑成功感到非常气愤，曾多次下决心要收拾荷兰殖民者。但是，由于他一直忙于南征北战，分身乏术，腾不出手来打击荷兰人。即使这样，他仍然时时关注着台湾，毕竟那里是他父辈们历尽艰辛建造的家园。

当年，他的父亲郑芝龙以台湾为重要根据地，大力发展贸易，建立起庞大的海上贸易网，因此称霸东南。即使在郑芝龙接受清朝廷招安后，仍然控制着台湾岛，依旧把台湾对外贸易中取得的利润投入到郑家军中。清兵南下，郑家父子忙于大陆的事务，对台湾的管理越来越松懈。

后来，郑成功与郑芝龙父子反目，郑成功竖起抗清复明的大旗，挥师厦门，全面收编了父亲郑芝龙的旧部，取得金门、厦门二岛。郑成功以厦门港为中心，大力发展航海贸易，在京师（当时为应天府，今江苏省南京市）、苏州、杭州等地设立金、木、水、火、土山路五商。采用洋货行的方式，加强内外货物贸易的管理和流通。

经过十年的励精图治、海商强兵，郑成功南下粤海，北上长江，与清军展开大小58次战役，凭借80%以上的胜率，使抗清复明大业掀起一次又一次高潮，逐步稳固了郑家军在闽南沿海的势力，成为继父亲之后新的东南霸主。郑成功垄断了东南沿海乃至海峡领域，驰骋于外洋，东抵日本，南达南洋群岛，与葡萄牙、西班牙、荷兰等西方列强展开竞争。

当时，虽然没有政府提供的军饷，但郑成功凭借庞大的国际贸易收入，军需自给自足不但没有问题，而且还有充足的资金购买先进的武器装备，以此来武装郑家军，确保抗清大业顺利发展。

商场如战场，郑成功的海外贸易也不例外。郑成功所做的出口贸易，最主要的一项是生丝，而荷兰霸占台湾后，也从中国内地收购生丝出口。荷兰

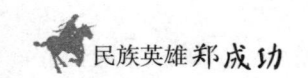

人做生意带着掠夺的本性，一直在与郑成功进行着激烈的竞争，摩擦时有发生。荷兰人之所以能在台湾耀武扬威，是因为郑成功一心扑在抗清复明大业上，无暇顾及打击荷兰殖民者。

俗话说：哪里有压迫，哪里就有反抗。随着荷兰人对台湾人民压榨盘剥的不断加剧，台湾人民也不断地奋起反抗。

明天启四年（1624年），200多名高山族人在汉人的配合下，袭击荷军，使荷军狼狈逃窜。

明崇祯九年（1636年），麻豆社高山族人袭击并杀死60多名住在当地的荷兰侵略者，但由于弹药不足，最终失败。"社"是高山族的基层组织。社实际上是自然村寨，小社由一个氏族组成，一般五六百人；大社由多个氏族组成，一般上千人。社首领包括头目、祭司和长老会。长老会是社的最高权力机构。

此后，高山族人不断地起来反抗。据统计，仅从明崇祯十四年（1641年）到崇祯十六年（1643年）的三年时间里，就有58个高山族村社武装反抗荷兰侵略者，给侵略者以沉重打击。

自清顺治七年（1650年）开始，台湾的甘蔗、稻米因为种植过多，价钱一路下滑，汉人所得不断减少，许多人陷入极度贫困当中。

顺治九年（1652年），荷兰侵略者对汉族移民愈加横征暴敛，人头税增加了一倍多。由此引发了台湾汉人的强烈不满，导致郭怀一的聚众起义。

郭怀一是郑芝龙的旧部，在郑芝龙接受朝廷招抚后，留在了台湾南部，从事农业耕作，也薄有资产。他为人正直，仗义疏财，在汉人移民中享有很高的声望，长期担任赤嵌城附近士美村的长老和通事。郭怀一平素喜欢结交一些具有反抗精神的仁人志士，对荷兰侵略者的暴行深恶痛绝。

顺治九年（1652年）九月初七下午，郭怀一以举行宴会的名义，召集附近各村志士，商讨举行起义，驱逐荷兰人的事。最后，针对荷兰军每逢秋天，就要抢劫老百姓的粮食这一行为，大家商定，九月十五日晚，由郭怀一以赏月为名，邀请荷兰官吏赴晚宴，然后在席间将他们一网打尽。再以护送为幌子，打开赤嵌城门，一举捣毁侵略者的巢穴台湾城。

计划堪称是锦囊妙计，但出人意料的是，郭怀一的弟弟叛变，将起义计划报告给了荷兰长官。荷兰人对这个报告很重视，当天下午就此事展开调查，同时派军队前往镇压，不许汉人随意走动。

郭怀一见情况不妙，当机立断，决定提前在当天夜里起义。夜幕降临，郭怀一率领这支队伍猛烈进攻赤嵌城。虽然他们当中只有极少数人持有枪支，其余的1000多人皆以大刀、木棒、竹竿为武器，但由于对荷兰人的满腔仇恨早已燃起熊熊烈火，因此个个斗志昂扬。

在赤嵌城内，30多名荷兰军还来不及反抗的情况下，就做了起义军的刀下鬼，只有4名住在马棚附近的荷兰士兵，混乱中侥幸逃往台湾城去了。这一夜，熊熊烈火把赤嵌城烧了大半，起义军很快占领赤嵌城。

第二天，荷军长官派但克尔率领120名荷枪实弹的荷兰士兵，乘船扑向赤嵌城。因为海边水浅，荷军大船无法靠岸，士兵只得下水作战。郭怀一指挥起义军在台江东安布防，准备歼灭这股荷兰军。但由于郭怀一与副将六官意见不统一，并引发争执。就在二人争执时，荷兰军抓住这短暂时机，迅速登上海滩，用长枪短炮重火力轰击起义军。郭怀一身先士卒，冒着炮火，指挥起义军向荷兰侵略者勇猛冲杀。战斗中，郭怀一肩部中弹，仍然指挥战斗，最后终于倒下。大刀、木棒、竹竿终究挡不住子弹的射击，其部下1800多名起义军英勇就义。

随后，起义军在吴化龙的率领下，向南撤退，退至欧汪、大湖一带，继续坚持了8天。最后，除了少数人逃脱外，绝大多数人壮烈牺牲，起义宣告失败。

事后，荷兰侵略者对台湾人民进行了为期半个月的血腥屠杀，起义军的一位头领被活活烧死后，尸体先是用马拖着游街，之后砍下头颅，挂在高杆上。赤嵌城中，有80%的汉族人被杀死，尸体几乎堆积如山，血流成河。

殖民者的暴行，使得台湾人民更加痛恨荷兰军。此时，只需一粒火种，抗击荷兰军斗争就可成星火燎原之势。这一历史重任，无疑落在了郑成功的肩上。

当初，荷兰人为了保护自己的经济利益，进驻台湾后，着力进行了行政、产业等方面的建设，并已初具规模。而郑成功所处的金门、厦门，时时处于清朝廷的威胁中，西方列强也对金门和厦门虎视眈眈。为了更好地整顿

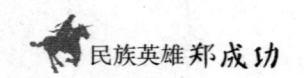

军旅、休养将士、安置家属，郑成功急需一个相对安全的军事基地。由此，台湾自然成了不二选择，因为郑成功太熟悉那里了。

郑成功理直气壮地对荷兰人说："该岛一向是属于中国的。中国人不需要它的时候，可以允许荷兰人借居；现在中国人需要这块地方，来自远方的客人自应将它物归原主。"

郭怀一的起义虽然失败了，但起义动摇了荷兰人在台湾的根基，使荷兰人的殖民者统治由极盛时期开始走向衰败，使他们离被郑成功驱逐出台的日子越来越近了。

何斌献图

自从爆发郭怀一起义后，荷兰殖民者一直怀疑起义是郑成功一手策划、指使的，因而公开与郑成功为敌。他们严格搜查大陆赴台的船只，骚扰并随意扣留郑成功的商船。

郑成功见荷兰军在自己的地盘上如此猖狂，也丝毫没有客气，立刻下令封锁台湾，禁止沿海商船赴台通商贸易。由于郑成功发布禁海令，严格控制住了到台湾贸易的沿海商船，不再有船只到台湾贸易，台湾货物日益短缺，荷兰殖民者损失惨重。为此，荷兰人头痛不已，最后决定和郑成功和谈。

清顺治十四年（1657年）六月，荷兰殖民者派遣他们认为"最能干的华人长老"何斌，携带贵重礼物前往厦门，与郑成功谈判。

何斌又名何廷斌，福建南安水头枫林村人。早年曾去日本经商，后漂泊于东南沿海一带，亦商亦盗。

明天启四年（1624年），应郑芝龙的招募，何斌在郑家军效劳。

天启六年，郑芝龙接受明朝廷招抚后，何斌与陈德、杨天生、李英等人离开郑家军，一起启程到台湾寻求发展。但到了澎湖，他们遭到强盗李魁奇的打劫，陈德、杨天生遇难，他和李英侥幸逃到了台湾。

刚到台湾时，何斌以帮人经商为生，后来从事农垦。由于何斌见多识广，行事磊落，不久就成为台湾村社中比较有影响力的长老。

当时，荷兰驻台湾总督揆一得知何斌会说一口流利的荷兰话，又通晓当地土著语言，在民众中很有威信，就请他做了甲螺和通事。甲螺就是头目，通事就是翻译。

何斌很快赢得了揆一的信赖和赏识，成为赤嵌城（今台湾省台南市）的华人长老，并取得了在当地经营舢板摆渡、砍伐、贩卖木材的特权。

何斌为人正直，极富正义感。看似为荷兰人做事，但他对荷兰殖民者的压榨、剥削、大肆屠杀台湾同胞的种种罪行深恶痛绝，并一直在寻找驱逐荷兰殖民者的机会。

这一次作为荷兰人代表去厦门与郑成功谈判，他觉得机会来了。

何斌既是郑芝龙的旧部，也是郑成功的老乡。两人一见面，就如同多年未见的老朋友，异常亲热。

从表面上看，何斌严格按照荷兰东印度公司的指示，就关于解除禁海、恢复通商事宜与郑成功谈判。但私下里，他详细向郑成功介绍了台湾的现实状况。他说，台湾土地肥沃，进可攻退可守，是抗清复明不可多得的根据地。由此，他极力建议郑成功收复台湾。

作为通商的条件，荷兰人答应每年给郑成功缴纳饷银5000两，箭杆10万枝，硫黄千担。

其实，郑成功早就把台湾当成郑家军的后方了，常把台湾、澎湖作为幽禁犯人之所。此时，正忙于抗清大业的郑成功，虽然暂时答应了荷兰人恢复通商的请求，但也做了巧妙布置。他委托何斌回台湾后，为郑氏代收所有开往中国大陆商船的出港税。荷兰人知道何斌是为郑家军征税，却没加干涉，这也间接地承认了郑成功在台湾的基本权益。

何斌回到台湾后，一面继续做荷兰人的通事，一面尽心尽力地为郑成功代征关税。为了确保郑成功有朝一日顺利攻打台湾，何斌决定绘制一张军用台湾地图，把荷兰人的军事设施、兵力布防，以及水陆道路都标注清楚。

自从有了这一想法，何斌一边绘图，一边时时留意荷兰人的各处设施。他发现，大员湾入口处有南北两条航道，俗称大港的南航道港阔水深，大船可以自由出入，但完全处在热兰遮城的密集炮火控制下。俗称鹿耳门的北航

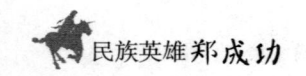

道，荷兰人虽然没有设防，但港门狭窄，沙石淤浅，只能通行小舟，大船根本无法靠岸，对此，何斌非常着急。

于是，他多次悄悄地到北航道探测。在探测的过程中，他意外地发现了一条由于溪流和潮汐长时间冲刷，逐渐形成的可以航行大船的航道。对此，他兴奋不已，详细地把这条航道绘制到了地图上。

何斌为郑成功收税，使荷兰殖民者出口货物的税收大大减少，荷兰人感到很不爽。后来，荷兰人听说郑成功正在图谋攻打台湾，便先发制人，对何斌下手了。

荷兰人以勾结郑家军、私收税款为由，逮捕了何斌。之后，经热兰遮城法院判决，何斌被剥夺了所有职务，取消了全部特权，并被处以巨额罚款。同时，禁止何斌下船出海。为了防止何斌逃回大陆报信，荷兰人暗中派人监视他的一举一动。

有一天夜里，风雨交加，电闪雷鸣，何斌的邻居在门缝中看见监视他的荷兰人躲雨去了，就偷偷地敲开何斌的门，冒着生命危险，把他送到了澎湖。就这样，何斌逃出了虎口。临别时，那个邻居恳切地对何斌说："何通事，咱台湾百姓受尽红毛鬼欺凌，没有活路了。千万请延平郡王打回来啊！"邻居所说的延平郡王，就是郑成功。

何斌承蒙救命之恩，又受此重托，早已是百感交集，泪如雨下。他与邻居击掌发誓："一定带着郑成功打回台湾。"后来，郑成功攻打台湾，的确是何斌带的路。

顺治十七年（1660年）夏季的一天早上，高耸入云的鼓浪屿日光岩水操台，还沐浴在晨曦中。停泊在海边的一艘快船上，走下来一个头戴斗笠、身穿棕衣、面目清秀的中年渔人。只见他环顾了一下四周，然后快步向岸上走去。

这个人就是何斌。上岸后，他直奔郑成功的府衙。

何斌见到郑成功后，第一句就说："我终于到家了！"他顾不得与郑成功寒暄，就急忙从带来的包裹里拿出一轴油布，并迅速抖开。郑成功一看，是一幅地形图。还没等郑成功发问，何斌就一手提图，一手指点着讲起来："台湾田园万顷，沃野千里，饷税数十万，造船制器，吾民盈集。在鸡笼、淡水一带，硝黄矿产丰富。且横绝大海，肆通外国，耕田贩铁，可足食用。藩主取台利者有三：一、进攻退守，移诸兵家眷于此，南征北战，再无内顾之忧。二、施以耕织，足食丰衣，国可以富，兵可以强。三、卧薪尝胆，十年生聚，十年教训，则北伐之举可图，明室之光复有望。"何斌顿了一下，接着说："台湾虽为红毛所占，但其兵力不过两千。若郡王发兵，百姓自然响应，则台湾唾手可得。"

郑成功早就有收复台湾的打算，只是苦于对岛内荷军布防不了解，没法制定作战方案。如今，他见到何斌绘制的台湾港道和荷兰军事布防图，更坚定了攻取台湾、救民于水火的决心。

当时，有一首诗是这样赞誉何斌的："献图成决策，领港率艨艟。台海生平日，驱荷第一功。"

商议攻台

郑成功北伐江宁（今江苏省南京市）失败之时，清军也是损兵折将，付出了极大的代价才取得了胜利。当时，清军想一鼓作气，集中力量一举消灭郑成功。于是，清军乘胜追击，企图趁着郑家军喘息未定之机，一举拿下厦门。

惨遭失败的郑成功并没有一蹶不振，而是迅速召集旧部，想方设法鼓舞士气。他一面调兵遣将，整编操练将士；一面征集粮饷，修造船只，制造武器弹药，严阵以待。

半年后，郑家军果然利用自己的优势，以水师痛歼清军，打出了以少胜多的历史性一战，成功反围剿的胜利，使得金门、厦门的局势得以暂时稳定。

清军虽然兵败，可消灭郑家军的目标始终没有动摇，尤其在占领大半个福建以后，这一目标更加清晰。之后，清朝廷不惜采取自伤性的迁界禁海政策，意图孤立金门、厦门两岛，困死郑家军，以期郑家军不攻自破。

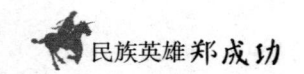

郑成功没有坐以待毙，而是积极采取应对措施。他派人专程去日本求援。虽然日本方面以兵力不足为由拒绝出兵相助，但也给郑成功提供了一批铜炮、盔甲、倭刀等武器。

但武器解决不了郑家军的粮饷补给问题。在郑成功招兵筹饷遇到极大困难时，便决定实行战略转移，向台湾方向寻求发展，建立新的抗清根据地，积蓄力量，然后再实施东征西讨战略，进而推进抗清复明大业走出低谷。

少年时期，郑成功就跟随父亲到过台湾，目睹过台湾人民的苦难生活。面对荷兰殖民者的占领统治，他曾无数次有过收复台湾的想法。但由于他对台湾的地形、环境都不是太了解，制定不出详细的攻台方案。这一次，有了何斌绘制的地形图，他下定决心要赶走荷兰侵略者，收复台湾。

于是，郑成功召开作战会议，专题商议进军台湾之事。

会上，郑成功在认真分析了郑家军所面临的形势后，语气凝重地说："去年，我军虽胜达素一仗，但清朝未必就此罢休。这样，我军南征北战，眷属未免劳顿。台湾田园万顷，沃野千里，每年可得饷税数十万。当地百姓犹善于造船制器，可惜那里被红毛夷所占。但城中的红毛夷不足千人，攻之唾手可得。我欲攻取台湾，作为根本之地，怎么样？"郑成功所说的红毛夷，指的就是荷兰人。

听说郑成功准备将郑家军迁往台湾，许多部将表示不同意。尽管郑成功一再强调自己非为贪恋海外苟延安乐，但还是没能与手下部将达成共识。商讨中，南、北将官之间你来我往，唇枪舌剑，讨论得很激烈。其中，南将吴豪反对最激烈。

吴豪曾经到过台湾，对台湾的情况多少有些了解，相比郑成功的那些没到过台湾的将领更具有发言权。他说："台湾那的港口很浅，军队现在使用的这种较大的船只根本进不去。况且台湾的阳光常年直射，天气又热又潮湿，瘴气非常大。我们这些长期生活在内陆的人，很难适应那里的环境，会造成水土不服。还有占领台湾的荷兰殖民主义者，他们的武器十分先进，恐怕不是我们的军队可以抵挡的。"为此，他一再劝说郑成功三思而行。南将大多赞同他的看法，而北将却不这么认为。

郑成功手下的将官，一直都有南、北将官之分。一般情况下，从清朝投降过来的将官，均称为"北将"；而从福建归入的旧部，均称为"南将"。郑家军亦军亦商，南将不仅领兵作战，而且大多兼营商业，拥有一定的财产和社会关系，这也是他们不愿离开的原因之一。

以马信为首的北将，十分赞同郑成功去台湾。他认为，荷兰殖民者的枪炮也没什么大不了的，况且两军相争勇者胜，只要尽全力去打就有胜算。即使打不过荷兰军，也可以再退回到厦门、金门。北将之所以纷纷赞同，是想到台湾开拓新天地。

就在双方争论得面红耳赤之时，参军陈永华出来打圆场。他说，你们都有各自的见解，也各有各的道理。吴豪将军是出于对将士的爱护，担心那儿的环境不适合大家。马信将军是秉承作为一名军人的职责，凡事尽力而为，然后再做定夺。但家有千口，主事一人，我们还是应该听从王爷的决定。

南将反对声浪之高，大出郑成功的意料。在他意识中，似乎应该北将持反对态度。南北将官的讨论，郑成功一直看在眼里，记在心里，但他并没有当即表态。此时，他感觉到，如果怕强令攻台，会造成物极必反。

马信掷地有声的语言，以及言语间显露出的豪情，郑成功非常欣赏。事实上，在后来攻取台湾的战斗中，马信充任先锋，率领郑家军英勇作战。尤其危急关头，他身先士卒，命令弓箭手向敌军猛射，顽强地用弓箭把手持新式武器来复枪的荷军打得落花流水，溃不成军，为成功拿下台湾立下了汗马功劳，被恭称为"马本督"。马信也因此一战成名，扬名世界。清康熙元年（1662年），马信染病去世。当地百姓为了纪念他，专门修建了一座庙。这座庙，就是现在台湾省台南市的"马公庙"。

究竟去不去台湾，会议上郑成功没有做出决定。倔犟的吴豪不分场合地点，会后多次劝说郑成功不要去台湾，为此，郑成功很不高兴。后来，在郑成功攻台时，便以抢劫百姓钱财、私藏粮食为借口，把吴豪杀了。

此时，转战长江上游的张煌言，听说郑成功要进军台湾，一边写信极力劝阻，一边带兵动身，试图与郑成功会和。

张煌言认为，郑成功退守台湾，就会与大陆失去联系，会让天下的老百姓失望。同时，他也担心，一旦郑成功去了台湾，对抗清复明大业就不那么尽心了。他甚至还害怕郑成功到台湾后，会自立为王。

— 147 —

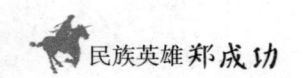

其实，那个时候，很多人和张煌言一样，对郑成功去台湾都抱着怀疑的态度。但郑成功一直坚信，前往台湾是解决目前困难的最好办法。而由于手下部将对去台湾的意见不统一，让郑成功十分为难。

制造神意

郑成功在与手下将士商议攻打台湾时，有的支持，也有的反对。虽然将士的意见改变不了郑成功的决心，但是，郑成功担心他最执意攻台的决定后，持反对意见的南将为了保护他们已有的经济利益，会弄出兵变之类的事情来。

怎么才能让持反对意见的将士们，心甘情愿地支持攻打台湾，是郑成功冥思苦想的问题。他不由得想起了"鱼腹藏书，野狐夜嚎"的典故，便灵光一闪，想出了一个说服南将的办法。

"鱼腹藏书，野狐夜嚎"这一典故说的是：秦朝末年，陈胜、吴广等一行九百多人，被朝廷征发到北方渔阳地区戍边。当他们走到安徽大泽乡的时候，遇到了瓢泼大雨，被迫滞留。哪知大雨一直下个不停，为首的陈胜、吴广掐指一算，按当时的行进速度，无论如何也不能按期抵达渔阳。依照秦朝的法律，如果不能按期到达，是要杀头的。陈胜等人遂决定，在大泽乡举行反秦起义，为自己找条生路。但是，怎样让大家服从自己呢？陈胜就抓住人们对鬼神十分崇拜和敬畏这一心理，用红笔在绸子上写了"陈胜王"三个字，然后放在一条大鱼的肚子里。第二天，伙夫从市场上买了一条大鱼。剖鱼的时候，人们发现了鱼肚子里的帛书，便认为陈胜是真命天子，开始信服陈胜。当天夜里，陈胜又命吴广悄悄溜进附近的祠堂，将火放在竹笼内，远看好像闪烁的磷火。接着，吴广又学狐狸的嚎叫，大呼"大楚兴，陈胜王"。由此，人们都认为陈胜当王是上天的意志，对他十分敬畏。就这样，一场轰轰烈烈的农民起义，如一团火种投进了干草中，很快蔓延全国，燃成了熊熊大火。

郑成功想到的办法，也是借用鬼神的威力，来统一人们的认识。而派谁去落实这个计划呢？郑成功想来想去，认为最合适的人选就是何斌。

郑成功派人把何斌叫来，并把自己的想法和盘托出。何斌本就主张攻打台湾，所以想都没想就答应了郑成功，心甘情愿地去做这件事情。两人秘密商量一阵后，何斌就带上郑成功给的一笔钱，悄悄潜回台湾。

到了台湾，何斌立即操作起来。他找来一块石头，写上"山明水秀，闽人居之"，然后偷偷地藏到了一块地里。之后，何斌来到高雄凤山的海边，把海边的一块大石头一分为二，用红笔在断裂面上龙飞凤舞地写好字后迅速合上。办完这些事情，何斌就悄悄地离开了高雄凤山的海边。

接着，何斌又如法炮制了好几个地方。然后，他就开始不断地散布关于神迹之说。

第二天，一位正在耕地的农夫，耕出了带字的石头，颇感惊奇。老头不识字，很想知道写的是什么，便拿给了认识字的人看，结果"山明水秀，闽人居之"的消息不胫而走。

随后，在海边干活的人，发现昨天还好好的一块巨石无声地裂开了。好奇的人们走进一看，上面墨迹斑斑，写着斗大的字："凤山一片石，堪容百万人。五百年而后，闽人来居之。"

古代人本来就信奉鬼神，这一发现，立刻被广泛传播开来，并且越传越神。

这时，何斌借机散布说，有人在澎湖的山上，看到了"闽人来，万泰安"的字迹。何斌原本就在台湾当地很有威信，人们联想到前几日亲眼看到的字，对他的话更是深信不疑。诚如后来莎士比亚的那句经典名言一样："成功的骗子，不必在说谎以求生，因为被骗的人，全成为他的拥护者。"

很快，这些消息就传到厦门。

最初，郑家军对这些谣言将信将疑，但随着传播的人越来越多，说得越来越神乎其神，以至于连郑家军的将士也参与了传播。

人们都说，谎话说了一千次就会变成真理，这话的确不假。随着神话传言的不断传播，郑家军的将领愈听愈动心，尤其是那些持反对意见的南将，也开始转过头来，纷纷去劝说郑成功进攻台湾。

郑成功一见他的计策奏效了，心中暗喜，但脸上依旧不动声色。清顺治十八年（1661年）二月，郑成功认为进军台湾已经是万事俱备，便召集诸侯、伯、提镇、参军等文官武将，再次商讨进军台湾事宜。

会上，郑成功开门见山，直奔主题。他说："自攻南京一败，清朝欺我孤军势穷，遂会南北舟师合攻，幸赖诸君之力。敌虽然已败，但恐终不能相忘。故每夜徘徊筹划，知附近无可措手足，惟台湾一地，离此不远，暂且取之，并可以连金、厦而抚诸岛。然后，广通外国，训练兵卒，进则可战而复中原，退则可守而无内顾之忧。诸君以为如何？"

在这次会议上，持反对意见的寥寥无几，但南将吴豪依然说："先前藩主曾以台湾下问，吴豪已经细禀。非吴豪不肯用命，怎奈荷军炮台厉害，水路险恶，纵有奇谋，而无所用，虽欲奋能，而不能施，是图费其力也。"

对于吴豪之言，早已胸有成竹的郑成功驳斥说："此乃俗常之见，不足用于今日而佐吾之一臂也。"

南将黄廷也支持吴豪的发言，他说："台湾地方，闻其广阔，实未曾到，不知情形。如吴豪所陈，红毛炮火，果有其名；况船只又无别路可达，若必由炮台前而进，此所谓以兵予敌也。"

郑成功随即驳斥说："此亦常见之言耳。"

北将马信一直是郑成功的忠实拥护者，他说："藩主所虑者，金、厦诸岛难以久拒清朝。欲先固根本，而后壮枝叶，此乃终始万全之计。"马信还以明军攀藤而越高山峻岭灭夏蜀、晋军用火烧断江中铁缆灭孙吴为例，说明困难可以克服，红毛可以击破。

北将杨成栋也非常支持郑成功的主张。显然，较上一次会议相比，已是一片赞同之声。

吴豪本想再申辩一番，却被陈永华的话挡住了。陈永华说："试行之以尽人力，悉在藩主裁之。"

于是，会议不再有反对之声，而是步调一致，积极要求攻打台湾。同时，南将、北将各自列出了攻打台湾的诸多好处，以促使郑成功早下决心。

郑成功心里很高兴，随即命令手下各位将官整军筹饷，做好攻打台湾的准备。

第九章 储备粮草，雄心万丈收台湾

精心筹备

攻打台湾事情定下来以后，郑成功就组织力量开始准备。兵法有云：兵马未动，粮草先行。行军打仗最重要的是粮草。一支军队，如果士兵吃不饱肚子，就谈不上有战斗力，更谈不上去打胜仗。

郑家军一向以兵多将广著称。鼎盛时期，郑家军水、陆两师高达170镇、兵力20多万人。即便经历一次北伐失败，郑成功手下的兵力仍有十几万人。要维持这么大一支队伍的粮饷，确实是一件很不容易的事，可郑成功一直安排得有条不紊。尤其郑成功做出攻台的决定后，筹饷备粮是首要大事。

尽管何斌一再告诉郑成功，大军出师可不必多带粮食，登陆台湾后，必然是"粮米不竭"。从何斌给郑家军代征的出港税，以及他所绘制的荷兰军布防图推断，郑成功相信何斌所说的话是真的，但前提是要打进台湾城。他觉得，攻打台湾，需要天时、地利、人和，作战期间，存在很多的变数，所以，他不敢有丝毫的冒险。他深知，棋差一招就会满盘皆输，必须考虑准备周全。后来的事实证明，幸亏郑成功事先尽可能地筹粮，在围困台湾九个月的时间里，粮食果真成了举足轻重的大事。

当时，虽然清政府实施禁海迁界策略，严禁商贾售粮给郑家军，试图困死郑家军。但郑成功一直从各地购粮，从未间断。只是现状大不如前，郑成功筹粮不再像以前那么容易。每一次，郑成功都派出得力大将出兵征粮，不敢有丝毫懈怠。

顺治十七年（1660年）二月，郑家军提督黄廷、马信率后劲、右冲等镇下揭阳取粮。七月，周全斌、马信率兵北征，略地取粮。八月，黄元率兵到定海、小埕、长乐一带征饷。十一月，郑成功又派出一支队伍南下取粮，其中到潮阳的各船，都取来了足够的粮食。

为了筹集足够的粮食，郑成功可谓绞尽脑汁，专门组建一支特别的购粮队，出去采购粮食。购粮队人数不多，都是郑成功精挑细选出来的头脑灵

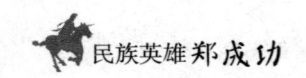

活的士兵，经过训练后，把他们打扮成商人，四处采购粮食。这些士兵行走于民间，和普通商人无异，让人很难区别出来。他们购买到粮食后，按照约定藏到指定地点，然后由郑家军专门负责运粮的海船，悄悄地运回到郑家军大营。

同时，郑成功利用已经形成的海上贸易网，用仁、义、礼、智、信五大洋行，从海外进口部分粮食和其他一些军用物资。

顺治十八年（1661年）六月，荷兰人樊·吕克给荷兰驻台湾长官揆一及"议事会"的信中说：有两艘新造的中国大船，载着米、干食品、硝石、硫黄、铝和锡等物资，驶向中国沿海。樊·吕克告诫揆一严加防范。

七月，郑成功的商行从暹罗（今泰国）采购大米、硝石、锡、酒以及其他食品。结果，满载这些物资的郑家军商船刚行使到中国海域，就被荷兰人从巴达维亚派来增援台湾的舰队截获。这一次，郑家军损失很大，其他的不算，光大米和锡就损失了150担（一担是当时的计量单位，数量是100斤）。

郑家军虽然偶有损失，但并不影响大局，郑成功的筹粮工作，仍紧锣密鼓地进行着。同时，修整战船，备造军器也有条不紊地向前推进。

郑成功一向重视水军建设。郑家军所编船队，大多是福船，其中包括中军船、龙𫠦船、沙船、乌龙船、水艍船、八桨船、小哨、快哨、乌尾船、小乌龙船等十几种。

"福船"位列中国"四大古船"之一，是明代的主要战船，也是郑成功水师的主要装备之一。福船首部高昂，船身高大坚固，配有坚强的冲击装置，非常利于水军作战，是郑成功水师屡败清军的秘密武器。

福船做工精细，用料考究，产自福建、浙江沿海地区，这与当地有着优质的木材和良好的制船工艺是分不开的。福船种类多，几乎是按照船的大小来区分使用功能的。

为了收复台湾，郑成功在原有战船的基础上，按照作战任务和大中小相结合的原则，配套建造战船。其中，龙𫠦船和水艍船就是参照福船和西洋夹板船的样式制造的，船体高大坚固。船宽十六七尺，高六七十尺，上设楼橹，以铁叶包裹，外挂革帘。中凿风门，以施炮弩，其旁设一水轮，踏轮前进，不怕风浪。这样的大船，能装下500名官兵，且配有远射程火炮，航行性能和战斗性能极佳，是郑家军水师的主力战船。乌龙船、乌尾船可容兵五六十名，主要用于近海作战。

郑成功乘坐的中军船，体型大，一般能载200多人。船体分四层，主要用于指挥作战。哨船吃水浅，左右两舷各有8支桨，速度快，机动性好，用来侦查和通信。一旦登陆作战，就用来换乘登陆兵，实施突击登陆。不论大小福船，操作性好。当初戚继光大败倭寇，使用的也是这种福船。

福船虽好，保养也是大问题。如果五年内不对福船进行保养维护，船体就会全部腐烂。所以，郑家军水师对船的养护极为严格，只要没有战事，兵训练，船整修，从不懈怠。

让郑成功感到高兴的是，当地人民听说郑成功要攻打台湾，纷纷献船、献料、献工，赶造战船。短短两个月的时间，就修、造战船300多艘，加上原有战船，基本满足了郑成功渡海作战的需要。

毫无疑问，精良的武器装备，是决定战场胜负的主要因素。郑成功常年生活在海上，深知武器的重要性。为了驱逐荷兰侵略者，郑家军除了大量打造云南大刀、倭刀、鸟枪、铁披挂、藤牌外，还生产出比较先进的神机铳、千花铳、百子花铳、连珠火箭、喷筒、火罐、火炮等武器。

尤其针对荷军的坚船利炮，郑家军研究制造出了龙熕船。龙熕船是郑家军的炮船，炮弹可射四五里远，发无不中。龙熕船上的炮用铜铸造，炮身长1.36米，重165公斤，小巧灵活，威力巨大。清顺治十六年（1660年），在青屿、海门之战中，郑家军牛刀小试，就击溃了清军将领达素率领的船队。

郑成功认为，行军打仗，决定胜利的因素很多。除了粮草、装备，还必须了解和掌握敌方的兵力布置以及作战风格，做到知己知彼，这样才能取得战斗的胜利。

郑成功非常重视情报工作。他认为，一个好的情报工作者，作用不亚于一支部队，甚至超越一支部队。由此，郑家军建立了一张庞大的情报网，人员秘密渗透于内地，凡督、抚、提、镇、衙门，一有风吹草动，事无巨细，郑成功都会得到回报。因此，每每清军有所动作，郑成功就能提前做好准备，从而实现了在与清军对抗的二十几年间，终不败事，足见郑成功做事用心细致。

而对于攻打台湾，郑成功从荷兰人讲和要求通商的那天起，就已经安排了密探何斌。通过何斌，郑成功掌握了荷兰军的兵力部署情况，了解了荷兰军炮台设置，对进出台湾的航道也了然于心。

正因为有了先期的这些准备工作，郑成功在制作作战计划、部署兵力时，才能够因地制宜，确定采取多梯次远程奔袭，以及登陆作战的相关方案。

第十章 横渡海峡,郑家军挥师台湾

第十章 横渡海峡，郑家军挥师台湾

巧对来使

郑成功做出攻打台湾的决定后，积极筹粮备草，打造武器，整修战船。很快，郑家军为进军台湾做准备的消息传到台湾，让荷兰侵略者寝食难安。

当时，荷兰侵略者驻台湾的最高长官，就是总督揆一。揆一为人机敏，做事谨慎。他从东印度公司的小职员做起，凭自身的能力，一步一步干到了台湾总督的位置。揆一来到台湾后，一直担心郑成功有朝一日攻打台湾，所以，他非常重视修筑防御工事，并对汉人严加管制。由于郑成功将所有精力都投入到了抗清复明斗争，无暇顾及台湾事态。即使荷兰人时常骚扰他，他也只是派人交涉，并没有动用武力加以解决，这让揆一窃喜不已。

听到郑成功即将攻打台湾的消息后，觉得郑成功所面临的局势不同以往，郑家军攻打台湾的消息绝不是空穴来风。因此，揆一未雨绸缪，多次给巴达维亚（今印度尼西亚首府雅加达）东印度公司的总评议会写信，要求拨付经费，重建已经倒塌的炮台，增修工事，派兵援助，以防强大的郑家军。

由于东印度公司总评议会，没有得到郑成功攻打台湾的确切消息，因此，对是否再发援军犹豫不决。后来，在揆一的一再催促下，也是考虑到台湾位于西太平洋岛链中心，对于以贸易为主的荷兰来说极其重要，实在不敢马虎，就派在巴达维亚最有声望的樊得朗，担任远征军司令官，带着600名荷兰远征军，分乘12艘战舰，赶到台湾考察虚实。

出人意料的是，这支荷兰远征军到达台湾后，士兵水土不服，一下子就病倒了200多人，一时间，军心浮动。樊得朗担心这样下去会对自己不利，就打算离开台湾，返回自己的驻地。而揆一把远征军看成了自己的救命稻草，说什么也不同意樊得朗带兵离开。两个人因为这事三天一大吵、两天一小吵，最终也没吵出结果，倒使远征军的军心更加涣散。不得已的情况下，两个人请求总评议会来裁决。

总评议会见他们公说公有理婆说婆有理，也不好武断裁决。因为无论站

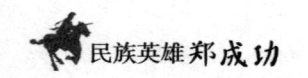

在哪一方，一旦出现后果，都是极为严重的，谁都承担不了。于是，总评议会派使臣带着礼物和信件，到厦门窥探虚实，再决定远征军的去留。

没过多久，荷兰人的使者就到了厦门。

郑成功早就猜到了荷兰人的用意。他将计就计，依山布阵，兵营一座连着一座，接连排出十多里。荷兰使者来到郑成功的驻地，只见漫山遍野旌旗招展，刀枪耀眼，数十万士兵身披铠甲，正在操练。郑家军负责接待的官员，还特意领着使者在戎旗兵的阵地停留了一会儿。戎旗兵是郑家军精锐，7000将士身披黄灿灿的金龙甲、弓上弦、刀出鞘，虎虎生威，勇猛无比。

荷兰使者看到这阵势，不由得倒吸了一口气，脊背阵阵发凉。到了中军帐，那和平宁静的景象，又让他瞠目结舌。一位30多岁的男子端坐中央，两眼炯炯有神，仿若能洞悉一切一般。这个人还没开口，就已经散发出果断而刚毅、文雅而执着的强大气息。用不着介绍，使者一下便猜出此人就是大名鼎鼎的郑成功。

郑成功的身边，还有几位官员，个个垂手站立，十分恭敬。

既然能作为使者，那也绝不是普通人物。尽管心里发着慌，可荷兰使者还是努力装出一副淡定的样子。他摘下帽子，躬身施礼，说："尊敬的殿下，我代表荷兰东印度公司向您致以最诚挚的敬意！"

接着，他按照事前精心准备的方式，进行交涉。他先就郑成功与清朝廷的战争，以及厦门的战备情况提出询问，说："我们的总督大人提醒殿下注意，近来听说殿下要整顿师旅东征台湾，谣言充耳，使台湾居民惶惶不安。数月以来，贵处的贸易船舶顿减，东印度公司十分忧虑。对于外面的谣言是否可信，请殿下明白告知。"

听完使者的话，郑成功微微一笑，不缓不疾地说："我每逢打仗之前，常在做好一切准备之后，使用声东击西的计谋，故意放出一些风声搅乱人们的注意力。我从不公开发表自己的真实意图，别人也无法猜测我到底想什么。不料，你们轻信流言蜚语，说我断绝航路，贵方的气度未免太过于狭小了吧！"

荷兰使者本意是套出郑成功有没有攻打台湾的意图，却不想反被郑成功将了一军。来时看到的阵势，已令荷兰使者心生畏惧，如今又碰了软钉子，

第十章 横渡海峡，郑家军挥师台湾

觉得再说下去也捞不到什么好处，就灰溜溜地回到了台湾。

回到台湾后，使者对眼巴巴地等待消息的评论会议员说："国姓爷不但是勇敢的战士，而且也是高明的政治家。他炫耀武力，可是却看不出他要来台湾的迹象。这是他的回信，请各位过目。"

郑成功的复信十分高明。他在信中说："多年以前，当荷兰人来台湾附近居住时，我父亲一直统治台湾，并大力发展此地与大陆的贸易，一切井井有条，十分顺利。后来，我接替了我父亲的事业，在我的管理与促进下，此项贸易并未减少，双方商船往来频繁，便是明证。阁下当然也会明白这是我善意的表示。"

对于荷兰人最为关心的攻打台湾一事，郑成功模棱两可地说："虽然台湾与大陆有大海相隔，但是，有我国人民在那里捕鱼耕田，经营商业，我怎么会对它不闻不问呢？"

至于大陆到台湾的商船越来越少的原因，郑成功认为是荷兰人的苛捐杂税太重。他在信中说："倘若台湾当事者善于体恤商人的苦衷，减少苛捐杂税，不久之后，台湾和大陆是完全可以恢复贸易往来的。"

在信的结尾，郑成功给荷兰人留下了一个悬念。他写道："谣言固然不可以尽信，但是人言可畏啊！"

调兵遣将

荷兰使者从厦门带回的窥探报告自相矛盾，郑成功的复信又模棱两可，揆一和评议会一时之间拿捏不准，不知道应该怎样决断才对。无奈之下，他们决定拖一拖再做最终的决断。

但是，巴达维亚的远征军司令樊得朗，却是一个狂妄自大的职业军人。他看过郑成功的复信后，马上得出了郑成功不会出兵台湾的结论，随后表示，自己说什么也不肯在台湾这个岛上再待下去，他天天和揆一就早日离开台湾而争吵不休，还常常给巴达维亚的总评议会写信，去告揆一的状。终于

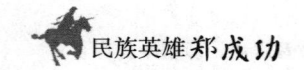

有一天，他们两个人吵得天翻地覆，樊得朗一气之下，带着一部分荷兰远征军士兵离开了台湾。

在那个动乱的时代，局势可谓瞬息万变。樊得朗走后，揆一基本可以断定郑成功即将发兵攻打台湾。他尽可能地利用现有的条件，做好一些防范措施。他随即命令台湾的百姓迁出森林，携带全部行李，到热兰遮城周围居住。他命人拆掉了城外空房屋的门窗，点燃门窗烧掉了拿不走的粮食。同时，揆一在城堡内备足够烧十个月的木柴，用石条和木柱重修了城堡的墙角和外围的垒墙。

这时，台湾岛上几乎所有的中国人，都受到荷兰人的怀疑和不公正对待。就连长老和有钱有势的中国人，也被他们拘留起来，作为人质关进城堡，还经常拷打审问。

在那段时间里，荷兰人对海面的封锁更加严格。只要有中国船只出现在台湾附近海面，不论是做什么的，就会遭到他们的拦截和炮轰。荷兰人之所以这样做有以下两方面原因：一方面是封锁消息；另一方面是避免这些船只为郑成功运送士兵。荷兰人认为，从大陆来的船只，其船长都是郑成功的探子。因而，他们经常对抓获的船长进行拷打审讯，以便搜寻通敌证据。

就在揆一煞费苦心地构筑防御体系时，郑成功收复台湾的准备工作已经基本就绪，并开始加紧部署兵力。

对于郑家军来说，进攻台湾必须横渡海峡，劳师远征。而在郑成功亲自带兵出征时，还要提防清军偷袭厦门。因此，郑成功在部署兵力时，既做到二者兼顾，又要有所侧重。

宣毅左镇郭仪、右冲镇万禄率领所部二镇兵力前往铜山，与都督太子少保忠匡伯张进协守，以策应南来之师；翁天佑、杨富、杨来嘉等各率本部镇守南日、围头、湄洲一带，连接金门，以防北来之敌；参军蔡叶吉率领所部协助郑泰留守金门；世子郑经镇守厦门，并相机调度各岛事宜。同时，由洪旭、黄廷、王秀奇、林习山、甘辉、林顺、萧泗、郑擎柱、邓会、薛联桂、柯平、陈永华、洪旭之子洪磊、冯澄世之子冯锡范、陈永华之侄陈绳武等人共同辅佐郑经，陈永华兼管征集、督查，并负责向东征军运送粮草。

对于进攻台湾的郑家军，郑成功也明确了作战方案，部队分两梯队前

第十章 横渡海峡，郑家军挥师台湾

士兵愤然离开了揆一，离开了台湾。

顺治十八年（南明永历十五年、1661年）二月初一，郑成功抓住天时、地利、人和这一大好时机，亲率大军在金门料罗湾集结，并举行了"祭天""礼地""祭江"仪式，隆重誓师，等候顺风一到，即刻出发。

祭祀属于儒教宗教仪式，在中国远古时代就已经开始了。古代有"父天而母地"的说法，礼敬天地和祖先，是儒教重视伦理纲常的一种表现。此外，祭江乃是一种民间宗教信仰，渔民出海之前，都要举行祭祀活动，以祈求太平无事。郑成功从小就接受儒家教育，对祭祀是非常重视的。因此，临出发前择日祭祀，也是希望能得到上天的庇佑，马到成功。

顺治十八年（1661年）三月二十三日，像平常晴朗的日子一样，微风习习，万里无云，根本看不出与以往有什么不同，可偏偏注定这是一个被载入史册的日子。就在这一天，三声炮响过后，郑成功率领郑家军登上战舰，即将向台湾方向出征。

放眼望去，战舰一字排开，旌旗猎猎，遮天蔽日。将士们英姿飒爽，昂首挺胸地站立船头，气势恢宏。郑成功身着银色战袍，外披紫色绣蟒斗篷，头戴银盔，腰配宝剑，站立在中军船的指挥台上，威武而雄壮。

郑成功的指挥船共分四层：下层是土石舱，二层是亲随，三层是操作舱，四层是指挥台。他站在指挥台上，居高临下，观察敌情，实时发号施令。为了保证郑成功的安全，船的最上面配有弓箭火炮，一旦遇敌，炮弹弓箭凌空发射，可迅速克敌制胜。

指挥台四周的刀、枪、剑、戟，在阳光的照耀下，折射出耀眼的光芒，麾、幢、旌、幡猎猎作响。中间的一根高杆上，一面杏黄色帅旗正中，绣着一个斗大的"郑"字，迎风飘扬，呈现出一派旗开得胜、马到成功的景象。

一阵鼓号齐鸣后，郑成功面对众将士宣读誓文：

> 本藩矢志恢复，念切中兴，前者出兵北伐，恨尺土之未得。今又有海外夷虏，侵我疆土，台湾胞泽，惨遭涂炭。本藩决意冒万顷波涛，辟不服之区，拯救同胞于水火，收复故土于夷敌。本藩竭诚祷告皇天，并达列祖，假我潮水，行我舟师，尔从征诸提督镇营将，切勿以红毛鬼炮

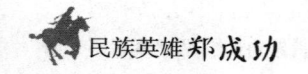

火为疑畏，当遥祝本藩红招所向，衔尾而进。

郑成功的话音刚落，随即战鼓齐鸣，众将士情绪高昂，不约而同地振臂高呼："驱逐荷夷，复我河山！"一时间，声震海湾，惊天动地。

午时一刻，郑成功望着渐渐涨起来的潮水，正式下达了出发的命令。

顷刻间，数百艘战舰离开料罗湾，在郑成功的率领下，由何斌和熟悉航路的渔民引导，浩浩荡荡地向东挺近，驶向澎湖，去征战红毛鬼。

郑成功为什么称荷兰人为红毛鬼呢？

"红毛鬼"一词最早源于明万历二十九年（1601年）的《粤剑篇》，上面有这样的记载："辛丑（1601年）九月间，有二夷舟至香山澳（今澳门）。通事者也不知何国人，人呼之为红毛鬼。其人须发皆赤，目晴圆，长丈许。其舟甚巨，外以铜叶裹之，入水两丈。"这段描述，可能是中国历史上对部分西洋人产生红毛人印象的最早记录，把荷兰人叫作"红毛鬼"，大概就是从那个时候开始的。

二十多年后，荷兰人占据了台湾。当时，在台湾的荷兰军头盔上有一撮红毛，所以台湾人又称他们为红毛鬼。后来，这种叫法延续下来，后世的台湾人就一直以"红毛鬼"称呼他们，甚至把他们建的城堡称呼为"红毛城"。

顺治十八年（南明永历十五年、1661年）三月二十四日，郑成功率领的第一梯队抵达澎湖附近。

澎湖遇险

郑成功率领郑家军的船队刚抵达澎湖附近时，就远远看见洪暄乘船在海边等候。

洪暄是澎湖的守将，做事机敏，为人仗义。他原是郑芝龙的部下，奉郑芝龙之命驻守澎湖。郑芝龙降清后，洪暄投奔了郑成功。由于他熟悉当地情况,老百姓的口碑也极好,郑成功没有调动他的职位,仍命他继续驻守澎湖。

洪暄早已得知郑成功即将到达澎湖的消息,便早早在海边等候。然后,他乘船引导着郑家军登陆,在各个岛屿驻扎。

澎湖百姓听说郑成功率领郑家军到来,奔走相告,不约而同地带着猪、羊、鱼、虾等慰问品,来犒劳郑家军。当他们一听说郑家军是来打红毛鬼的,便纷纷报名,争抢着给郑家军做向导。

经过一夜的休息后,第二天一早,郑成功与周全斌、马信等人在洪暄的陪同下,勘察澎湖地形,查看守军兵力布置情况。

澎湖岛屿多,分布广,跨度大。从北端的目斗屿,至南段的七美屿,长约60千米;从东边的查某屿,至西缘的花屿,宽约40千米。澎湖是扼守台湾的主要屏障。在总共64个岛屿中,虽然只有20个岛屿有人居住,但其中16个岛屿有军队驻防。澎湖以本岛大山屿面积最大,其次是白沙、西屿(今渔翁岛)二岛。大山屿退潮后的面积为79平方千米,与平时的面积相差4.8平方千米,相当于澎湖几个小岛面积的总和。

澎湖往北可达马祖列岛、大陈岛和舟山群岛,往南可去东沙群岛、南沙群岛,并能通往菲律宾和东南亚各国,扼亚洲东部的海运要冲。由于地理位置极其重要,明万历至明天启年间,荷兰侵略者侵占澎湖,大肆修建城堡,后被沈有容驱逐。

当郑成功一行来到"沈有容谕退红毛番韦麻郎"石碑处,郑成功向随行人员讲述了沈有容驱逐红毛番的事迹,令随同人员敬佩不已,都誓言要把侵略者赶出台湾。

郑成功对洪暄在澎湖的工作很满意,并给予了很高的评价。他没有在澎湖做过多停留,只经过短暂的修整后,便率领郑家军继续东征。此时,风和日丽,天晴得像一张蓝纸,几片薄薄的白云漂浮着,仿佛被阳光晒化了似的。海面微荡着涟漪,与船儿轻轻絮语。郑成功站在船头暗想,如果天气没什么变化,到台湾52海里的路程,不过半日就可抵达。

可天有不测风云。当郑家军驶抵柑橘岭(今东吉屿、西吉屿一带)海面时,天气陡变。突然之间,黑压压的乌云翻卷着奔涌而来,狂风怒吼,浊浪

— 165 —

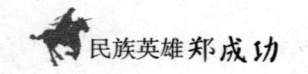

滔天。舰队在狂风巨浪中上下颠簸,艰难前行。体型较小的哨船、鸟船等船只如同一枚枚落叶,时而被冲上浪尖,时而又被巨浪抛向深渊,甚至消失不见。就连较大的龙煩船,也在巨浪中时隐时现,险象环生。

郑成功没有离开船头,他钢铁般屹立着,冷静地指挥舰队前进。

侯林察、周全斌一看形势不好,担心这样下去,船只会被恶浪吞没。于是,他们一再建议郑成功暂避凶险,等天气好点再行前进。郑成功也考虑到了虽有千卒,难敌一刻风的戒律,担心羊山之难重现,便立即命令舰队返回澎湖。

而三天过去了,海上的风非但没有减弱,瓢泼大雨还伴随着电闪雷鸣,天气愈发恶劣了。

眼见着郑家军的军粮所剩无几,郑成功心急如焚。他一面命户都事杨英和洪暄到澎湖各岛筹集粮食,一面号召全天将士到海滩采集海物,以解燃眉之急。郑成功还和大家一起,冒着大雨,到海边捡拾蛤蜊、鱼虾。

人是铁,饭是钢。大军一缺粮,就有人开始埋怨何斌。要不是他说"数日到台湾,粮米不竭",队伍就会多带些粮食,不至于像现在这样饿肚皮。话题一旦有人提起,就会有人往下接。大家你一言我一语,纷纷诉说何斌的不是。

郑成功听到大家说三道四,便和大家解释说:"不能怪何通事。他是按照正常天气情况下,一天一夜就可到达台湾计算的,所以我们携带了三天的口粮,绰绰有余。怎料天气变化无常,我们中途遇到大风受困,不能预期抵达,超过了预计的行军时间。也怪我考虑事情不周全,让大家受苦了。杨户官和洪将军已经到各岛去买粮了,还请诸位暂时再忍耐一下。"士兵们听了郑成功的话,就没有人再说什么了。

澎湖住人的小岛本就不多,而且有的不足一平方千米,所以,岛上百姓主要以捕鱼为生,甚至有些地块荒废着,每家每户也没存多少粮食。杨英和洪暄到百姓家买粮时,尽管百姓倾其所有,将家中仅有的番薯、大麦、黍稷等,一升一斗地往一起凑。但统计在一起,也不过三吨粮食,尚不够郑家军的一餐之米。

通过这件事,也让郑成功看到了岛上农业不发达的现状。于是,他让杨英把准备带往台湾的耕牛、犁耙、种子分给岛上百姓一部分,各澳澳长极力推辞。岛上百姓甚至还提议说,把这些牲畜杀了,让将士们吃得饱饱的,然后去杀红毛鬼。有的将士也随声附和,要求宰杀耕牛,煮食种子。

郑成功非常气愤地说:"我们去台湾,不仅仅是赶走红毛,收复故土,我们还要种田,发展农业,让老百姓都过上好日子,创立永久之业。现在刚一遇到点困难,怎么就要那样做呢?再说,台湾就在咫尺,大家咬咬牙也就过去了,可不能乱来!"

听了郑成功的话,刚刚还张罗杀牛的那些人,无不羞愧地低下了头。从此,再也没有人提杀牛的事情。

没人提,不等于就化解了缺粮的危机。郑成功觉得,如果无限期地等候风停雨住,不仅会影响士气,更重要的是不能按预定的涨潮日期通过鹿耳门。

鹿耳门没有荷军火力封锁,只有初一或十六的大潮才能形成可供大船通过的航道。如果错过初一,势必要再等半个月,粮荒也势必引起军心不稳。

于是,郑成功当机立断,决定抓住初一的机会抢渡。指挥中军船的将领蔡翼和陈广见风大浪险,都极力劝阻郑成功谨慎行事,暂缓开船。

郑成功果断地说:"冰坚可渡,天意有在。天意若助我平定台湾,今明开船后,自然风怡浪静矣。不然,官兵岂堪坐困孤岛受饿也?"

说完,郑成功登上指挥船。清顺治十八年(1661年)三月三十日晚,郑家军舰队离开澎湖湾,在狂风暴雨中向着台湾方向前进。

第十一章 赤嵌大战，持久围困丧敌志

第十一章　赤嵌大战，持久围困丧敌志

突破天险

郑成功率领郑家军离开澎湖，冒着暴风雨横渡海峡。经过半夜的艰苦航行，郑家军于清顺治十八年（1661年）四月初一拂晓，全部到达鹿耳门港外。

鹿耳门是一条可供船只航行的港道，因其形状像鹿耳而得名。鹿耳门位于台湾岛西南沙洲群中较大的潮汐口，因海潮不断冲蚀而形成了出入大湾的重要港道，地理位置非常特殊。港道迂回曲折，暗礁盘结，航船碰上暗礁就会破碎。大船不可能在这里通行，素有"鹿耳门天险"之称。

郑成功一面派水军中的潜水高手，秘密潜入台江内海，去侦查荷军情况；一面不顾将士们的反对，亲自去查看地形。他与何斌、杨朝栋、马信、周全斌、陈泽等人一起，分乘两条小船，悄悄地进入鹿耳门。

台江是个内港，海岸曲折，把荷兰人修建的赤嵌城和台湾城隔成东、西两城。台江北面，从鹿耳屿开始，小岛突起，依次向北延伸，横排着北线尾、加老湾、隙仔港、海翁滩四座岛屿，北线尾的北侧就是鹿耳门港。台江南面，有七座山屿，每座山屿之间相隔一里多路，彼此"毗连环护"，互为依托，人们称它为七鲲鯓。其中一鲲鯓最大，然后依次向南延伸，逐渐变小，一直到七鲲鯓。台湾城就在一鲲鯓，与台江东侧的赤嵌城互为犄角之势。而北线尾与一鲲鯓北面隔海相望，其间海面就是大员港，也叫安平港。

要想从外海进入台江，有两条航路：一条是南航道，即北线尾与一鲲鯓北面之间的大员港；一条是北航道，即北线尾与鹿耳门之间的"鹿耳门航道"。

北航道水浅道窄，只能通过小舟，大船必须在涨潮时才能通过。而涨潮通大船这条航道，恰恰是何斌发现的秘密航道。

其实，早在明天启七年（1627年），荷兰军也曾在北线尾北端建筑热

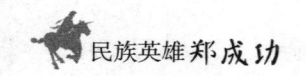

堡，派军驻守。顺治十三年（1656年），修筑的热堡在台风中坍塌，荷兰军沉船堵塞，没有再修复，也就一直没有派兵驻防。荷兰军单纯地认为，此处为天险，不可能有大船在此登陆。而南航道水深浪平，只要用船舰及炮火封锁住南航道海口，与台湾城、赤嵌城的炮台配合，就可以阻止郑家军登陆。事实上，正是他们的自以为是，便自掘了一条死亡之路。

　　郑成功坐着小舟进入鹿耳门后，发现港道内的水清澈见底，波浪不起，甚至水底的沙石都清晰可见。而且越往里走，港道越窄也越曲折，时不时还能看见破碎的沉船残骸，让人毛骨悚然。好在还算顺利，小舟很快驶出航道，进入台江口。郑成功登上北线尾，配合何斌绘制的地形图，对北线尾有了直观而全面的了解。更主要的，是郑成功有了一套切实可行的进攻方案。

　　回到帅船后，郑成功马上进行战斗部署。

　　郑家军在接到郑成功命令后，迅速各就各位，全部船只潜伏于台江外海，等待战机。

　　临近中午时，海浪一个接着一个，一群挤着一群，一堆压着一堆，排山倒海而来，并发出震耳欲聋的响声，非常吓人。郑成功的水师士兵，大多是沿海人，对大海非常熟悉。他们知道，大海开始涨潮了。看到大海涨潮，郑成功非常高兴，以三声大炮为号，命令船队即刻驶往鹿耳门港道。

　　郑成功一直都采用敲击金鼓的方式指挥水军。但由于士兵头戴头盔、身穿铁甲行动带声，官兵们往往听不清信号，有时甚至误事。于是，郑成功改用旗、灯、炮和火箭指挥。进兵悬挂红高招旗，退兵悬挂白高招旗，泊碇发大炮1发、火箭3支等指挥信号。

　　此刻的鹿耳门港道，早已经是一片汪洋大海，别说是小舟，就是大船也能顺利通过。来到港道之前，郑家军的将士们终于明白，郑成功之所以从澎湖冒险而进，选择在鹿耳门港突入，就是为了在初一大潮时渡过鹿耳门，成功登陆台湾。

　　进入鹿耳门后，郑成功命令将士们按图迂回前进。没用多久，郑家军大队船只一一通过鹿耳门港道。

　　台湾城上的荷军原以为郑家军必从南航道驶入，正忙于用大炮拦截。但未料到，郑成功躲开了火力点，率队从鹿耳门驶入台江。

后来，人们为了纪念郑成功从鹿耳门登陆，在台南市郑成功纪念公园内，竖立了一块巨大的"民族英雄郑成功鹿耳门登陆纪念碑"，这一碑文，是1985年时任国民党主席蒋经国题写的。

荷兰侵略者面对浩浩荡荡的郑家军船队，仍然自信地认为可以将其击退，觉得郑家军不知死活，敢进攻台湾，着炮台上火炮齐备，俟船到时，接连而发，则无遗类矣。于是，当得知郑家军进入台江时，驻台总督揆一虽然非常惊恐，但仍强作镇定。他一面下令开炮，一面仓促出动夹板船到海面阻击。一时间，数十门大炮一起开火，炮声隆隆。但是，炮弹消耗了不少，却丝毫没有伤到已不在射程内的郑家军，郑家军水师早已冲过了荷兰军防线。揆一顿时惊慌失措，惊呼郑家军如神兵天降。

郑家军通过鹿耳港进入台江后，迅速按照原定作战方案，各部分头奔赴自己的作战方位，沿岸建立滩头阵地。提督亲军骁骑镇马信、左虎卫陈冲各率本部官兵，进入台江后迅速南插，活动于一鲲鯓（今台湾省台南市安平）和台湾本岛之间的水域，切断了台湾与赤嵌城之间的联系，以防荷兰军援救赤嵌城的守卫军。

宣毅前镇陈泽所部进入鹿耳岛后，兵分两路展开攻势。一路由精锐水兵组成，守住北航道的外口，阻击外海援军，确保郑家军的粮道，以及后继大军畅通无阻，一路由善于陆战的士兵组成，抢登鹿耳岛后，向南推进，严密监控北线尾南端的荷军动静，以确保主攻大军无后顾之忧，尽全力攻打赤嵌城。

郑成功亲自率领右武卫周全斌、右虎卫陈蟒、左先锋杨祖、中冲镇萧拱宸、后冲镇黄昭、宣毅后镇吴豪、援剿前镇戴捷、援剿后镇张志、礼武镇林福等主力大军，以何斌为向导，直扑禾寮港（今台湾省台南市禾寮港街）。

台湾的汉人以及高山族人见郑家军到来，争先恐后地出来迎接，用货车和其他工具帮助运送郑家军登陆。

由于得到台湾人民的大力支持，郑家军没有损失一兵一卒就成功登陆禾寮港。

郑家军登陆后，迅速抢占有利地形，安营搭寨，构筑工事。

民族英雄郑成功

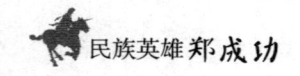

首战大捷

郑家军登陆台湾后，在台湾人民的帮助下，迅速切断了海陆交通，包围了普罗文查要塞，断绝了它与热兰遮城的联络，使赤嵌城、台湾城以及一些荷兰战舰陷于孤立状态。

当时，台湾岛上的荷兰侵略者，总兵力不超过2800人。在台湾城驻扎的兵力有1140人，附近海面泊停的战舰也没有多少。其中的巨型舰，只有赫克托号、斯·格拉弗兰号2艘，白鹭号小帆船和马利亚号小快艇4艘。在赤嵌城驻扎的由荷军司令官所统的官兵有500人，在其他港口和城堡驻扎的兵力约有数百人。这就是说，无论是军队人数还是军舰数量，荷兰军都处于绝对劣势。

面对强大的郑家军，荷兰军依然狂妄地宣称："二十五个中国人加在一起，也抵不上一个荷兰士兵。"荷兰军企图以坚固的城堡为依托，并凭借坚船利炮，趁郑家军立足未稳之时，突袭郑家军，进而把郑家军统统赶下大海。

荷兰军驻台总督揆一指挥荷兰军兵分三路，向郑家军发起进攻。一路在海上，四艘战舰全部出动；另两路分别由贝德尔上尉和阿尔多普上尉各自率领，与郑家军展开陆地战。

双方的战斗最先从海上开始。

辽阔的海面上，荷兰军乘坐赫克托号、斯·格拉弗兰号两大战舰，张牙舞爪、气势汹汹地向郑家军船队扑来。原来，赫克托号与斯·格拉弗兰号体型巨大，是当时比较大的大型战舰。不仅每条船上都有五条桅杆，帆樯可以承受八面之风，而且每条船上都配备了20门至30门不等的大炮。尤以行驶速度快、火力猛见长。相比之下，郑成功的战舰没有它的三分之一大，船上的大炮也只有2门，火力不足于荷兰军的十分之一，甚至不足十五分之一。

荷兰军一边开着炮，一边向郑家军水师猛冲，恨不得一下子将郑成功的

第十一章 赤嵌大战，持久围困丧敌志

船只全部炸成碎片。

面对两个喷着炮火的庞然大物，郑成功表现得沉着冷静，不失时机地指挥郑家军水师予以反击。他适时派出60条小木船，这些船虽然体型小，可运行灵活，每条船上的炮手目标明确，就是要破坏敌舰的航行能力。因此，每条船上的炮手将所有的炮弹，都集中射向敌人的船帆。水兵们还用一种头上点着火的箭，不停地射向敌舰。

与此同时，郑成功还派出了许多小火船。小火船船小灵活，装满了火药和引火物。战斗时，士兵划着小火船靠近敌舰，并用铁链将小火船拴在敌船上，迅速点燃小火船上的火药，然后跳入水中游回去。

小火船是郑家军的秘密武器。当初，郑芝龙就曾使用小火船，几次大败荷兰军，使荷兰军再也不敢踏足福建。如今，对付这些侵略者，郑成功也使用了这招撒手锏。

刚开始，在荷兰军的猛烈炮火中，冲在前面的郑家军水师的一些战船起火了，还有两条船被击沉了。可是，郑家军的水手们非但没有退却，反而更加勇猛地往前冲。直至将敌舰团团围住，连连发炮。顿时，安平港外，浓烟弥漫，炮声震天，水面上不断地激起巨大的水柱。其中，郑家军水师发出的一发炮弹，不偏不倚地落在了赫克托号的火药库上。随着"轰隆"一声巨响，烈火和黑烟冲天而起，赫克托号瞬间就被炸成了碎片，慢慢消失在海面上。舰上的100多名水手，也同时消失在海里，无影无踪。

郑家军水手见敌舰起火爆炸，劲头更足了。他们一边欢呼，一边猛攻斯·格拉弗兰号和白鹭号。

斯·格拉弗兰号和白鹭号上的荷兰侵略者，眼睁睁看着他们自以为所向披靡的赫克托号一下子消失在海面，在出发前还一起说话的战友，就这样全部葬身于大海。他们顿时慌了手脚，急忙调转船头后撤。

郑家军岂肯放过，6艘小船紧紧尾追斯·格拉弗兰号和白鹭号，很快就追上了两艘大船。此时，斯·格拉弗兰号的斜桅被郑家军的小火船钩住，火势正在蔓延。勇敢的郑家军水兵登上了敌船，有的用力地砍桅杆，有的同荷军展开肉搏战。与此同时，白鹭号也燃起了熊熊大火。看到两艘大船都已起火，吓得荷兰军赶紧灭火收兵，逃回热兰遮城，再也不敢轻易出战。

荷军的通信船马利亚号停在远处观战，见荷军损失惨重，未敢援战，就直接调转船头，逆风逃往巴达维亚去了。

前后不到半小时，海上的这场战斗就结束了。而北线尾和赤嵌城附近的陆地战，对于荷军来说更是一场噩梦。

贝德尔上尉接受任务后，在荷兰军中挑选了最优秀的射手，备足了枪支和弹药后，连夜率领240名荷军登船直奔北线尾。同时，还额外带了霰弹炮、铳炮。

贝德尔上岸后，鼓舞士气说："只要放一阵排枪，打死其中几个人，他们便会吓得四散逃跑，全部瓦解！"荷兰军本没把郑家军放在眼里，听了长官的话，都大笑起来。在做了一个简短的祷告后，立即兵分两路去反击郑家军。他们以12人为一排，击鼓吹号，列队逼近郑家军。

北线尾是一个不足一平方千米的沙洲，南端对着台湾城，北端延伸到鹿耳门，是郑成功主力部队的登陆点。郑成功听到荷军的动静后，知道敌人即将发起进攻。于是，对身边的将领说："红毛鬼没有别的伎俩，只是依仗炮火猛烈，咱们用藤牌军迎战。"

在部署兵力的时候，郑成功吸取了以往陆战失败的教训，行动格外慎重。他把4000左右人的兵力分成两路，一路有3200多人，以藤牌军和弓箭手为主，由陈泽率领正面迎敌；另一路700多人，从沙丘迂回到敌军侧后方，形成前后夹击之势。

起初，荷兰人很沉得住气。他们看到海上爆炸起火，还以为郑家军惨败。而当投入战斗后，很快就感觉到不对劲。

郑家军不愧是身经百战的精兵，前面的藤牌军挥舞藤牌遮挡子弹，尽可能地把身体隐藏在藤牌后面，举刀高喊，冲向敌人。弓箭手万箭齐发，猛射敌人，负责侧翼包抄的队伍也及时赶到，冲了上来。

正在战斗的荷兰士兵突然发现周围到处是郑家军士兵，而且头顶上的箭矢遮天蔽日地射下来，赶忙扔下枪，抱着脑袋没命地奔跑起来。

见自己的部下乱了阵脚，贝德尔急忙下令集中撤退。可是，人人逃命要紧，哪还顾得了命令。士兵们只顾一个劲地狂奔，跑到海边，也不管下面什么样，就慌忙往海里跳，一窝蜂地扒住船舷往上爬。你争他挤，一会儿工夫就把船扒翻了,许多人葬身海底,再也没有机会爬上来。

有些胆子大、动作慢的士兵,被贝德尔集中起来,跟着他边战边退来到海边。但贝德尔被随后追来的郑家军击毙,侥幸活下来的十几名荷兰军士兵,游了9个多小时,才逃回热兰遮城,也就是台湾城报信去了。

另一路由阿尔多普上尉率领的200名荷兰军士兵快速集结,渡海增援普罗文查堡,也就是赤嵌城,并肩负保证两堡之间航线畅通的重任。

阿尔多普率领的荷兰军眼看就到了普罗文查堡,但由于荷兰的运兵船吃水深,普罗文查堡的海岸特别浅,船根本过不去。阿尔多普只好先让60名士兵跳下水,涉海水向岸上走去。

这些士兵刚走到一半,就被郑家军的巡逻船发现,两军随即交火。城堡里的荷兰军见势不妙,急忙派兵出来接应。阿尔多普又想方设法地吸引郑家军的注意,拖住郑家军船只。在两头火力的全力掩护下,涉水的60名荷兰士兵才死里逃生,爬上了岸,钻进普罗文查堡。

阿尔多普见登陆实在困难,不得不放弃原计划,返回了热兰遮城。

扩大战果

郑成功登陆台湾后的第一仗,便在海、陆同时大胜荷兰侵略者。虽然战斗不到半天就结束了,但荷兰侵略者惨遭失败。

虽然荷兰人拥有先进的武器和军事技术,但他们过于遵循呆板的军事法则,讲究排兵布阵,缺少灵活变化。在与郑成功交手之前,他们所遇到的,都是分散的与外部世界几乎没有任何接触的中国百姓。唯一一次遇到大规模的郭怀一起义,也是因为没有完整的作战规划,被他们消灭殆尽,这无形中增加了他们的傲气。

在中国老百姓眼里,红发碧眼,手持火器的荷兰人,视杀人为儿戏,凶狠残暴得令人望而生畏,唯恐躲避不及。因此,荷兰人认为中国人软弱可欺,不论农民和士兵,只要是中国人,都是胆小怕事的。即便是郑家军,荷

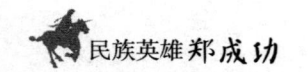

兰军也没将其放在眼里。他们认为，郑成功的士兵不过同可怜的清军交过锋，还没有同荷兰人较量过。一旦同荷兰人交战，他们就会被打得落花流水，笑脸变成哭脸。

可以说，正是由于荷兰军低估了郑家军，低估了郑成功，最终败在郑成功手里，吃了败仗。

郑家军首战大捷，不仅狠狠地教训了荷兰人，更是灭掉了荷兰军的嚣张气焰。那天晚上，城堡里的荷兰人几乎是在极度的恐慌和不安中度过的，他们不知道接下来的仗该怎么打。

就在北线尾岛和安平湾进行陆海大战的时候，台湾本岛赤嵌城也正进行着一场短暂而惨烈的厮杀。

逃回热兰遮城的阿尔多普，第一次援助赤嵌城没有成功，可他并不死心。半夜时分，阿尔多普率领二百多名士兵悄悄出了城，乘坐几艘快艇，打算借着夜色的掩护，躲过郑家军水师，增援赤嵌城。

阿尔多普知道此行凶险万分，已做好了放手一搏的准备，所以，他带领士兵在行动时也就没了畏惧。令他意外的是，他们的队伍通过郑家军水师防守地时，郑家军都在呼呼大睡，没有发觉他们。顺利通过郑家军水陆封锁线的阿尔多普，放下了一颗提到嗓子眼的心，不由得洋洋得意起来，内心想："人人都将郑成功看做善知未来、洞察先机、无所不晓的天神一般，今日一见，也不过如此耳！"

其实，他哪里知道，他正率领他的士兵一步步钻进了郑成功早已为他掘好的坟墓里。

阿尔多普刚一登岸，便马不停蹄地飞速扑向赤嵌城。

在朦朦胧胧的月色中，阿尔多普望见了赤嵌城的影子，心中狂喜，认为此行再无凶险，不由得松了一口气。此时，他身边的士兵也将绷紧的神经松弛下来，行进速度明显慢了许多。眼见天已微明，阿尔多普非常着急，低声鼓励身边的士兵说："快，快，大家加把劲，进入城堡便是胜利，大家也就安全了。"

阿尔多普的话音未落，就听见"轰"的一声炮响，仿佛晴天霹雳，划破了寂静的夜空。就在阿尔多普还没弄明白哪来的炮声时，他已经被郑家军团团围住。伴随着此起彼伏的冲杀声,箭矢如蝗虫般落下来。荷兰军中顿时有数十名士兵中箭,哀号不已,队伍顿时大乱起来。

阿尔多普突逢此变,有些晕头转向,不知所措。但他终归是一员勇将,所率的将士皆是百里挑一的精兵猛将。片刻惊慌之后,他们很快稳住阵脚,快速抢占了一道石崖,并以此为掩护,取出铳枪拼死抵抗。

正往前冲的郑家军士兵,由于行动迅速、人员密集,随着铳响,前面的将士纷纷中弹倒地。他们怎么也没料到荷兰军反应这么迅速,火力这么猛,因此,进攻一时受阻。

太阳很快跳上了天空,天已经大亮,两军成对峙之势。

为了防止城里的守军冲出来,与荷兰军反包围郑家军,周全斌命铁人军出动。

王大雄和他的铁人军自登陆台湾以来,尚未参加战斗。见别的队伍打得热热闹闹的,将士们建功立业,铁人军的心里早就痒痒了。眼见着红毛鬼落入藩主设计好的陷阱里,弓箭手们大显身手,急得心头冒火,跃跃欲试。周全斌这一声令下,王大雄便一马当先,率领500名铁人军,冲向荷兰军。

阿尔多普与士兵突然看见对方阵中,冲出数百个人不人鬼不鬼的东西,个个面上图着油彩,头罩铁面,身着铁甲,手执鬼头大刀,狰狞可怖。阿尔多普也搞不清是什么,慌忙命令士兵们用排铳扫射。但子弹落在上面,火花四溅,发出"铮铮"的声响,子弹斜飞出去,那些人依旧往前猛冲。

荷兰军哪见过不怕子弹的兵,一时间惊得目瞪口呆。转瞬间,铁人军已冲到近前。他们挥舞大刀,肆意砍杀,如同削瓜切菜一般。荷军被杀得鬼哭狼嚎、血肉横飞、抱头鼠窜。怎奈郑家军层层包围,犹如铁桶一般,冲不破、撞不垮,根本逃不出去。

荷兰军伤亡惨重,眼看着就要全军覆没。赤嵌城里的苗南实丁听说支援军被阻,集结城中所有官兵冲出城堡救援,帮助阿尔多普率众杀开一条血路,连滚带爬地逃进赤嵌城。进城后清点人数,两百名精锐士兵,只剩下六十名伤痕累累不断哀号的士兵。

后来,有荷兰人绘制了铁人图像,并这样描述说:"郑成功的士兵有三种武器,一部分的兵有弓箭挂在背上,左手执盾,右手拿很重的剑;另一部

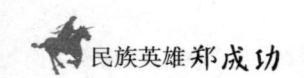

分士兵则两手拿着长木棍，木棍上有弯道；所有的兵，除两臂和脚外，全身有铁甲保护，上面有鱼鳞似的铁重叠。以盾牌作掩护向敌人冲锋，穿入敌人阵中，勇猛无比，仿佛另有一个身体放在家里似地，拼命地前进，虽然有许多人被打死，他们也简直不管，毫不畏惧地猛撞，也不回头看。"

揆一所撰写的《被忽视的福摩萨》一书，就真实地记录了这一战的情形："分别抗击敌军的三路军队，一路在海上，两路在陆上，都以失败而告终。于是，我们再也没有力量和方法阻止敌人前进了。只好听凭郑成功为所欲为，让其毫无阻碍地率领军队和船只在台湾岛的台江横行。他凶狠地断绝了我军陆上和水上的一切交通，四面围攻普罗文查要塞（即赤嵌城），并截断了其与热兰遮城（即台湾城）的联络。然后，他自称为乡郊的统治者，不许外面之人与被围困城堡中之人有任何接触。"

从这段记述中，不难看出揆一已是黔驴技穷，再也没有能力和方法对付郑家军了。至于台湾城和赤嵌城何去何从，傲慢的揆一已经茫然。

这时，郑家军第二梯队陆续赶到台湾。这部分官兵的到来，使郑家军的兵力得到了加强，补给得到了充实，更增添了郑家军必胜的信心。同时，也使未投降的荷兰侵略者更加惶恐。

智取赤嵌

当揆一为荷兰侵略者的何去何从感到茫然时，郑成功却格外清醒。海、陆作战均获胜利，使赤嵌城和台湾城成了两座孤城，而赤嵌城已完全陷入郑家军的包围之中。

可以说，首战大捷极大地鼓舞了郑家军的士气，增强了当地人民赶走红毛鬼的信心和决心。

郑成功觉得，如果能劝降荷兰军交出城堡，当然最好，如果他们负隅顽抗，就坚决武力解决。

清顺治十八年（南明永历十五年、1661年）四月三日，郑家军在赤嵌城

第十一章　赤嵌大战，持久围困丧敌志

外抓到苗南实丁的弟弟和弟媳，郑成功觉得这是一个很好的劝降机会。郑成功非但没有伤害他们，而且还非常礼貌周到地派人把夫妻俩送回赤嵌城。同时叮嘱他们，一定转告苗南实丁，识时务者为俊杰，只要无条件投降，一切条件从优。

送走二人后，郑成功又派出通事吴迈、李仲、杨朝栋三人为使者，前往热兰遮城劝降，陈述郑成功绝无杀害之意，并允许他们带自己的财产回国。

为了配合劝降顺利实施，郑成功首先派兵切断了赤嵌城的水源和供给，使荷兰军形成缺粮、缺水的恐慌。其次，郑成功获知赤嵌城城中建筑多为木质结构，遂命令士兵各备一捆干草，堆于赤嵌城的四周，准备火攻。

三位使者来到热兰遮城，见到揆一时说："国姓爷已经带着大军包围了普罗文查堡，想必您也看见了吧。国姓爷派我们通知您，希望与您就献出普罗文查堡进行谈判。"

其实，不用使者说，揆一就已知道郑家军把普罗文查堡围得水泄不通，而且他自己已经对保住普罗文查堡不抱任何希望。只是他不愿意一个人背负丢失普罗文查堡的责任，况且他也背不起。于是，召集评议会评议普罗文查堡何去何从事宜。

会上，揆一开门见山，直陈利害关系。他说："先生们，郑成功的力量很强大，中国人已经遍布全岛，完全能够切断我们的粮食供应。但是，巴达维亚的总公司曾经发出训令，让我们寻求这块殖民地的福利，现在保卫这福利变得非常重要。一旦向敌人投降，公司就不可能再回到这个岛上来了。一切宗教活动也将终结，诸位先生有什么高见呢？"

与会人员七嘴八舌，有人主战，有人主降，更有人一脸茫然，好像所有的事都与自己无关一样。主降的人说："敌人派来了使者，我们应当尽可能地进行有利的谈判。如果不行，除了接受他们的条件，我们不可能有别的选择。"

主战派却不那么想，他们认为：赤嵌城和热兰遮城坚固无比，城中防守兵力也是一流，况且城中有足够的食物和燃料，坚守一两年都完全不是问题。要谈判，也是商谈台湾其他地区的归属问题。

主降、主战各有各的考虑，双方相持不下。但问题紧迫，要么降，要么战，会上必须形成一个意向。因此，揆一把话题带入实质性的问题。他说："可以说，在某种程度上我们的确具有一定的实力。可是，这几天以来，城堡内部混乱，第一天的战斗又使伤亡惨重，士气低迷，如果要长时间抵御中国人，那将是十分困难的。就目前而言，我们只有和郑成功达成协议，才能保住城堡，保住我们这么多年在台湾投入的心血，以及传播宗教的权利。为了这个目的，我建议派人和郑成功谈判，哪怕拖延几天也好，说不定总部的援军就会到了。如果他不接受我们的提议，我们就坚决打到底，听从上帝的安排。"说完，揆一在胸前画了一个十字。

与会的荷兰人权衡利弊，最终确定了两套方案：一是郑成功退出台湾，荷兰人以每年进贡价值几万两白银的税款和土特产作为补偿，另外支付10万两白银作为军事赔款。二是假如郑成功不同意退出台湾，就让出台湾本岛，放弃普罗文查堡，集中守卫热兰遮城。

会后，揆一马上着手实施谈判之事。首先，他在评议员中，挑选出了能言善辩的商务员唐马士和检察官勒奥那杜斯。然后，着重交代他二人利用谈判，迷惑郑成功，设法保住热兰遮城，等待总部援兵，然后再图谋台湾全境。

唐马士和勒奥那杜斯来到郑家军大营后，动用三寸不烂之舌，与郑成功大打友情牌。荷兰使者一开口，郑成功便听出了他们的弦外之音。于是，郑成功毫不客气地说："东印度公司所谓的友谊，是针对利益而言的。对你们来说，有利可图，就大谈友谊，一旦能从其他方面获得更大的利益，马上就会抛弃友谊，为了利益，甚至不惜加害任何人。再说，台湾一直是中国的。中国人不用的时候，可以允许荷兰人暂时借居。现在，中国人需要这块土地了，作为客人的荷兰人，难道不应该物归原主吗？"

荷兰使者你看看我，我看看你，无言以对。郑成功接着说："在我们中国的土地上，你们烧杀抢掠，用宗教愚化我们的民众，妄图霸占为你们的领地。虽然说你们已经大大地冒犯了我，但我可以宽大为怀，允许你们用我的船把你们的一切动产、货物、枪炮军械运回巴达维亚去，但这必须以你们荷兰人立即交出台湾为前提。或许只有这样，我和你们的友谊还可以维持下去。既然你们带着诚意而来，那么请你们不要用谈判拖延时日。我拒绝再进行任何毫无实效的谈判，所以请你们必须在明天早晨八点，将你们的最后决定告诉我。"

离开之前，两位使者获准到普罗文查堡看看，了解了解情况。

此时，普罗文查堡比他们想象的还要糟糕，火药不足，粮食短缺，水源已经被切断，淡水只够维持七八天。更严重的是，郑家军在城堡的四周堆满干草，随时都可能被付之一炬。

这位使者觉得这城堡无论如何是守不住的。临回热兰遮城前，一再告诉苗南实丁，可以与郑成功进行投降谈判，但必须保证全部荷兰人安全撤回热兰遮城。

送走两位使者，苗南实丁犯了愁，不知道该怎么去和国姓爷谈判。一时间，他急得像热锅上的蚂蚁一样团团转。

就在这时，他的弟弟、弟媳走了进来，并兴奋地告诉他说："我们见到郑成功了，他非常绅士。得知我们是你的亲属，不但没有为难我们，还派人把我们送了回来。他要我们转告哥哥，只要无条件投降，绝不枉杀一人，而且一切条件从优。但如果玩弄拖延时间的把戏，一切后果自负。"

苗南实丁听了，心里释然了很多。

这一夜，无论对于郑成功还是荷兰军，都是不眠之夜。

第二天一大早，热兰遮城挂出了拒绝投降的红旗。见普罗文查堡这边没有什么动静，郑成功就命令围城的将士们敲锣、打鼓、吹喇叭，尽量弄得热闹些。同时，他还命令杨戎政带着两名翻译，进入普罗文查堡，去会见苗南实丁。

没用做工作，苗南实丁便忧心忡忡地说："我可以献出城堡，恳请国姓爷允许我们全部撤回热兰遮城。"

但杨戎政一口回绝说："不行，这是不可能的，国姓爷要求你们无条件投降。"

苗南实丁明白，此刻他已经没有任何回旋的余地了，他跟着杨戎政走出城堡，宣布投降。就这样，郑成功凭借他的聪明才智，以和平的形式，在到达台湾不到五天的时间里，成功收复荷兰侵略者苦心经营多年的第二大据点——普罗文查堡，也就是赤嵌城。

第十二章　收复台湾，决战显英雄本色

第十二章　收复台湾，决战显英雄本色

街市一战

郑成功采取攻心与大兵团作战相结合的战法，没用一枪一弹，就成功收复了普罗文查堡，也就是赤嵌城，预示着荷兰侵略者盘踞台湾的日子不会持续太久。

郑成功率领郑家军进入赤嵌城后，暂居在守城的司令部官邸，同时严令部下不得骚扰百姓。

此时，荷兰人一改往日的趾高气扬、嚣张跋扈的嘴脸，对中国人表现出少有的尊敬和热情。看到这样的情景，郑家军的将士们高兴得又唱又跳。晚饭时，有些将官甚至以酒助兴。酒酣耳热之际，大家一起讨论下一步该怎么走，似乎每个人都有自己独到的见解。

郑成功看在眼里，不由得想起昔日南京惨败的情景，心中便有了自己的打算。

黄昏时分，那些刚饮过酒的将领，不约而同地来到郑成功的住处。伴随着一阵爽朗的笑声，郑成功说："我和各位真是心有灵犀啊！我正准备派人请大家过来听故事呢，没想到你们早早地知道了我的心意了。"

众将官一听藩主要讲故事，非常高兴。大家借着酒劲，连忙催着郑成功快快开讲。

郑成功看看众人，摆摆手示意大家坐下来。接着，他便讲了樊哙一言点醒汉高祖刘邦的故事。

郑成功说：当年，汉高祖刘邦攻下秦国的咸阳时，被富丽堂皇的宫殿、如山的珠宝吸引住了。尤其是见到秦国后宫美女之后，便想停止打仗，尽情享乐一番。他身边的各位将领很兴奋，觉得出生入死地经过那么多的战事，理所当然地应该享受这一切。可是，大将樊哙却不那么认为，他力劝刘邦离开秦宫。当时，樊哙说，沛公是想得天下？还是想在这里享乐呢？刘邦一听，如醍醐灌顶，顿时明白了。于是，立刻遣散美女，封存了秦宫的重要宝

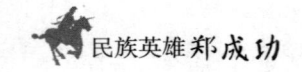

物，重新带着将士们杀上战场。凄风苦雨与将士同享，冰雪严寒念及百姓疾苦。从而深得将士和百姓的拥护与爱戴，最后终于赢得天下。

讲到这里，郑成功意味深长地望向大家，顿了一会，然后接着说："古人尚且如此，我们又怎能事业未成而先图富贵呢？大家长途跋涉，艰苦作战，我焉能不理解你们的辛苦？可是，台湾城一日不下，红毛鬼就像虎狼一样睡在我们的身边，我们怎能睡得安稳呢？"

将领们深受启发，都表示要精神抖擞地在战场上与红毛鬼子一决高下。

次日一大早，各将领一齐来找郑成功，商讨应敌之计。

郑成功早就胸有成竹了。他简短地做过战前动员后，就按照自己预先做好的作战方案部署兵力，并命令各部迅速进入指定位置。郑成功派马信和刘国轩包围了热兰遮城外的市区，还派将领何佑严密监视荷兰军的一举一动。

热兰遮城城堡牢固，戒备森然，是荷兰军总督府的驻地。荷军总督和其他文武官员一直住在城中，平时，闲杂的荷兰人和中国人都不准入内。另外，荷兰人在城堡的正门外开设了一个市区，是专门用作经商和做工的场所。荷兰人和中国人混居其间，或是做工，或以货易货，互做买卖。

荷兰人在市区建有最大的粮仓，把掠夺来的粮食囤积其中。同时，还广设货栈、船坞，以及各种作坊，名为方便台湾人民贸易，实是荷兰人据守台湾赖以生存的重要基地。揆一深知市区的重要性，派上尉戴维率领100多名精锐士兵日夜巡逻。为了确保粮仓安全，揆一还在市区配备了四门大炮，严防死守。

马信对市区形成包围之势后，戴维十分惊恐，连连向总督府告急，请求火速增兵。清顺治十八年（1661年）四月五日夜，揆一派出130名荷兰军增援，帮助防守市区。

为了确保城堡的安全，揆一命令一百多名士兵拆除市区四门大炮，装到城堡里。同时，为防止郑家军进攻市区时得到军需之物，揆一下了两道命令。其一是，命令市区的荷兰人全部迁移城堡中，华人只许青壮年进入，以充当劳役；其二是，将粮仓的粮食务必全部搬到城堡里，其余的诸如工厂、作坊、货栈、船坞等，能搬迁的搬迁，无法搬迁或是来不及搬迁的，撤兵之前，全部烧光，力争把市区化为灰烬。

第十二章 收复台湾，决战显英雄本色

正为市区兵力单薄发愁的戴维上尉，接到揆一的命令后，如同获得大赦一样，长长地松了一口气。他首先派出一队荷兰军守住市区边缘，以防郑家军偷袭。然后，他又把剩下的士兵分成几个小队，分头行动，拆炮的拆炮，搬迁的搬迁，抓壮丁的抓壮丁，堆积易燃物的堆积易燃物。一时间，市区人来人往，热闹非凡。

负责监视荷兰军动静的何佑一见情况异常，不敢擅自行动。他一面派人立即通知马信，一面命令士兵远远地放箭鸣炮，呐喊示威。

马信赶到大营时，双方正在对峙。他立即登上高地，用望远镜观察市区。只见市区内灯火通明，人们来来往往，又是拆又是搬，忙做一团。还有一伙人抱着易燃物，这放一堆，那放一堆。马信顿时看明白了，这是荷军要烧城的意思啊。于是，他立刻吩咐攻城。

这时，大将刘国轩连忙出面阻止说："现在恐怕不是最佳时机。我们不妨先只放冷炮、冷箭，等到天大黑时，派出两支精兵分左右潜入到敌军后侧，断其退路。到位后，以举火为号，马将军便带军从正面突然袭击，围而歼之。"

马信采纳了刘国轩的建议，迅速进行布置。

一切安排就绪后，马信策马站在营前的高地上，等待着对面突然传来火光。此时，马信心里有些不安，不停地望向黑漆漆的前方，心中默默祈祷前去的将士能顺利地插到敌后。

忽然，市区左侧的黑暗中燃起了大火，紧接着右侧也举火为应。

大将马信高喊一声："杀啊！"便率兵冲杀过去。

戴维自以为自己很聪明，拿中国老百姓做挡箭牌，中国军队也没奈何。于是，放心地等着搬完东西烧城，竟然没有把郑家军放在眼里。他做梦也没想到，自己被抄了后路。前有冲杀而来的大军，后有郑家军堵截，戴维惊慌失措，慌忙分兵抵抗。可是，哪里还来得及。眨眼之间，周围全是郑家军的士兵在手执大刀猛砍。

荷兰军被杀得晕头转向，七零八落，丢下正在搬运的稻米、器械，慌忙逃命。想放火的红毛鬼也顾不得点火，火把一扔，慌忙逃命去了。但也有几个地方被点燃，大火冲天而起，把夜空照得如同白昼一样。

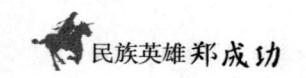

马信一面追杀荷军,一面派人前往救火。

街市一战,马信所部不但保住了市区所有的工厂、作坊、货栈、船坞,而且杀死、活捉了数以百计的荷兰军,夺得大炮四门,粮食、兵器不计其数,大获全胜而归。

郑成功在赤嵌城听到炮声和呐喊声,正担心战况进展,忽然传来马信的捷报,悬着的心终于放下了。

击退援军

战争,历来是敌对双方为了达到一定的目的而进行的武装战斗。无论对于哪一方,战争都是灾难,而受伤害最多的永远都是百姓。

郑成功深知百姓的疾苦,所以,一直严令部队不得骚扰百姓。马信在保证百姓安全的前提下,击溃荷兰军,完好无损地占领整个市区,令郑成功高兴不已。从战争的态势来说,郑家军完整地拿下市区,不仅仅是获得了军需物资,更重要的是解决了后顾之忧,增添了收复台湾的更大可能性。

听说马信率队归来,郑成功为将士们备好了上等的酒宴,并走出数里,亲自迎接。宴席上,郑成功敬酒感谢那些疲惫的将士,同时发出嘉奖令,重奖立功的将士。

郑家军士气高涨,对拿下热兰遮城充满了必胜的信心。

热兰遮城规模宏大,全部由清一色的大石块垒成。明天启四年(1624年),荷兰人占领台湾以后,在原来的砦城旧址开始兴建新城,城堡取名奥伦治城。天启七年(1627年),荷兰人取荷兰省名"泽兰省"之名,将奥伦治城改名为热兰遮城。到明崇祯七年(1634年),荷兰人历经十年时间,将热兰遮城全部建成。工程竣工后,随即成为荷兰人统治台湾全岛和对外贸易的总枢纽。毫不夸张地说,热兰遮城的每一块石头下,都躺着无数中国劳工的冤魂。

热兰遮城与传统的长方形城堡不同,被称为"棱堡"。棱堡是欧洲文艺复兴时期，针对大炮的最伟大发明。不仅城高墙厚，高低错落，可以对抗火炮的轰击，而且每隔不远，就有一个箭头型的堡垒向外突起，支棱翘角的堡垒里布满火力点，构成交叉火力网，对攻城杀伤力很大。更主要的是，各个堡垒之间还能相互提供火力支援，使得城墙上没有任何死角。

过去，郑成功的军队曾经攻陷过很多城池，但大部分都是平面城墙，只要突破一点即可。但热兰遮城不同，揆一就是凭借这一点，实施困兽犹斗战略。

他先是下令荷军尽可能地隐蔽，不许反击。郑家军炮击渐渐接近尾声时，揆一不顾一切地命令士兵，把大炮排列在城墙上，对郑家军进行集中轰击。

郑成功的大炮口径大，但荷兰人在空心炮弹中填入炸药和铁钉，杀伤力倍增。在第一波攻击中，郑家军利用人多的优势，一夜间便在热兰遮城外建起漫长的土壕，荷兰人很快将它炸毁，并将壕上的大炮悉数尽毁，郑家军被迫后撤。

郑成功不想让郑家军为了强攻热兰遮城而付出极大的代价，同时，他也希望给城里的荷兰人留下一条生路。因此，在与众将商议破敌之法时，着重强调了这两点。最后，众将达成共识，决定采用长期围困的方法，等待固守城堡的荷兰军弹尽粮绝、走投无路后，不战自降。

随后，郑成功率领主力包围了热兰遮城。尽管郑家军的粮食相当困难，士兵甚至靠采集野果充饥，郑成功在相当长的一段时间里没有发动攻击，而是静待城中之变。这也充分体现了郑成功的宽厚仁爱、珍惜生命的博大胸怀。但揆一却不这么想，他一心死守，天天盼着从巴达维亚发来援军。

郑成功在台湾作战期间，正是南季风期，在台湾荷兰军，无法派船南去传递消息。

顺治十八年（1661年）6月，从台湾撤走的樊特朗到达了巴达维亚东印度公司。6月21日，评议会根据樊特朗的报告，认为驻台总督揆一夸大事实，严重违反公司利益，故而委派东印度检察长克伦克为新一任驻台总督，立即率领两艘战舰前往台湾，去接替揆一的职务。

6月月23日，从安平海战中逃走的马利亚号通信船，经过50多天的逆风

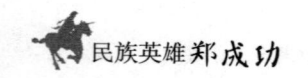

行使,逃回了巴达维亚,报告了郑家军攻入台湾的消息。荷兰殖民者大吃一惊,迅速组织军队援助。

7月5日,雅科布·考乌统率700名援军,分乘10艘战舰,兵发台湾。

7月30日,经过一个多月的航行,克伦克到达大员海域。但他却吃惊地发现,台江和大员附近都是郑家军的旗帜,台湾城已经被围得水泄不通。

克伦克觉得,自己这两艘战舰与强大的郑家军相拼,无异于鸡蛋碰石头。于是,他借口缺粮缺水,在大员港外提心吊胆地混了几日后,就绕道日本返回巴达维亚。而揆一一直也没有接到他被撤职的消息,依然忠心耿耿地坚守着热兰遮城。

8月12日,考乌率领的援军在海上颠簸了38天后,终于到达台湾海域。

揆一得到援军到达台湾海域的消息,欣喜若狂,开始策划内外夹击郑家军,以解热兰遮城之围。

也许是荷兰侵略者的气数尽了。当时,海上风云突变,飓风狂虐,导致考乌荷兰军舰艇厄克号触礁搁浅,艇上42人全部被郑家军俘获。

第二天,荷兰军舰队冒着风浪卸下25名士兵和220磅火药等作战物资,便以风急浪大为由,将舰队停泊在港外整整28天,从而遗失了有利战机。

荷兰援兵的到来,一度让郑成功措手不及。郑家军为了解决粮荒,一些军队分散各地,正在从事农垦。而荷兰军援军躲避风浪这段时间,恰恰给郑成功充足的调整部署时间。

顺治十八年(1661年)9月8日至9月10日,海上风平浪静,考乌率领援军分批进入大员港,在台湾城前碇泊,并卸下了大批士兵和作战物资。

看见了援军,城堡里的荷兰军就像注射了一支兴奋剂一样,仿佛就像困在沙漠看见了绿洲一样。一时间,荷兰军士气大振。

揆一虽然狂傲,但他不失为一个优秀的指挥官。援军到来后,他马上制定反攻之计,希望反攻之后,能够改变被围的不利处境。

9月14日,在揆一的力主下,驻台荷兰军最高评议会决定:用增援舰船上的大炮,把郑家军逐出热兰遮城市区,并击毁停泊在赤嵌城附近航道上的郑家军船只,将郑家军赶出台江。

9月16日,荷兰军孤注一掷,倾巢出动,兵分水、陆两路向郑家军发起反击战。海面上，荷兰舰企图迂回到郑家军的侧后方，焚烧郑家军战船。却不料，他们反而落入了郑家军早就设好的埋伏圈里。荷兰舰一进入埋伏圈，隐蔽在岸边的郑家军水军立即开火，顿时万炮齐发，喊杀声震天。

荷兰舰发现苗头不对，不敢恋战，左冲右突，冲开一道豁口后，狼狈逃窜。郑家军的火船狠狠地咬了上去，烧毁荷兰军主力舰克登霍夫号。侥幸逃脱的舰船径直返回了巴达维亚，再也不敢靠近台湾。

激战仅仅一个小时就结束了，郑家军击沉荷战舰科克伦号一艘，俘获小艇3艘，击毙荷军艇长1人、尉官1名、护旗军曹一人、士兵128人，击伤荷兰军过百人。此战，郑家军也有一些损失，宣毅前镇副将林进绅战死。

在陆地上，荷兰军曾一度出动袭击七鲲鯓，被在那儿设伏的郑家军黄安所部击退，从此未敢再发起进攻。其余来援的荷兰舰逃往远海，再也不敢靠近台湾。

这一战后，郑成功马上休整军队，犒赏将士，并命令郑家军加筑工事，架设巨炮，做好攻城的准备。同时，台湾民众还协助郑家军断绝了荷兰军的水源。

联军破裂

荷兰军增援反攻热兰遮城（郑家军称台湾城）失败后，死亡无时不在威胁着城内的荷兰人。城内粮饷匮缺，水源断绝，战死、饿死的荷兰人达1600多人，而且还有不少荷兰士兵吃了发霉的食物而中毒。城中荷兰居民仅剩下370人，新兵498人，住院的病号高达300人。

郑成功围城的这段时间，恰好是台湾最热的一个季节。城内军粮得不到补给，血痢、坏血病、水肿等疾病流行，荷兰军再也没有勇气和能力发动任何有威胁的反击，越来越多的荷兰军民怨声载道，士气低迷，内部开始分裂。

在这种情况下，揆一及评论会做出决定，今后不再对敌发动进攻，转而

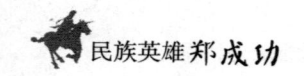

进行防御。

恰在这时，郑成功也面临着一场考验。

郑成功进攻台湾，取得了节节胜利，消息很快传到了清朝廷。清朝廷虽然处在顺治帝驾崩、康熙帝登基这么一个特殊时期，但他们害怕郑成功一旦在台湾站住脚后，更难征剿平定。于是，清军置中华民族的利益于不顾，向荷兰驻台长官揆一抛出橄榄枝，企图联合侵台荷兰军共同消灭郑家军。

清顺治十八年（1661年）11月6日，清朝廷闽浙总督李率泰给揆一写了一封信，信中说郑成功是"我们共同的敌人"，表示"愿意尽力支援，用双方的联合力量一举歼灭"郑家军。同时，李率泰还一再表明，为了消灭郑家军，清军愿意为荷兰军提供一切可能的援助。除此之外，李率泰还宣称，只要荷兰军立即派出两艘战舰，去"消灭郑成功留在厦门的郑家军"，郑成功必然回师援救，就可以收到围魏救赵之效，热兰遮城之围就可以解除。

揆一收到信后，立即召开评议会，并在会上复述了一遍信中的关键内容。红毛鬼接到李率泰的信后，仿佛抓到生命中的最后一根稻草，重新燃起了新的希望。评议会一致同意，派出使节去大陆，与清朝廷探讨共同对抗郑成功之策。但派谁出使大陆，评议会却费了一番脑筋。

荷兰人这次出使大陆，不同于以往。首先，就是出使者必须能征善战，因为一旦把兵派出去，热兰遮城城里的防务势必更加薄弱，如果出征军失败，那么热兰遮城也就彻底地守不住了。其次，出使者要有出色的外交能力，和清朝廷谈判时，不能偷鸡不成蚀把米。因为关起门来，郑家军和清朝廷毕竟都属于中国。可以说，这两条中的任何一条出现差错，都足以置荷兰军以及热兰遮城于死地。

早已下定决心，要想方设法离开困境的考乌，觉得时机已到，便自告奋勇，积极要求担任这次出征军的司令，并信誓旦旦地保证：不成功便成仁。考乌的誓言，是要证明他是个舍生取义的人。

11月26日，评议会在没有提防考乌另有企图的情况下，同意他当出征军司令的请求，并决定由秘书康斯丁·诺贝尔担任副司令，共同出征。

揆一为谨慎行事，既向大陆派出了出征军，也向大陆派出了使节。

顺治十八年（1661年）12月3日，使节和出征军同时离开热兰遮城。使节奉命与清朝廷福建巡抚李率泰取得联系，商讨联军、援助一事。

考乌奉命前往大陆与清军组成联军，进攻郑成功留在厦门的部队。出发前，评议会一再告诫考乌，除非气候恶劣或遭遇风暴，否则绝不能在澎湖群岛停靠。

为了增加胜算，揆一让考乌挑选了一些身强体壮的士兵，并在物资极度匮乏的情况下，仍倾尽所能，备足了粮食、弹药以及其他军用物资。同时，还配备了三艘威力最大、航速最快的帆船和两艘小船。

揆一派出使节后，城堡里又恢复了一点生气，大家对坚守到明年，等待巴达维亚大批援军的到来，似乎又增加了一点信心。一些人为了逃跑方便，早把奇珍异宝、货物、黄金白银等物品，转移到停泊在外海的船上。而今一听说清朝廷要和荷军联合抗敌，觉得城里比外海安全得多，就纷纷把藏在外海船上的物资，统统搬回了热兰遮城。

心中早已另有打算的考乌率领五艘舰船出了热兰遮城。船队行至澎湖时，遇到大风袭击，不得不脱锚停靠澎湖。

此时，考乌如同出了笼子的鸟，迅速命令自己所乘舰艇的船长调转船头，带着另一条小船，途经暹罗（今泰国），回巴达维亚去了。

余下的两艘大船和一艘小船到了澎湖后，任他们怎么寻找，也没找到考乌。无奈之下，三只船又返了回台湾。

另一路荷兰使者去面见李率泰，但李率泰已经获悉荷军并没有去攻打厦门的消息，所以盼咐下去，沿途的官员对荷兰使者只管好生招待，绝口不提援助的事。

几日后，荷军使节好不容易见到李率泰。李率泰倒是盛情相待，招待很是周到，可就是不谈联军、援助一事。后来，竟躲起来避而不见。

见联军之事不成，荷兰军使节急忙返回台湾复命。

考乌临阵逃脱，以及与清军联军破裂的消息，陆续反馈到热兰遮城。揆一和城内所有荷兰人，指望在中国内地打败郑成功的计划落空了。同时，指望获救的希望也像美丽的肥皂泡一样破灭了。

此时，长期围困下的热兰遮城，每天都有人饿死、病死、战死，死亡弥漫在热兰遮城的每一个角落。由于大多数人只能靠干肉、井水充饥，越来越

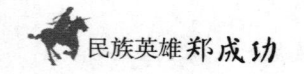

多的人患上了水肿或是败血症，而可以用来治疗的药品严重匮乏，人们只能在绝望中等待死神的降临。

而荷兰军的处境更加艰难。能够作战的士兵只有600多人，而且多分布在城堡、外堡、木栅担任守卫任务。荷兰军由于长期作战，陷入了极端疲惫的状态，军心浮动。即使揆一给予巨大奖励，也没人愿意执行任务。有些士兵甚至开始投奔郑家军，以求活命。

12月16日，一批荷兰守军在士官拉迪斯的带领下，悄悄出城，投降郑家军。这些投降的荷兰军，不仅向郑成功讲述了城堡内的详细情况，而且还就怎样攻城，给郑成功提了一些建议。他们说：现在城堡内人人惊慌，个个疲惫，精神都处于极度崩溃状态，只要郑家军加紧封锁，再以不断进攻配合，就可以从精神上彻底摧垮他们，使之完全绝望。这样做既简单又快捷，就算城堡再坚固，也禁不住大炮的连续轰击。另外，热兰遮城城堡的旁边有个小山头，那上面的乌特勒支圆堡是进攻热兰遮城的制高点，只要拿下它，进攻热兰遮城就容易多了。

郑成功参考他们的建议，一边制定以攻促降策略，一边谕令揆一投降。揆一置之不理，顺治十八年（1661年）12月下旬，郑成功命令将士们着手准备最后的攻坚战。

以攻促降

由于揆一拒不投降，郑成功制定了以攻促降策略。这一策略，主要是根据荷兰军防守上的弱点，避开荷兰军的火力网，先夺取乌特勒支圆堡及其附近的外堡山，进而从工事网攻入城堡。

乌特勒支圆堡是台湾城的外堡之一，坐落在台湾城南侧一个小山上，位置险要，是控扼台湾城的锁钥。荷兰人认为，该堡一旦被占领，热兰遮城堡必将失陷。

在兵力部署上，郑成功除了在鲲鯓集中优势兵力外，还增建了三座炮台，一座在乌特勒支圆堡南端，两座在其东端，共配备二十八门巨炮，并挖了许多壕沟，赶建了防栅。同时，郑成功还下令制造了大批的蓝堡、云梯。

清顺治十八年腊月（1662年1月）25日清晨，郑成功为向荷兰总督揆一施加促降压力，在郑家军围困台湾城八个多月后，下达了发起全面进攻的作战命令。

郑家军从台湾城的北面、东面和南面新阵地同时发炮，猛烈炮击乌特勒支圆堡和热兰遮城。短短两小时，郑家军几十门大炮就发射炮弹2500发。这样的速度，在当时堪称奇迹。采取猛烈的炮击战略，足以证明郑成功有着高瞻远瞩的眼光，以及非同凡响的文韬武略。

在空前强大的炮火之下，台湾城顿时一片火海、弹片横飞，小小的乌特勒支圆堡更是变成了一片废墟。乌特勒支圆堡幸存的七八个荷兰士兵宁死不降，大义凛然地引爆了地窖里仅存的4桶炸药，一同做了勇士。

郑家军占领乌特勒支圆堡后，立即修筑工事，在圆堡废墟上改建炮台。之后，郑家军居高临下，加强轰炸台湾城。在郑成功指挥下，台湾城完全处于炮火之中，揆一手足无措，无计可施。此时，郑成功显示出一个政治家的风范，不再残忍伤及荷兰人的性命，派通事李仲入城劝降。

李仲见到揆一，再次申述说："此处不是你们荷兰国的土地，是我们太师（指郑芝龙）练兵的场所，现在我们藩主来收其故土。台湾远离荷兰，难道你们能在没有接济的情况下，长久地抗拒下去吗？藩主本是为和平而来，不忍伤害你们，若投降，除了东印度公司库存之外，你们私人财产一律可以带走。若执迷不悟，我们将用油、柴、硫黄等烧毁你们的城堡和船只，那时，再后悔可就来不及了。"

荷兰军占领台湾，本就是侵略。中国人痛击侵略者，那是天经地义、无可厚非的。但对荷兰军没实行赶尽杀绝，无疑是仁义之举。荷兰军中也不都是冥顽不化之徒。此时，在金、厦海岸被陈永华俘获的荷兰船长拉迪斯，愿意出面劝降揆一。

拉迪斯给揆一写了一封劝降信，他在信中说：考乌已经逃回巴达维亚了，公司总部要是肯救援，早就派援军过来了。而现在，援军迟迟不到，想必你也明白吧？况且，郑成功率领的军队乃仁义之师，从不枉杀无辜。只要

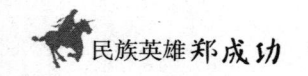

投降，交出城堡，就能确保荷兰人的生命财产安全。

拉迪斯在送劝降信时，还送给揆一另外一封信。这封信是一张只有签名、没有任何内容的白纸。揆一见到这封信，顿时明白了空白信的含义。它预示着荷兰人如果拒绝投降，必将是一场无法估量的灾难。揆一觉得，是时候该做出最后的决定了，否则中国人的炮火，是不允许他这个外国总督继续拖延下去的。

事实上，1月25日的炮击战，差不多已经将荷兰侵略者顽抗到底的意志击碎了。下午六点，当天的炮击结束后，揆一立刻派士兵和奴隶赶修被破坏的工事，并设法增强防卫的薄弱环节。士兵和奴隶一直劳作到凌晨两点，都表现出极大的不满情绪。

第二天，这种不满情绪继续蔓延，以致预定的修葺工作无法完成。此时，一些荷兰议员想通过投石问路的方式试图投降。

面对危机，揆一于1月27日召开评议会。会上，揆一提议，等郑成功再发动一次进攻后，我们再做决定。因为郑成功为了攻取乌特勒支圆堡，已经耗费了很多火药，郑家军的火药所剩无几，不足以用来攻击热兰遮城堡。再说，郑成功也未必敢用云梯来攻城。更凭借城堡内的兵力和粮食，我们足以防守四五个月。在这期间，或许巴达维亚又会派救兵过来。

而评议会的多数人觉得，与其把命运寄托在郑成功物资耗竭的假想上，不如抓住眼前机会，利用有限资源，争取更大利益。尤其医院里已经住满了荷兰伤员，士气正在一点点瓦解。如果继续支撑下去，只会带来更可怕的命运。

此时，一个议员有些伤感地说："昨夜，为了鼓励士兵工作，我曾告诉他们，若把工作做完了，就赏每人一箱酒。可是，那些士兵回答我说，如果他们可以不做那些工作，他们愿意交出一箱酒。"

还有人说："热兰遮城堡被围九个月了，士兵死伤1600多人，现在能参加战斗的士兵仅剩600多人，而精壮士兵也不过400人。况且，我军已经弹尽粮绝，只能靠肉干维持。尤其令人担忧的是，我们还被郑家军切断了水源。疾病、瘟疫正在蔓延，医药匮乏，我军大势已去。"

评议会一致认为：如果继续战斗下去，可怕的命运将降临到每一个人头上，而这样坚持，对公司而言并没有什么好处。

最后，参加评议会的29名会员，除了4人反对议和外，其余25人全部同意立即投降。就这样，会议以一面倒的优势，通过了投降的决议。

在接下来的几天，揆一和评议会议员反复权衡利弊，终于决定：趁早把城堡交给敌人，争取优惠条件，是为上策。

于是，揆一派出使者，与郑成功接洽商谈投降事宜。

纵观郑成功这一次进攻台湾，虽然人数和战船数量占绝对优势，但却是在不具备天时、地利的情况下行动的。而荷兰守军的火绳枪部队，是当时西方国家中，素质最高、战斗力最强的队伍，荷兰水军的战舰火力，也远远超过郑成功的战船。荷兰军又有坚固的城堡做依托，荷兰人甚至一度认为，此战荷兰必胜。但荷兰军却不知道，他们面对的，是一个意志坚定又灵活善变的主帅、一群训练有素身经百战的将士，以及愿意倾力相帮的当地百姓。郑成功正是以人和的力量，打败了荷兰守军。

在接下来的谈判中，郑成功既坚持原则，又灵活掌握策略，再一次展现了他的聪明才智和博大胸怀。

收复台湾

面对郑成功的咄咄逼人，荷兰总督揆一终于低下一贯高昂的头，开始字斟句酌地给郑成功写求和信。

揆一在信中写道：

福尔摩沙岛的长官揆一和议会，寄这封信给住在热兰遮城前面的大官国姓爷：

殿下如果诚意要和我们洽谈关于此城堡的条约，即用荷文写一封回信，放在石头路的中段；同时，要从现在开始，无论在水上或是陆上，都要停止武器使用和敌对的工事；而且，我们双方都要留在自己的阵地

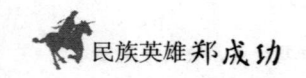

里，不得接近对方，否则即以敌人对待。

落款日期及落款人是：1662年1月27日，揆一。

郑成功接到信后，一面立刻做出善意的回应，一面应用高超的外交技巧来应对荷兰人的求和。而所有这些内幕，都是通过荷兰人的日记展现给历史的。

1月27日荷兰人日记：拿信以后两小时，有一支舢板船经过我们的城堡前往北线尾，可能是去下令暂停敌对行为。而且，从那以后不久，凤梨园那边也把他们的旗子降下来了。

1月28日荷兰人日记：我们看见敌人昨夜把他们的蓝堡移近我们的四角附城下面，而且蓝堡中架了几门大炮。约8点钟，我们接到下列的信件，一封是回答我们昨天写的那封信，这封信放在我们昨天放信的同一地方，我们派人去拿进来；另有一封信是写给城堡里的军官们。

接到揆一的求和信后，郑成功回了两封信作了回答，表明自己做好了攻城和和谈的两手准备。

第一封信是这样写的：

大明招讨大将军国姓爷寄这封信给荷兰长官揆一及其议会：

我接到你们的信了。那封信写得那么短，以致我无法了解你们的意思。因此，我也不能说什么。如果你们有什么话要说，可派一个有资格的人来当面告诉我。你们如果不愿派人来，我也不要求你们。为此，我将把所有战争武器的使用，暂停到中午，在那时以前要给我回答。这封信是用荷文写的，为的是使你们能够充分了解。

落款日期是：永历十五年（清顺治十八年）十二月九日。

郑成功的第二封信，是写给热兰遮城军官的，共分四段：

本藩又开始强力准备，要来攻占你们的城堡了。造成这场战斗的原因是什么？不是别的，就是两撮人，即你们的首领们和那些自由民。你们看到了吗？揆一和他的议会拒绝献城投降，使人们受到极大的伤害。不过，你们这些小官和普通士兵们是不必对此负责的。

本藩率领军队来此，并且在火药上和炮弹上耗费巨资，这些，我必须要东印度公司用它的财富来赔偿；而揆一及其他头头们和那些自由民，必须将他们的财物给我们的士兵们当作战利品，这样由上天来处罚他们的恶行。

不过，队长、中尉、中士、下士以及士兵们，都完全没有责任。因此，他们的财物都得丝毫不损地、自由地全部带往巴达维亚，就像地方官苗南实丁那样，我准许他不但可带走他全部的财物，还供应他航行途中所需的粮食等物；住在赤嵌的我也按月给他粮食和生活费。你们当中，如果有人在航行中可能会缺乏什么的，可以告诉我，我将帮你们，供应你们的需要。

揆一和你们的头领们，直到现在还把金钱和财物看得比你们的身体和生命重要。他们这样做是对的吗？他们到底是好人还是坏人？你们心里不要害怕，因为这封信是写给你们这些队长、中尉、中士、下士和一些兵士们的，对此你们尽可相信。又因为你们不懂中文，所以这封信不是用中文写的，是我让人用荷文写的。为的是你们会念而且明白。

落款日期是：永历十五年十二月九日。

从郑成功的回信中不难看出，郑成功是给揆一和荷兰军官一点暗示，就是谈判可以，但要看你们拿什么条件和我谈。而在给荷兰军官们的信中，似乎又透露出和谈的条件，就是要揆一对郑家军在财物上做出补偿。而只字未提城堡问题，似乎让荷兰军应该做到心中有数。另外，郑成功还刻意提到，无意伤害他们的性命，这就等于给他们提供了一个谈判的思路。

顺治十八年腊月（1662年1月）28日荷兰人在日记中写道：接到郑成功的这封信后，荷方召开大会，在自己的意愿以及多数人的同意下，评议会派出一名商务专员和一名中尉为使者，带着信去见郑成功。

在这信件里面，荷兰人提出愿意将城堡及其大炮、附属物，不再予以损坏或缺额地交给郑家军，同时，要郑家军确保公司以及他们自己的动产能够带走，还得携带全副武装，并供给他们路途所需的食物和其他需用品。这是荷方第一次正式涉及具体的谈判内容。

这两个荷兰使者，虽然受到了郑家军的友善款待，但并没有见到郑成功。至于为什么没见到郑成功，历史上有两种说法：一种是说使者带来的信，把郑成功的名头写错了，郑成功很介意，故拒而不见；另一种是说郑成功故作姿态，以利于自己和谈。

其实，无论哪种说法，都不能掩盖郑成功在和谈中展现的智慧。郑成功给荷方回了一封信，并在信中正式提出自己的条件。

这封信是这样写的：

大明招讨大将军国姓爷寄这封信给大员长官揆一及其议会：

当初我率领强大的军队来到此地时，只要从你们手中得到那城堡，并不要你们的财物。对此，你们早就应该听从。后来，我又给你们写了几封信，但你们都不愿意听。

现在你们被围困九个月了，一切错误都是你们自己寻来的，还有什么话说？因此，我要你们把城堡里的全部财物都交出来给我。不过，城堡里所有的人我都会给他们活命，以前同意我的那些人，以及还在台湾活着的人，也一样会给他们活命。地方官苗南实丁和那些目前在中国候船要往巴达维亚的人，以及还没出现的在卑南的人，都可自由地去搭你们的船，离此前往巴达维亚。但从你们那边逃过来投靠我的那12个人，我不会交换你们。关于携带武器，像携带步枪一事，我同意。关于粮食和生活费，我也同意，因为那些只是小事。而且，你们一定不要害怕，因为我对你们心怀善意，真心希望你们都能活下去。

现在再停战一天，即明天，你们的小船也不得再从大船到陆地之间来回航行，我们的戎克船也将停止不动；如果你们的小船不停止航行，我将命令我的戎克船逮捕它们。我很不喜欢这些小船这样来回航行，这事我现在已经告诉你们，你们要知道了。在你们今天寄出的来信中，有几个字用得不恰当，因为你们派来的人，我不予接见。如果你们写得恰当，我就接见他们了。如果你们了解这封信的内容，要再来跟我商量，那还来得及。

落款日期是：永历十五年十二月九日。

显然，双方已进入正式谈判阶段。谈判进行得非常顺利、快速。双方代表从清康熙元年（1662年）1月30日晚上开始协商，2月1日就在大员街的税务所（今台湾省台南市安平区安北路一二一巷十五弄、中兴街十八巷交叉路口一带）各按本国习俗，举行了誓约、签字、盖章的仪式。仅仅40多个小时，郑成功便史无前例地完成了全部谈判和签约手续，创造了国际谈判史上的一个奇迹。

自此，沦陷了38年的台湾，重新回到祖国的怀抱。同时，也标志着郑成功驱逐荷兰侵略者的斗争取得了历史性的伟大胜利。这一天，是1662年（清康熙元年、南明永历十六年）2月1日，在浩瀚的历史长河中，这一天占据了光辉璀璨的一页，意义非比寻常。

当时，有着"台湾孔子"之誉的台湾文体拓荒者沈光文也在台湾。当他听到人们纷纷传诵郑成功驱荷成功的光辉事迹时，兴奋不已，赋诗曰：

郑王忠勇义旗举，水陆雄狮震海瀛。
炮垒巍峨横夕照，东溟夷丑寂无声。

成功收复台湾，让郑成功百感交集。为了获得这块稳固的根据地，郑家军将士经风历雨来到台湾。而还没等到胜利的这一刻，就有许多将士捐躯沙场。由此，郑成功的心不由得隐隐作痛。想到自己尚未完成的抗清复明大业，郑成功写道：

开辟荆榛逐荷夷，十年始克复先基。
田横尚有三千客，茹苦间关不忍离！

第十三章　开发台湾，众志成城铸大业

荷军离台

1662年（清康熙元年、南明永历十六年）2月9日，台江岸边寒意袭人，江水猛烈地拍打着岸边岩石，溅起一朵朵洁白的浪花，然后迅疾落下，慢慢退去。沙滩上，一场隆重的受降仪式正在进行着。

随着一声炮响，荷兰东印度公司台湾长官揆一，向郑成功交出了热兰遮城城堡的钥匙，并献上了一把象征权力的西洋宝剑。热兰遮城城内降下了已经飘扬38年的荷兰国旗，郑成功随即率领马信等人进入热兰遮城。在接下来的几天里，郑成功开始按照缔约履行相关职责，荷兰人也紧锣密鼓地做着离台的准备。

在受降仪式上，郑成功与荷兰人互换了合约。

荷兰人向郑成功递交的合约有十八款，具体内容是：

1. 双方停止一切敌对行为，从此不计前仇。
2. 荷方应将热兰遮城堡、外堡、大炮、剩余的军用物资、商品、现金以及其他属于公司的财产全部交与国姓殿下。
3. 大米、面粉、酒、烧酒、肉类、猪油、油、醋、绳索、帆布、沥青、柏油、锚、火药、枪弹、亚麻布以及被围者返回巴达维亚途中之生活必需品，得由前述长官及评议会运上公司船只。
4. 城堡内以及他处属于荷兰政府官员之私人动产，应先经过国姓爷代表检查，然后运上前述船只。
5. 除携带上述物件外，28名评议员每人准予随身携带200个两盾半银币，另20名特定公民准予一共携带1000个两盾半银币。
6. 经检查后，荷兰士兵得以在长官指挥下，扬旗、鸣炮、荷枪、击鼓、列队上船。
7. 所有在福尔摩萨之中国债务人及中国租地人之名单以及他们所欠

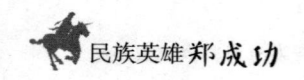

的债务，应从公司账簿中抄出，呈交国姓爷殿下。

8. 所有本政府之文件簿记，可以运往巴达维亚。

9. 公司人员现为中国人拘禁在福尔摩萨者，应于8日至10日内释放，拘禁在中国者，应尽早予以释放。公司雇员在福尔摩萨未受拘禁者，应发给通行证，以便安全到达公司船上。

10. 国姓爷将捕获之四艘小艇及其财物发还公司。

11. 国姓爷负责拨出需要的船只运载公司人员及其财物上船。

12. 公司人员在停留期间，国姓爷属下臣民因按日供应以合理价格之蔬菜、肉类以及其他维持日常生活的物品。

13. 在公司人员未上船前留在岸上期间，除非为公司之急务，国姓爷属下之士兵臣民，一律不得进入城堡，不得越过工事网之蓝堡，亦不得进至由国姓爷殿下下令所立之木栅。

14. 在公司所属人员全部搬出城堡以前，城堡上除悬挂白旗外，不得悬挂别种旗帜。

15. 公司人员及财货上船后，仓库管理人员应留在城堡内两三日，然后上船。

16. 本条约一经签字、盖章、宣誓后，双方各依本国习惯，国姓爷即派官员及政治顾问到荷兰船上，公司方面亦派一职位仅次于长官之官吏燕·奥根斯、樊·华弗伦及福尔摩萨评议员大卫·哈曹尔到国姓处，作为人质，上述人质应留在指定之地点，直至本条约所规定之事项均已执行完毕为止。

17. 目前在城堡内或公司船上之中国俘虏，应予以释放，以交换荷方为国姓部属所俘虏之军民。

18. 本条约中，如有发生疑义或有重要未尽事项，经任何一方提出后，应立即由双方协商解决之。

郑成功向荷兰人递交的合约有十六款，具体内容是：

1. 我同意双方面发生过的所有问题都已经过去不再存在，而且不再

第十三章　开发台湾，众志成城铸大业

去想那些问题。

2. 按照所说的，该城堡所有的大炮、小炮、弹药、现款及全部商品，都要毫无例外地交给我方。

3. 米、烧酒、醋、油、肉、咸肉、绳子、帆布、沥青、柏油、火药、子弹、火绳等物品各船可携带航行途中所需要的数量。

4. 所有的平民其财务家私，经检验后都得以装上船。

5. 对那28个人，每人准予携带200个两盾半银币；对其他那20个较低阶的人，准予合计携带1000个两盾半银币。

6. 兵士准予携带他们的行李不受骚扰地上船；并得以全副武装，点燃火绳、子弹上膛、旗帜打开并打鼓等。

7. 你们得以将公司簿记文件中有关债务的资料，或膜租的或商品的，要抄录交出来。

8. 所有的荷兰人，男的、女的、孩童、黑人都将于8至10日内送到船上，还在中国的地方官及其他人，也将不例外地都交还你们；而且，那些可能在此地或者其他地方躲藏尚未露面的人，也将同样平安地交还给你们。

9. 那四支被我们取得的小艇，将归还你们。

10. 各种船都将准予用来运送荷兰人上船。

11. 将命令兵士不得前往城堡附近，也不得有骚扰或暴力行为。

12. 在和约签订以前，该城堡得以挂一面白旗。

13. 该城堡里的要员们须于三日内将他们的事务处理完毕，并进入船里。

14. 双方为此必须互换书面的条约，该书面的条约须经宣誓，并由重要人物签名；为此目的，双方须互换人质。

15. 所有还在该城堡的中国人也将予以释放。

16. 如果还有任何细节在此被遗忘的，将予另行商讨。

从上面双方所写的条款内容可以看出，存在差异的只有一条，即荷兰方所写的第十五款，郑成功所写的第十三款。荷兰方说仓库管理员在其他人

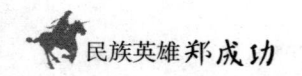

员和物品都上船后,将留在城堡里二至三天,然后才和人质一起被带去上船。事实上,荷兰方要员们是按照郑成功所写的,均于缔约后三日进入了船里,等候开船,而仓库管理员是在其他人员和物品上船之后,在城堡里停留三天。

这两份互换条约,是关于中国台湾问题的第一个国际条约,象征着近代中国在国际上罕有的胜利表征。这两份条约不仅说明郑成功在武力上战胜了荷军,更在法理上给后代人解决了台湾的归属问题,不能不令人敬佩与感念郑成功处理事情的细致周到。

清康熙元年(1662年)2月17日,荷兰人带着国姓爷的缔约原件,扬旗、鸣炮、荷枪、击鼓、列队上船,驶离了台湾。

那份原件历经300多年的风雨,现在荷兰海牙档案为荷文译本,上面标注有:"经校对译文与原文相符。1662年4月22日于巴达维亚。"校对者为Mayville.

其实,无论荷兰人怎样扬旗、鸣炮、荷枪、击鼓、列队,都难掩他们的失败。郑成功之所以同意这一条款,是因为这与他要争取的实际利益太微不足道了。

在整个缔约过程中,郑成功强硬地坚持台湾是中国领土,荷兰人必须撤出台湾,拒绝荷方提出的交付大量赎金以及其他企图赖在台湾的要求,不做任何妥协。他要求东印度公司赔偿全部战费,交出武器,没收所有现款和武器。

同时,郑成功在缔约条款中,对荷方人员的利益做了具体安排,分化了敌人,彻底打消了他们顽抗到底的想法。这样,使大部分荷方人员为了自己的切身利益,给上级施压,迫使掌权者很快同意缔约投降。郑成功将原则的坚定性与策略的灵活性结合起来,既为收复台湾减少了牺牲,也为自己争取了最大利益,充分体现了一个政治家、军事家的远见博识,以及仁义为友的博大胸怀。

后来,在清光绪年间,美国驻台总领事詹姆斯·戴维逊在其著的《台湾之过去与现在》一书中,在评价郑成功时指出:他不残忍,至少与同时代在战争中功勋卓著的欧洲人比较是这样的。

回到巴达维亚的揆一，被东印度公司判处终身监禁，并被流放到班达岛（今印度尼西亚班达海东北部），12年后才被释放。1674年（清康熙十三年、南明永历二十八年），揆一在荷兰首都阿姆斯特丹出版了《被忽略的台湾》一书。书中说，他离开台湾是议和，不是被打败。同时，他将自己的失败归咎于他的上司，谴责东印度公司高层怠忽职守。

1687年（清康熙二十六年）10月17日，揆一在弥留之际留下遗言，要子孙一定再踏上台湾的土地，带他去看看。

2016年6月中旬，揆一的第14代孙麦可携全家人首访台湾，在台南市延平郡王祠祭拜郑成功。经历几百年的沧桑岁月，他的后代终于实现了揆一的临终遗愿。

寓兵于农

郑成功收复台湾，郑家军彻底摆脱了在大陆遭受围剿的困境，终于可以从容地发展根据地，为抗清复明积蓄力量。

但此时，郑成功的内心既喜亦忧。

应该说，郑家军所面临的形势一直不容乐观。一方面，清军经常进攻郑家军的大陆根据地，一直面临军需粮饷的压力；另一方面，由于台湾人民遭受荷兰人的长期压迫，生产力极其低下，再加上刚经过战乱，原有的生产力受到严重破坏，别说给郑家军提供粮饷，就连当地民众也经常食不果腹。

当初，郑成功刚刚在台湾登陆时，第一个军事举动就是抢占荷兰军粮仓，并派人到民间征粮。在台湾当地居民的帮助下，郑家军迅速找到了荷兰军储存在各乡的粟米6000石，粮3000石。围攻台湾城时，除了留下围城的官兵，郑成功还命令所有水陆各镇将士，按镇分地，按地开荒，做到农隙则训以武事，有警则荷戈以战，无警则负耒耕。后来，随着荷兰军的投降，郑家军得到了荷兰殖民者留下的一些军用和民用物资。倡导耕种与荷兰军投降，在一定程度上暂时缓解了郑家军的吃饭问题，但无法从根本上彻底解决庞大

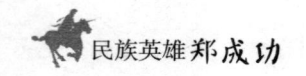

的郑家军的粮荒问题。

由于清朝廷的"平海五策"仍在实施中，导致每天从大陆来的船只非常少，台湾的粮食价格水涨船高，一路飙升，竟达到一斗米四五钱银子。甚至有时就是有银子，也未必能买到粮食。郑成功让户部都事杨英带着钱到鹿耳门等候大陆来的商船，见粮食就买。即使这样，郑家军也是每天每人只能吃两顿饭。

为了解决粮食问题，郑成功可谓绞尽脑汁，想尽办法。进攻台湾时，郑成功曾随船带来了耕牛、农具以及种子，由此，他下令军队开发荒地僻野，自力更生。这样做，一方面是为了解决郑家军的粮食问题，另一方面也是为了减轻老百姓的负担。

就在荷兰人投降的第三天，郑成功带着何斌及官兵千余人，准备了10天的口粮，从新港、半线（今台湾省彰化县）等地出发，到高山族同胞聚居地域深入访问，安抚台湾人民，实地调查研究当地的自然状况及农业发展前景。

看到郑成功来了，各地人民非常高兴，纷纷表示拥护郑成功。过去，高山族人以狩猎为生，根本不知道使用犁耙、耕牛，更不会使用镰刀收割庄稼。稻禾成熟时，他们都是一穗一穗地拔，农业生产非常落后。

郑成功觉得，授人以鱼不如授人以渔。如何才能让散居在台湾西南平原的各社高山族同胞，学习和运用汉族的先进农业技术，使农业生产快速向前发展呢？

郑成功接受了杨英的建议，每社派去一位汉族农民，并给其发放一副铁犁、一把耙锄、一头熟牛。所谓熟牛，就是耕过田的牛。同时，负责教会高山族同胞掌握并熟练使用农具。由于过惯了狩猎的生活，刚开始，高山族人并不愿耕种田地。后来，见识到先进耕作技术所带来的种种好处，高山族人才高兴地争相效仿，生产力得到了快速提高。

考察、访问高山族各社后，郑成功回到安平。此时，他的思路愈加清晰，觉得要想促进台湾繁荣富强，必须从农业抓起。第二天，郑成功召集提镇、参将以上的官员来到他的中军大帐，开会议事。在会上，郑成功讲了粮食问题的极端重要性，正式提出寓兵于农的发展战略。

其实，与会的官员都知道部队缺粮，心情同样都非常着急。一位户部官员站起来说："我们存粮有限，应当及早计议。"

郑成功接过话茬说："说得好！凡是治国治家，都要以粮为先。如果家里没有吃的，虽然亲如父子夫妻，也不能和睦相处。如果国家没有存粮，虽然有能干的文臣武将，也不能治理好国家。昨天我亲自踏勘了这里的土地，真是肥田沃土呀！本藩以为应当实行'寓兵于农'的古法。这样，军粮不致匮乏，兵多粮足，然后才可以静观时变，再作进取。"

将军黄安听了，站起来说："开疆辟土，建立万世不拔的基业，我等当唯命是从。但是寓兵于农是什么法则，还要请延平王明示。"

郑成功说："寓兵于农，并不是我首创，早在秦始皇的时候就有了。汉、唐、宋、元朝时，屡年征战，军需越来越大，粮食问题日益凸显。因此，善为将者，不得不组织军队自力更生。古代诸葛亮屯田斜谷，司马懿屯田淮南，姜维屯田汉中等，历史上这样的例子很多，几乎都是处于两军对峙的时候，缺粮断饷，为了解决士兵饿肚子问题，所以都组织了军队屯田生产，农忙生产，农闲练兵，两不耽误。太祖高皇帝（指朱元璋）设立卫安军，让军队里十分之七的人种田，十分之三的人作战、警戒、战备执勤，把大军安置于田地间，其用心深远啊！现在，台湾乃开创之地，虽僻处海滨，安敢忘战？寓兵于农，使野无旷土，而军有余粮，实乃万世良法，自当凛遵而行啊！"

在当时的情况下，郑成功能提出寓兵于农战略思想，确实难能可贵。文官武将听完郑成功深入浅出的解释后，都懂得了寓兵于农对台湾发展和军队建设的重要性，不约而同地表示赞同。

郑成功当即宣布："除勇卫、侍卫二镇官兵留守安平、承天两地外，其余各镇，按镇分地、按地开荒。平时10人中以1人瞭望、警戒，以四人耕田种地，轮流更换，确保既没有闲丁，也无逸民。各位将士要插竹为社，斩茅为屋，训练生牛耕田。土地按照上、中、下三等确定赋税，三年之内，公家只收取十分之三。大家农闲练兵，有警即战，无警扶犁耕田，都不得懈怠。"

同时，郑成功还宣布："东都明京，开国利家，建立万世不拔基业。尔等文武官员及各镇大小将领，务必修造田宅，遗留子孙后代。"

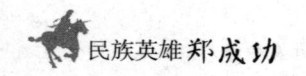

没有规矩不成方圆。为了更好、更规范地实施寓兵于农政策,避免各镇与各镇之间、各镇与百姓之间发生争抢,郑成功对土地的开垦与分配,林木坡地的保护和捕鱼经商等事项,做出了八个方面的明文规定。

郑成功特别注重军民关系以及民族团结。他再三强调,军政人员搞生产建设,一定不能与民争利,尤其不能损害高山族人民的利益,务必秉承己力经营的开垦方针,依靠自己的努力开荒种地,搞农业生产,绝不能强占他人的劳动成果。如有违反,按条规追究责任,严惩不贷。

命令下达后,各镇以营、镇的主将为屯垦首领,带着配发的六个月粮饷,迅速行动,分赴位于台湾北路、南路的各自区域,建立起屯田据点。其中,当时的盐水港最为密集,凤山地方次之,台南地方大多已被开垦,故而数量最少。

军兵屯田的地方,都是一些没有人烟的荒丘野岭,豺狼野鹿出没,一天到晚,很难见到一个行人。一人多高的荆棘和野草常常划破将士们的双手,鲜血直流。将士们一手拿刀,一手拿锄,日夜奋战,使垦区的面积不断地向台湾西部的偏僻地方扩展。当时,随郑成功大军到台湾的名士卢若腾写了一首《东海屯卒歌》的诗,记述了屯田将士的艰辛劳动。他在这首诗中写道:

> 海东野牛为驯习,三人驱之二人牵。
> 驱之不前牵不直,偾辕破犁跳如织。
> 使我一锄翻一土,一尺两尺已乏力。
> 哪知草根数尺深,终日挥锄不得息。

每到一个地方,将士们都要选择靠近水源的地方,盖起茅草屋。于是,从前人迹罕至的地方,渐渐有了袅袅炊烟,荒原一点点地变成了绿色的田园,很多地方变成了人烟稠密的村落。而这些村落,也多以该营、镇命名,并沿用至今。透过这些地名,仍然可以看出当年郑家军屯田的规模。

六斗门有一处叫林圮埔的地方,当年就是由一名叫林圮的将领带着一些士兵去那里屯田。无论生活多艰苦,林圮丝毫也不动摇。后来,林圮死在了那里。后人为了纪念他为开发那片土地所作出的贡献,便把那个地方称作林圮埔。到了清朝末年，那里已经发展成有几万人口的大地方，生活在那里的林氏子孙，都有先辈坚忍不拔的遗风，令人称赞。后来，那里建立为县城，叫云林县。

嘉义县有一处地方叫林风营，也是一名叫林风的将领率军屯田的地方。后来，林风当先锋官，在和荷兰人作战时牺牲了。

距离林风营十里有新营，新营北面有旧营，东边有五里营，西边有查田营……这些地方，都曾是郑家军屯田旧址，名字一直沿用到现在。

郑成功治军严格，自己更是以身作则。对于郑氏亲属以及身边的文武官员，郑成功都极力鼓励他们召佃开荒，建造房屋，捕鱼狩猎。但前提是，必须先到他那里报明地点、亩数后，才允许开垦。百姓要开荒也可以，但须禀报承天府。如果有先垦后报，或报少垦多者，一旦查出，没收土地，并从重治罪。

郑成功采取寓兵于农的屯田方法，不但充分调动了将士们开发土地、建设台湾的积极性，而且也保护了台湾百姓的利益，维护了社会安定，军粮也得到了有力的保证。

建立政权

郑成功提出的寓兵于农战略，得到迅速实施，并收到丰硕的成果。可是，来台湾的将士们大多水土不服，因病致死接连不断，严重的思乡情绪在整个郑家军中无声地蔓延。

为淡化将士们的思乡之情，郑成功把麾下将士们的家眷尽数接去台湾。但在厦门的一些将士家属，听说台湾瘴气严重，潮热异常，再加上郑成功治军严格，怕自己一不小心而犯军法招致杀头，都不愿意去台湾。

台湾广袤的未开发土地，需要大量的人力资源来开发，而台湾岛上仅有12万多人口，地广人稀。由于在大陆的将士家属不愿到台湾来，不免让郑成功忧心忡忡，他叹息地说："吾欲留此数茎发，累及桑梓人民！且以数千里膏腴鱼盐之地、百万亿众生灵,一旦委而弃之,将以为得计乎?殃民而已!今当驰令各处,收沿海之残民,移我东土,开辟草莱,相助耕种,养精蓄锐。"

后来,郑成功通过在大陆的郑家军,帮助那些因清政府实行"平海五策",而倾家荡产、流离失所的大陆老百姓迁移到台湾来,还给他们盖房子,鼓励他们开垦荒地、自谋生路。一时间,福建漳州、泉州及广东潮州、惠州等地的民众,带着农业和手工技术,纷纷东渡到台湾来。而当地的高山族部落,也逐渐摆脱了传统的渔猎生活,转而定居农耕。

郑成功废除了荷兰侵略者的一切殖民体制和机构,把土地分成三类,并因地制宜,建立了一套独具特色的赋税制度。一类是自给自足的军队"营盘田";二类是雇佃户垦荒的"私田";三类是荷兰人的"王田"。其中,营盘田按照上、中、下三等确定赋税,三年之内,公家只收取十分之三;私田由佃主收取地租,向政府缴纳田税;王田收归为国有官田,原来耕种的人称为官佃,按荷兰人的旧规收取地租。

就这样,台湾的耕地、人口、粮食储备都呈现出稳步的上升势头。郑成功明白,农业只是根本,要想实现经济稳步增长,在不断地提高生产力和生产技术的基础上,必须大力发展工商业。到台湾不久,郑成功就把冶铁技术引进来,使手工业和农业有了质的飞跃。另外,郑成功合理开发使用千百年来无人惊动的原始森林,就地取材,使台湾的造船业迅速兴盛起来。当时,谁也不曾想到,晒盐方法的引入与推广,为他日台湾跻身中国最大的产盐区之一奠定了坚实的基础。更没人料到,甘蔗制糖使台湾在国际市场独占鳌头,风光无限。

海上贸易是郑家的祖业。从父亲郑芝龙那时起,郑成功家就打下了雄厚的海上贸易网基础,郑成功从小就耳濡目染,对发展海上贸易可谓轻车熟路。后来,郑成功继承了郑芝龙的海上商业集团,建立了严密的组织系统和管理制度,生意顺风顺水。所以,海上贸易收入,一直是郑家军军饷的主要支撑。

在台湾,郑成功并没有忘记自己的老本行。他不仅自己继续从事海上贸易,而且还鼓励将士们经商,保证了贸易兴岛策略的顺利实施。

随着基础建设的向前发展，台湾经济逐渐蒸蒸日上，很快进入了一个良性循环阶段。由此，郑家军也渐渐安定下来，来台湾的人也越来越多。此时，郑成功深知，要想更好地管理军队和治理台湾，就必须建立自己的政权。

于是，郑成功召集文官武将开会研究后，宣布在台湾正式设治，建立政权。

郑成功把赤嵌城区域（包括赤嵌城堡、赤嵌街、台湾城堡、台湾街）改为东都明京，设立承天府，并于澎湖设立安抚司。在普罗文查堡外原来的商业区设立四坊。承天府下置天兴、万年两县。天兴县管北路；万年县管南路。

郑成功任命杨朝东为承天府尹（即长官），庄文烈为天兴县知县，祝敬为万年县知县。

与此同时，郑成功又将台湾城连同附郭街市改为安平镇。安平，是福建泉州的一个港口，是郑芝龙发迹之地。

郑成功为什么会有"东都明京""承天府"这样的命名呢？原来，在郑成功心目中，东都是相对明王朝的南都金陵、北都北京而言的；承天出自明太祖朱元璋早年改元朝的集庆（今江苏省南京市）为应天相承袭。

不言而喻，这样的命名，足以折射出郑成功不忘大明王朝，不忘祖国大陆，不忘祖业，矢志抗清复明的决心。

新政权的建立，为台湾的稳定快速发展，起到了很好的保驾护航作用。

对此，也有些人不理解，觉得郑成功是"自立为王"。张煌言就曾作诗，表达自己的反对之意，他诗中写道：

> 炎州东望伏波船，海燕衔来五色笺；
> 闻有象耕芝术地，愁无雁渡荻芦天。
> 息机可是逋臣意？弃杖谁应夸父怜！
> 只恐幼安肥遁老，藜床皂帽亦徒然！
> 杞忧天坠属谁支，九鼎如何系一丝？
> 鳌柱断来新气象，蜃楼留得汉威仪。

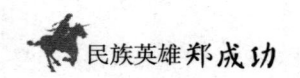

故人尚感褰裳梦，老我难忘伏枥诗。
寄语避秦岛上客，衣冠黄绮总堪疑！

其实，按照当年郑成功受封南明永历政权延平王时的规定，郑成功有权以延平王的身份，自行组建政府。至于他在台湾组建政府，也是符合南明永历政权法统的。而赤嵌城改名东都，也是沿用了南明永历王朝年号。严格意义上来说，郑成功建立的政权，应该是大明朝郑氏台湾政权，也就是后来历史所说的"明郑"政权。

大儒黄宗羲十分欣赏郑成功的做法，对张煌言的反对之诗甚是不屑。他说："郑氏不出台湾，徒经营自为立国之计，张司马做诗诮之，即有贤郑氏者，亦不过跻之田横、徐市之间，某不以为然！自缅甸蒙尘以后，中原之统绝矣。而郑氏以一旅存故国衣冠，于海岛称其正朔，在昔有之。周厉王失国，宣王未立，召公、周公二相行政，号曰共和，共和十四年，上不系于厉王，下不系于宣王，后之君子，未尝谓周之统绝也。以此为例，正是不可谓徒然！"

尽管郑成功的政权体制不大，但麻雀虽小五脏俱全，官制也相当健全，很有些藩国的意思。后来，台湾人以"开山王"称呼郑成功，除了尊敬，更多的则是敬佩和景仰。

严法治台

郑成功本是一位书生，后投笔从戎，起兵于乱世。战火所燃之处，触目所及皆是备受蹂躏、流离失所的百姓。一个好将帅，不仅能带兵打战，更能够治理一方，造福百姓。台湾不同于别的地方，军人、商人、流民、海盗掺杂其间。如果没有铁的手腕，很难做到令行禁止。郑成功说："台湾百姓被荷兰人盘剥得太苦了！"因此，他在治理台湾时，做到赏罚分明，不徇私情。他用严刑峻法治理台湾，安慰黎民百姓。

第十三章 开发台湾，众志成城铸大业

郑成功深知，将、官为利所困，不但不能公正用法、严格执法，而且严重影响下级和部属贯彻法规制度的积极性和自觉性。郑成功对贪官一直是痛心疾首，绝不姑息。在这方面，郑成功向来不论高低、亲疏，绝对是一碗水端平，不避亲，不徇情，言出法随，执法如山。

杨朝栋是继甘辉之后，郑成功最宠信的将领之一。郑成功在台湾建立政权后，从杨朝栋能成为承天府第一任府尹、主持台湾政事这件事上，就可以看出他在郑成功心目中的位置。

杨朝栋可谓有勇有谋，文武双全。他本名曹文龙，自1650年（清顺治七年）投靠郑成功开始，因累功升任五军戎政。1661年（清顺治十八年、南明永历十五年），郑成功数次召集手下诸将讨论东征台湾之事，屡遭以宣毅左镇吴豪为首的一众南将反对。而杨朝栋力排众议，极度赞成并支持郑成功攻打台湾。尤其在收复台湾的战争中，杨朝栋更是功不可没。

人性总有弱点，杨朝栋也没例外。他在任承天府府尹期间，渐渐成为金钱的奴隶，开始贪图安逸享受。他伙同万年县知县祝敬、斗给（粮秣官）陈伍徇私舞弊，克扣军饷。此外，为满足个人享受，私自征调军民，大兴土木，营建官邸。杨朝栋的骄横引起别人极大不满，被告到郑成功那里。

郑成功怎么都不会相信这样的事发生在杨朝栋身上，就派人仔细调查。结果，令郑成功意外的是，杨朝栋、祝敬二人犯罪事实属实。经文武官员讨论后，继而召开宣判大会，判处杨朝栋、祝敬二人死刑。宣判后，郑成功的心甚至在滴血。

大将马信和杨朝栋乃是生死之交，他为老友干出这等丑事而惋惜不已，但又不忍心眼睁睁看着他就这样被押赴刑场，而自己什么都做不了。于是，马信惴惴不安地去见郑成功，硬着头皮为杨朝栋求情。马信说："延平王，杨朝栋是有功之臣，如今又肩负着承天府府尹这样的重任，是您不可多得的好帮手。再说，台湾为新辟荒土，官兵缺少粮食，疾病流行，杨朝栋在放粮时动点小手脚，也可说是身不如己的做法。还望延平王网开一面，对他宽大处理吧！"

郑成功十分严肃地说："处决杨朝栋，我也于心不忍。但法出必行，违法必究。如果执法不严，对国家对人民有什么好处呢？春秋时期，齐景公任

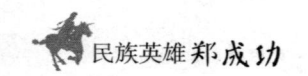

命司马为将，率军出征作战。监军庄贾是景公的宠臣，但他无视军令，与好友宴饮而误军期，司马将庄贾斩首示众，进而军威大振，得胜而归。子产治政，孔明治蜀，皆以严法为明鉴。我们驱逐红毛鬼、开荒种粮，有多少双眼睛在望着我们啊！如不以严法治杨朝栋的罪，怎能让军民口服心服。当年岳飞杖责岳云，戚继光当众罚舅，皆公正执法，一视同仁，不徇半点私情。我决心已下，泰山难移，你也不必再为他多费口舌了。"

马信一听，处斩杨朝栋已经没有挽回的余地，就不好再多言辞。

最终，杨朝栋被斩首，祝敬去坐牢，陈伍遭撤职。

无独有偶，虎卫右镇陈蟒也曾忠心耿耿，厦门海大捷，他的功劳最大。陈蟒没读多少书，但率军打仗英勇顽强，战场上屡立战功。郑家军登陆台湾后，在缺粮断饷的情况下，陈蟒接连取得了一系列的胜利。

可有人举报说，陈蟒犯纪违法，贪污钱财。后经查证属实，郑成功也毫不留情地处分了陈蟒，将其撤职。

郑成功严惩贪污，以重刑处罚犯罪，提倡廉洁奉公，遵纪守法，对犯罪分子是一个强大的震慑，对老百姓是一个深刻的教育，得到了广大汉族百姓和高山族同胞的一直拥护。

经过整治的台湾，呈现出为官者清明廉政、为民者奉公守法、邻里之间和睦共处、无奸无盗夜不闭户的良好社会风气。

中国清代地理学家郁永河在《裨海纪游》中记录说：郑成功执法严明，即使是亲属有罪，也不少罚一点。对于那些有功人员，必赏金帛珍宝，颁奖绝不吝啬。对于那些伤亡将士，抚恤更加丰厚，所以人们既怕郑成功也感激郑成功，都乐意为他做事。而且，他还颁布法令，对于奸淫苟合者，绝不姑息，妇人沉入大海，奸夫毙于杖下。如果有偷盗的，不论赃物赃款多少，必斩。即使偷盗别人一根竹子的，也立斩不饶。所以，即便百货露天堆放在台湾市肆，也没人敢偷盗，这就是严刑峻法的好处啊！

清康熙三十五年（1696年）修撰的《台湾县志》，对当时台湾的民风民俗进行了阐述和解释："其自内地来居于此者，始而不知礼义，再而方知礼义，三而习知礼义。何言之？先为红毛所占，取其地而城之，与我商人交通贸易。凡涉险阻而来者，倍蓰什伯千万之利，在所必争。夫但知争利，又安知礼义哉？嗣是而郑氏窃据滋土，治以重典，法令严峻，盗贼屏息。民间秀良子弟，颇知励志诗书。"由此可以看出，郑成功严法治理台湾，是为了移风易俗，推行儒家礼教，开展儒家教育，实现儒家王道理想。

传播儒学

郑成功从小就接受儒家教育，他的儒学思想，主要体现在对于《春秋》大义的道德观念、民族气节的爱国精神，以及经世致用的王道理念中。郑成功设立教育机构、大力培养人才，以及选拔任用人才机制等儒学教育理念，为台湾儒学教育的创建奠定了基础。

据《海纪辑要》中记载："初，永历己丑（清顺治六年、南明永历三年）开科于广省，诏诸勋镇考送诸生赴试，赐姓（郑成功）遂送生员叶后诏、洪初辟等十余人……舟至潮阳，遭风破坏。"又据《台湾外记》中记载，郑成功于永历九年："设储贤、育才二馆，令思明州知州邓会劝学取士，得黄带臣、洪初辟等四十人。次第转六宫之内办事；或外为监纪，或为推官、通判不等。"

郑成功认为，完全是人祸导致了明朝的灭亡。因此，只要励精图治，华夏文明必然会收拾民心，实现尊王抗清的目的。

在治理台湾的过程中，他一直倡导普及教育，把儒家的经世致用带入台湾。在进行物质建设的同时，也非常重视人们的精神建设。他仁政爱民，对于孔子的"大学之道，在明明德，在亲民，在止于至善"有着深刻的体会。

当时，郑成功的春秋大义与关羽的忠义人格极为相符，得到了人们的广泛认可。尤其是郑成功崇尚忠义勇武，对后来的台湾产生了深远的影响。

著名史学家连横认为：台湾最普遍的王爷信仰与郑成功死后的延平郡王、开山圣王信仰有密切联系。连横在《台湾通史·宗教志》中说："延平郡王入台后，辟土田，兴教养，存明朔，抗满人，精忠大义，震曜古今，及亡，民间建庙以祀。而时已归清，语多避忌，故闪烁其词，而以王爷称。"

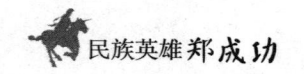

荷兰殖民者统治台湾期间，对台湾人不仅在物质上进行疯狂的掠夺，更在精神上进行了一场残酷的洗劫。他们推行基督教教育，设立名为"学林"的学校，教授教理、拉丁语、神学等课程，吸收学童加入基督教，强制实行"去中国化"教育。

郑成功收复台湾后，虽然建立了明郑政权，但到处可见殖民统治的痕迹，如新港社、麻豆社等地的高山族部落，几乎都有会说荷兰语的，甚至生活习惯也严重荷兰化。

为彻底清除荷兰殖民者对台湾人推行教化的遗毒，郑成功撤除了所有殖民学校，烧毁殖民课本和教义。当他听说明朝遗臣沈光文在台湾时，非常高兴，亲自设宴招待沈光文，并赠以田宅。对此，沈光文十分感动，在台湾设帐授徒，宣传中华儒学，传播中华文化，并以教民、行医为生。

郑成功过世后，陈永华延续并发扬了郑成功的思想，力劝郑成功之子郑经"建圣庙、立学校"，"以收人才，庶国有贤士，邦本自固，而世运日昌矣"。1666年（南明永历二十年、清康熙五年），郑经按照陈永华的建议，在台湾承天府建造了台湾历史上第一座孔庙（今台南孔庙），并在孔庙左厢内设置太学，这也是台南孔庙为全台首学的由来。太学是全台湾第一所由官方出资兴办的求学场所，故取名官学，又因太学在孔庙内，也有儒学之称。

台南孔庙落成之日，郑经率领文武百官在文庙举行了祭祀至圣先师大典，场面庄严而壮观，观礼者多达一千多人。

兼职为台湾教谕、即明郑政权的教育部长陈永华，担任第一任儒学最高长官学院院长。而难能可贵的是，陈永华把中国封建王朝的科举制度和教育体系，全盘移植到台湾并且加以改革创新，创立了完善的科举制度。礼官叶亨担任国子监助教，后又增加叶后诏担任国子司业。生员入太学，受学院、助教、司业教导，食宿由政府提供。太庙的建立，使台湾人有了学习的意识，从此知学向学。

叶亨是厦门储贤馆的生员，是国子监主要老师，教授学生五经，著有《五经讲义》。叶后诏，同安县嘉禾人，方外七友之一。从小聪明善学，县府考试屡获榜首。明崇祯十七年（1644年），叶后诏正要赴京殿试时，明朝灭亡。他回家后，感觉自己空有满身才学，却报国无门，以诗酒自娱自乐。

后来，叶后诏来到台湾，教生员五经，著有《鹈草》《五经讲义》。叶亨和叶后诏为台湾的儒学教育贡献很大，他俩根据自己对于五经的理解来教导学生，使国子监生员对五经各有专攻，学有所长。即便后来参加清朝的科举，很多人也以通经金榜题名。其中，就有陈永华的儿子陈梦球。康熙三十三年（1694年），陈梦球中进士，通《易经》；康熙四十四年，王茂立中举人，习《诗经》；康熙五十年，王锡祺、杨阿捷中举人，皆习《易经》等。由此来看，台湾国子监先后涌现出一批学以致用的人才。

对于学生的选拔，《台湾外记》是这样记载的：

> 议两州三年两试，照科、岁例开试儒童。州试有名送府，府试有名送院。院试取中，准冲入太学，仍按月月课。三年取中试者，补六官内都事，擢用升转。

儒童也叫生童，是指未入学的学生。儒童要经过三级考试，题目皆出自策论，能升入太学者，方称为生员，也叫秀才。生员在太学学习三年，每年都要进行考试。第一年是岁考，第二年是科考，第三年则是毕业考也叫就职考。如考试中试，就可以担任官职，从此有了出头之日。若考不中，就留在太学继续学习。

按照明朝惯例，经过州县、府、院三级考试的生员，应入府州县学，然后通过选拔再进学。但明郑儒学刚刚创立时，还没有州府县学与太学之分，考试的生员就直接进入太学学习。

那时，明郑政权还没有开科取士，人才选拔完全依靠学校教育。由于儒学在台湾具有权威地位，由此推动了以儒家思想为核心的台湾教育事业的蓬勃发展。

为了普及教育，陈永华还出台了具有台湾特色的义务教育法，把郑成功的儒家教育理念发扬得淋漓尽致。

义务教育法规定，孩童八岁入各设学校，学习经史文章。凡是送孩子读书的家庭，一律减免赋税。各州县每年要选拔家庭贫困且勤奋好学的子弟，由政府补贴读书。同时，高薪招募沿海各地文士来台任教。据《台湾外记》

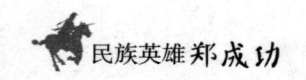

记载："（南明永历二十年、清康熙五年）各设令设学校延师，令弟子读书。"当时，四大设分别为新港、嘉溜湾、欧王、麻豆。

　　至此，中华的正统文化正式在被视为"蛮荒之地"的台湾得到确立。在郑经统治台湾的十八年里，台湾掀起了"自是始奋学"的热潮，并且没有因为清朝的统一而中断。可以说，正是郑成功的儒学思想，以及陈永华的继承发扬，为台湾的国学昌隆与文化繁盛，打下了坚实的基础。

第十四章 民族团结，名垂千古留青史

第十四章 民族团结，名垂千古留青史

祸起萧墙

崇祯十七年三月（1644年4月），随着李自成攻入北京，就宣告了明朝的灭亡。但是，郑成功一生都在为抗清复明大业奔波。北伐江宁（今江苏省南京市）失败后，郑成功不得不退居厦门。清朝廷决定乘胜追击，彻底剿灭郑成功，可几次围剿，都兵败垂成。后来，郑成功收复了台湾，在台湾建立了明郑政权，大力发展农业，开展儒家教育，意图慢慢积蓄反清复明力量。

郑成功占领台湾后，清朝廷剿灭郑成功的目标越来越难以实现。于是，清朝廷便采取两败俱伤的办法，实施"平贼五策"的后几项。

随着郑成功抗清的决心越来越大，对于清朝廷而言，他的父亲郑芝龙已经失去了利用的价值，清朝廷便对郑芝龙起了杀心。

清顺治十八年（南明永历十五年、1661年）十月初三，由于家人尹大器的出卖，流徙尚阳堡的郑芝龙因与四辅苏克萨有过节，被以与郑成功有书信往来、意欲图谋不轨为由，在北京南城菜市口被斩首，他在北京的子孙、家眷共11口人，全部被杀。

郑成功起兵之初，曾立下"大义灭亲""杀父报国"的誓言。但是，毕竟血脉相连，父子亲情难以割舍。虽然郑成功怨恨父亲，但也关心父亲，时常暗自叹息自己忠孝不能两全，只能移孝作忠。郑成功偶尔会与父亲有些书信往来，但他没有想到，恰恰是这些书信，成了父亲郑芝龙被杀的罪魁祸首。

康熙元年（南明永历十六年、1662年）正月的一天，郑成功正和文官武将商量治理台湾的事情，郑家的家人穿着重孝到台湾来报丧。

郑成功听说父亲惨死，如同晴天霹雳。他捶胸顿足，号啕大哭，边哭边向着北方说："父亲，您当初要是听从儿子的话，就不会招来这样的杀身之祸了！"于是，他命令文武官员挂孝祭奠。

跪在地上的家人又说："可恨那黄梧和施琅两人，带着清军，闯到晋江

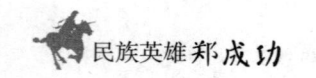

和南安，把五座祖坟都挖开了不算，还将尸骨放在锯开的大杉木里，打上铁箍，加上封皮，用绳拉走了。"

郑成功双手攥拳，指甲深深嵌进肉里，血顺着指缝滴下来，咬牙切齿地说："人活着结下怨恨，与死者有什么关系呢？要是有一天我领兵打回去，我不一寸寸地将你们碎尸，我就枉作人间大丈夫了。"后来，郑成功的儿子郑经替他完成了这个诺言。清康熙十四年（1675年），郑经攻陷了漳州，挖了黄梧的坟鞭尸，替父亲雪了恨。

郑成功自幼熟读儒家经典，极为看重道德孝义，黄梧的这些卑劣手段，对郑成功的心理造成了极大的伤害和刺激。

俗话说："福无双至，祸不单行。"南明兵部司务林英削发为僧后，从云南逃到台湾，向郑成功哭诉说：清军攻入云南后，皇上（指永历帝朱由榔）听信奸相马吉祥、逆戚李国泰之话，避居缅甸，被缅甸王莽达收留。后来，吴三桂攻入缅甸，莽达之弟莽白乘机发动政变，杀死其兄后继位。随即，莽白又发动咒水之难，杀尽永历帝侍从近卫，并将永历帝献给吴三桂。第二年（康熙元年）三月，吴三桂将皇上押回云南。当年的四月十五日，吴三桂奉清朝廷之命，在云南府，皇上父子及眷属25人在昆明篦子坡遭弓弦勒死。

永历帝遇害时，年仅40岁。永历帝遇害，意味着持续近20年的南明抗清风暴已然尘埃落定，改朝换代的大幕已经悄然落下，无数忠义之士再难圆反清复明之梦。郑成功一生恪守忠君信条，始终对永历帝称臣。如今君已蒙难，还能忠心于谁？

此时，郑成功忽然想起顺治十七年（1660年），自己听说永历帝避祸缅甸时所作的那首诗："闻道吾皇赋式微，哀哀二子首阳薇。频年海岛无消息，四顾苍茫泪自挥。天以艰危付吾俦，一心一德赋同仇。最怜忠孝两难尽，每忆庭闱涕泗流。"

得知永历帝遇害，郑成功的心里特别失落，感到抗清复明斗争的前景愈发暗淡、渺茫。因此，他郁郁寡欢，身体每况愈下。

但郑成功没有放弃他抗清复明的理想，明郑政权的年号仍然沿用永历帝的年号。这期间，最让郑成功振奋的，是他的以商为本的发展理念取得了丰硕成果。

郑家军的船队北至日本，南抵印度洋，建立了庞大的海外贸易网络，随着对外贸易规模的不断扩大，台湾独有的"六符银币"，一度成为东南亚地区流通的主要货币。

郑成功心里明白，要保护这张贸易网，没有强大的海军是不行的。收复台湾之战，郑成功看到了郑家军水军与荷兰舰队之间的差距。因此，在占领台湾后，郑成功命人仔细研究荷兰人留在台湾的武器、装备、军火制造图纸，开始着手仿制、打造新式战船，以此来武装郑家军。

清康熙元年（1662年）春，一个更坏的消息从厦门传到台湾。

郑成功严谕搬眷迁台，遭到了留守在厦门的户官郑泰、兵官洪旭、前提督黄廷等人的强烈抵触。他们不愿意离开经营多年的厦门、金门，更舍不得丢下个人置办的产业。他们除了拒不迁台外，还不发一船到台湾，岛上信息全无。

郑成功天天临海眺望，期望从厦门驶来的郑家军的船突然出现在他面前。可是，海面空荡荡的，一条船也没有，让郑成功天天失望而归。这期间，郑成功还染上了风寒。

郑成功得知金、厦将士抗命不遵的消息后，勃然大怒，即刻命令董昱、洪有鼎拿着他的佩剑，去处理抗命将士。

就在这个时候，参军蔡鸣犯错怕罚，谎称搬眷迁台，告假回到了厦门。一到厦门，就对厦门的将士散布谣言说："你们抗命不去台湾，延平王一定把你们都杀了，现在已经密令周全斌率领兵将武力解决。"

听到这个消息，洪旭等人非常害怕，人人自危。接着，他们又听到了郑成功害了怪病，恐怕活不长了的传闻。洪旭等人商议后，调集援剿右镇林顺驻守大担岛，把周全斌骗回厦门，严密看押起来。随后，洪旭等人联名写信给郑成功。信中写道："报恩有日，侯阙无期。"并胁迫郑成功说，若要一意孤行，他们准备与清军妥协。

至此，郑成功完全明白了金、厦将士已经下定了抗命的决心。他仰天长叹，心绪不宁，病情更加恶化。

一桩桩事情，让郑成功的内心极度激愤，身体也变得极度虚弱。偏偏在

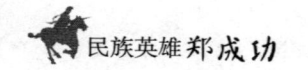

这个时候,郑成功的家里又出事了。

郑成功的长子郑经和弟弟的奶妈陈氏私通,生下了一个儿子,就是后来的郑克𡒉。对这个"乱伦"之事,从小恪守儒家礼仪的郑成功自然不能容忍。

起初,郑成功的夫人董氏对此事从旁遮掩,与郑经一唱一和,谎称孩子是郑经小妾所生,并派人给郑成功报喜。

在郑成功收复台湾期间,郑经率军镇守厦门,在陈永华的辅佐下多次击败清军。郑成功对郑经非常满意,适逢儿子添子,郑成功更是喜出望外,大加赏赐。赏董夫人六锭金子、六疋花红;赏郑经四锭金子、四疋花红;赏陈氏昭娘两锭金子、两疋花红;赏给孙子的,与陈氏一样。

其实,郑经的夫人唐氏温婉善良,知书达理,可郑经就是不喜欢她,唯独对自己四弟的奶妈陈昭娘情有独钟。陈昭娘也是轻佻之人,和郑经不明不白地卿卿我我。尽管两人偷偷摸摸,但纸终归包不住火,况且还是这等见不得人的丑事,不久便东窗事发。

乱伦之事败露后,郑成功下令将陈昭娘投海,但郑经悄悄地把她藏了起来,三年中从没告诉郑成功。

陈昭娘仗着郑经的宠爱,嚣张跋扈,经常和唐夫人吵架。尽管唐夫人是尚书唐显悦的孙女,身份高贵,可遇着陈氏这样跋扈妇人,也只能暗自垂泪。

尚书见孙女日渐憔悴,逼问之下,方得知原由。鸠占鹊巢,老尚书忿忿不平,决定为孙女讨一个公道。他给郑成功写了一封信,奚落郑成功治家不严。唐显悦说:"三父八母,乳母亦居其一。令郎狎而生子,不闻饬责,反而赉赏。此治家不正,安治国乎?"

郑成功看完信,气塞胸膛,差点背过气去。他不由仰天长叹,气愤地说:"我欲成大事,乃不能治家,遑问天下。"于是,郑成功立即派人去厦门传达命令,令洪旭、黄廷斩杀郑经以及董夫人,同时派人给郑泰带去一封信,特意叮嘱那个人务必把信亲手交给郑泰。

第十四章　民族团结，名垂千古留青史

英雄离世

郑成功所派来人来到金门，把信亲手交给了郑泰。郑泰打开信，只见上面写着："郑经、陈氏犯奸淫苟合之罪，斩；他们所生的孩子，名不正言不顺，斩；董氏教子不严，斩。命你速去我家府邸，监督杀死董氏、郑经、陈氏和他的孩子。"

郑泰不看则已，一看让他大吃一惊。他预感到事情的严重性，就急忙找洪旭、黄廷商量。

此时，洪旭、黄廷也接到郑成功的命令，两个人都傻眼了。他们都是郑成功的亲信部将，了解郑成功的脾气。对这样一道命令，执行不是，不执行也不是，大家都不知道怎么办才好。刚好郑泰来找他们，就说："杀了陈氏和孩子也就罢了，主母、小主人怎么能杀呢？世子是儿子，不能抗拒父命，我等是臣下，不能抗拒主子，只有郑户官是兄长，兄长是可以拒绝弟弟的。我们替夫人和世子请罪吧！"

洪旭和黄廷的话，正合郑泰的心意。郑泰和他们一样，也不敢执行命令。三个人仔细商量后，决定只杀陈昭娘和孩子，而为郑经和董氏求情。

于是，当年郑成功与郑芝龙反目的悲剧，在郑成功和郑经身上重演了。郑成功虽然收回了处死郑经的成命，但郑经还是留在厦门不敢去台湾。

接连的打击，让郑成功越来越憔悴。本来只是偶感风寒，大夫也多方调治，可郑成功不但没有好转，还越来越重，最终一病不起。当文官武将前来问疾时，郑成功都推辞不见，自己一个人昏昏沉沉地躺在床上。

一天夜里，郑成功床边桌子上的那支蜡烛，结着寸长的烛花，淌着长长的烛泪，火焰偶尔跳跃一下，发出噼啪的响声，远处隐约传来三更的鼓声，侍从在旁边打着瞌睡。

贴身侍卫心中忐忑不定，只得咳嗽了一声，伺候的人全都惊醒了，忙走到帐前查看。

— 231 —

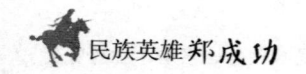

郑成功这才开口问道:"外边人都睡了吗?"

贴身侍卫赶忙回答:"也有没睡的。"

郑成功说道:"可传命陈先生来。"侍卫答应着,传命下去。

不一会儿,陈永华慌慌张张地走进来,见郑成功坐在会客厅里,便问:"延平王召唤属下,可有什么事吗?"

郑成功抬了抬身子,慢慢说道:"陈先生,你且坐下,小弟有事相告。"

陈永华见郑成功精神还好,悬着的一颗心放下了。见陈永华坐下,郑成功接着说:"先生,我父亲被清人所杀,这都是他自作自受的,但清人的阴险手段,也实在是太让人气愤了。"

郑成功歇了歇继续说:"清人奸诈,当初劝诱我父亲时,高官厚禄,封伯封侯,虽是小弟和他如何争战,他总不敢奈何我父亲,所怕的人是我。到得小弟那年江南失利退回之后,他便肆无忌惮,把我父亲削爵治罪,徙往宁古塔。后来又以莫须有的罪名,将我父亲杀害。"

陈永华劝导说:"清人诚不好,但延平王此刻有病在身,且养着点吧!"

听了陈永华的话,郑成功点了点头。陈永华示意侍从把郑成功扶回寝室,直到看到郑成功睡下,他才告辞。

郑成功迷迷糊糊地睡了一觉,忽然有一种不好的感觉,又赶忙派人去请陈永华过来。文武各大臣得知郑成功病重的消息,也都赶忙前来问疾。

郑成功靠在床头,勉强一一致谢,然后看向陈永华说:"看如今这个样子,我的命恐怕就在今天了。"

陈永华心里一紧,赶忙安慰到:"延平王乃是小疾,好好调理,几日便可好,何以出此不祥之言。"

郑成功摇头说:"生死数也,数因果也。既有原因,自不免结出这果,生又何欢,死又何惧?"

说完,郑成功命侍从把自己常用的一副衣甲取来。侍从不敢违命,只得去取来。

陈永华赶忙说:"延平王有疾在身,却要穿甲干什么?"

郑成功摇了摇头,没再说什么,只是命令侍从侍候着穿上了衣甲。郑成功头戴一顶紫金盔双龙斗宝金抹额,身穿一领连环锁子黄金细叶鱼鳞甲,腰系着两片黄金细叶鱼鳞纹战裙，脚蹬护腿薄底战靴。他命侍从扶着他，走出寝室，又走出会客厅，来到院子里，众人赶忙跟着伺候。

郑成功又命人把他常用的那支枪抬来，众人虽然口中答应，却纷纷看向陈永华。陈永华不语，众人慌忙跑去把枪取来。

郑成功接在手中，感觉这枪比往昔沉重了许多。只见他打起精神，把枪呼呼地舞了一会儿，然后把枪交给侍从，对陈永华说："究竟不能了！"话语带着无限的怅惘。

陈永华心里也有一种不好的预感，但他依旧宽慰郑成功说："阁下有恙，哪能如平常呢？"

郑成功点点头，又命人去把自己的那匹黄骠马牵了过来。他抚摸着马鬃，叹息地说："别离不远，后会有期，好自去吧！"

那马跟随郑成功很多年，经历过无数战阵，很解主人心意。郑成功的话音刚落，那马便扬天长嘶了两声，用头不停地蹭郑成功。郑成功心里酸酸的，命人把马牵了下去。然后，郑成功走回寝室。他脱下盔甲，戴上郡王冠，穿上九龙戏水蟒袍，穿上粉底乌靴，在案前坐下。

陈永华默默地陪在身边。郑成功忽然提起笔，写下两行字，陈永华看时，见是一对自挽联："独去独来，看粒种传遗，众生独立；主征主战，问藐躬何事？还我主权。"

陈永华望着郑成功，感觉郑成功一下子萎靡了很多。

这时，郑成功恭恭敬敬地捧出明朝开国皇帝撰写的《太祖祖训》，放在书案上。他庄重地行过礼之后，拿在手中坐到床上，随即命左右侍从进酒。

对于郑成功这一反常的举动，后人有很多说法。有人说他心情郁结，纵酒泄愤；也有人说他忧心时局，担心台湾未来的方向；更有人说他不甘心抗清大业就此凋零。其实，不论哪种说法，都是猜测。但是唯一可以确定的是，这个一生忠义的汉子，此时此刻所读的，绝非《太祖祖训》里刻板的教条，而是他波澜壮阔的一生。

郑成功边喝边读，时而朗声大笑，时而高声呼喝，时而泪流满面。读到第三帙时，正巧都督洪秉诚把药调好送了进来。陈永华接过药碗，端给了郑成功。郑成功把药扔到地下，双手掩面，哭着说："自国家飘零以来，枕

- 233 -

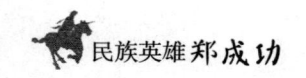

戈泣血十有七年，进退无据，罪案日增；今又屏迹遐荒；遽捐人世，忠孝两亏，死不瞑目，天乎！天乎！何使孤臣至于此极！吾有何面见先帝于地下也！"话音顿停，郑成功手中的书滑落到地上……

之后，郑成功双手抓面，双眼圆睁，溘然长逝。这一天，是清康熙元年，也是南明永历十六年五月初八（1662年6月23日）。

清顺治十八年三月（1661年4月），郑成功率领两万多名郑家军进攻台湾，经过数月英勇战斗，一举打败侵占台湾达38年之久的荷兰殖民者。此后，他废除了殖民制度，肃清荷兰残余势力，开荒屯田，发展生产，大力推行儒家教育，开办学校，对台湾发展产生了深远的影响。而就在他想进一步开发和建设台湾时，却突然死去，年仅38岁，给后人留下了无限的惋惜。

死因成谜

郑成功在承天府突然暴病而亡时，郑经还驻守在厦门。按理说，郑经应该来到台湾，给父亲发丧，并子继父位，接管台湾。但郑泰和黄昭、萧拱宸等人互相勾结，阴谋篡权夺位。郑泰迫不及待地伪造郑成功的遗命，以郑经"乱伦""不堪为人上"为由，匆忙拥立有野心而无才干的郑袭承兄续统，并讨伐郑经。郑袭又名郑世袭，是郑成功的弟弟，郑芝龙的第五子。

听到父亲去世消息的郑经，在厦门继位发丧。他命陈永华为咨议参军、周全斌为五军都督、冯锡范为侍卫，整军准备攻打台湾。

此时，靖南王耿继茂、总督李率泰派人招抚郑经。郑经为了解除清兵的威胁，专心对付台湾，假意答应了清朝廷的招抚，取得短暂的停战机会。

康熙元年、南明永历十六年十一月初一（1662年12月11日），郑经大举进攻台湾。战斗中，黄昭命丧乱箭之后，其余将领无心再战，全部投降。

郑成功去世五个多月后，平息叛乱的郑经，正式承袭了延平郡王之位，处死了萧拱宸等人，把叔叔郑袭软禁在厦门。

康熙二年（1663年）六月，郑经回到厦门，处理厦门的相关事务。他以邀请郑泰议事为由，设下伏兵，逮捕了郑泰，并把他投入监狱。后来，郑泰死在狱中。

厦门稳定后，郑经又迅速返回台湾，集中全部注意力，平叛并追讨郑泰放在日本的三十多万两银子。但是，郑经却忽略了追查父亲郑成功的死因，只是立了一个"延平郡王墓志"。

也许是郑经把权力看得过于重要，而忽略了为人子的责任和义务。对于郑成功的死，郑经表现得有些漠然，因此，郑经当局没有郑成功过世原因这方面的详细资料记载。但是，在一些人的著作里，却有那么几笔记述。

雍正口中的"一代完人"李光地在他的《榕村语录续集》中写道："马信荐一医生以为中暑，投以凉剂，是晚而殂"；林时对在《荷锄丛谈》中写道：成功"骤发癫狂"，"咬尽手指"死；夏琳在《闽海纪要》中写道："成功顿足抚膺，大呼而殂"。由于三人有三种不同的记述，从而导致后人的种种猜测。

一些史料上，对于郑成功的死因不是轻描淡写，就是一笔带过，没有明确详细的记载，给后人留下了深深的疑惑，以致众说纷纭。

而在后世诸多说法中，最骇人听闻也是流传最广的，是郑成功被人毒死的，而毒死郑成功最大的嫌疑人，首先是清朝廷的人，其次是郑泰。

其实，这样的猜疑不是空穴来风。据史料记载，历史上暗杀郑成功的活动不止一次。清王朝就曾多次收买郑家军内部的人，对郑成功实施暗杀。

据《台湾外志》一书记载：当时清政府派一高级军官，携带一支孔雀胆混入郑家军，并用重金买通了专为郑成功做饭的厨师，让他乘郑成功与部下开会时，毒死郑成功和他的将领。这个厨师虽然贪财，但胆子很小，他怕事情败露，权衡再三，也没敢下手。但他不想放弃到手的钱财，便让他的弟弟接手这件事。可他弟弟的胆子也不比他大，每欲下药，则浑身寒战，恐怖之余，便把这件事告诉了他们的父亲。其父闻言大惊，怒斥兄弟二人说："谋害主人，是不忠；答应了别人而不去做，是没有诚信。做人，宁可没有诚信，也不能不忠心。像这种诛灭九族的事情，怎么能去做呢？赶紧去自首也许还可能免罪。"于是，这位父亲带着两兄弟到郑成功的住处自首。

郑成功对兄弟二人非但没有处罚，而且还对他们给予重赏。郑成功还十

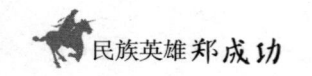

分自信地说:"我是天生的,怎么能被凡人毒害?"

说是这么说,这件事之后,郑成功加强了保卫措施,即使有人欲施毒,奈何不得其近身也。可世人认为,即便是这样,也不能排除郑成功被毒死的可能。

马信是清军过来的降将,后来成为郑成功的亲信。郑成功去世当天所服的药,就是他推荐的医生开的药方。况且,按照李光地的说法,马信是在郑成功去世的第二天无病而卒的。而据江日升在《台湾外纪》中记载,马信是在郑成功去世之后的第五天神秘去世。人们分析认为,马信参与了谋杀郑成功的行动,或者至少了解一些暗杀郑成功的内情,故而被人灭口。

另外,人们从郑成功临死时发生的一系列症状上判断,郑成功是被毒杀的。江日升在《台湾外纪》中说,他"以两手攀面而逝";吴伟业在《鹿樵纪闻》中说,郑成功死时,"面目皆抓破";沈云在《台湾郑氏始末》中说,郑成功"啮指而卒"……

人们除了怀疑清朝廷是毒死郑成功的凶手外,还怀疑郑泰是背后的主谋,这和郑成功的一贯作风有关。

郑成功从起兵那天起,就执法严明,无论是他的亲近部下,还是郑氏亲属,从不徇私情,郑氏亲属及长辈都曾被他处以死刑。一些人由此而产生畏惧心理,担心自己一旦做错事,也会遭到杀头。另外,一些人逃不过清朝廷许以的高官厚禄诱惑,导致许多人叛逃。

郑泰是郑成功的堂兄,权力欲极强。他长期担任户官,掌管郑家军财政大权,操纵郑氏集团的东西洋贸易,对郑成功早有异心。当初,他就极力反对郑成功出兵收复台湾。

攻台期间,郑泰担任运粮官。郑成功曾因缺粮断饷而责备郑泰失职,甚至放言,要是出了乱子,先处分郑泰。郑成功在自己座前写下五个大字:"户失先定罪"。郑泰提心吊胆,渐生怨恨,两人之间有了嫌隙。后来,郑成功一举收复台湾,建设初期财政一度面临困境,郑泰一面和郑成功谎说没钱,一面将30多万两银子存到日本银行,以备他用。而郑成功一死,他马上发动政变,讨伐郑经……所有这些,都导致人们认为他是谋害郑成功的主谋。

其实，郑成功被毒死一说，毕竟只是人们在诸多蛛丝马迹中的一种猜测，并没有直接的文献记载加以证明。

后来，李腾岳在《郑成功死因考》一文中说："除郑经的事外，粮食接济由于清廷的海禁和迁界大成问题；吕宋（今菲律宾群岛）华侨受到西班牙殖民者的残害；永历皇帝蒙难；祖坟被掘；其父和弟辈10余人被处死于北京等等。这些事，对郑成功的打击很大。而直接的死因，是因感冒引起的一种急性热性病，本来身体正处在疲乏虚弱状态的郑成功，终因得上此病而去世。"

至于郑成功究竟死于何因，几百年来一直迷雾重重，难窥真相。人们围绕破解这位民族英雄的死因之谜，一直在不断地努力。

尽管郑成功的离世之因成为不解之谜，但他离世后，台湾失去了最具威慑力的庇护和最稳定的人心基础。当时，吕宋那些翘首以待的华侨悲痛万分，哀哭不已，甚至祈祷这件事不是真的，他们感慨地说：国姓爷要是再活20年，不，哪怕15年，抗清复明就会出现新局面，再不济，国姓爷也会剑指吕宋，救华侨于西班牙统治的水火之中！

原来，西班牙人占领吕宋后，视吕宋为禁脔，肆意虐待唐人，这令郑成功耿耿于怀。收复台湾时，郑成功曾派人出使吕宋首府（今菲律宾马尼拉），致函西班牙总督，不日兵发吕宋。但是，由于他突然去世而功败垂成，未能完成他的政治抱负，不免使人有种出师未捷身先死，长使英雄泪满襟的遗憾。

叶落归根

郑成功去世后，葬在台湾县武定里洲仔尾，也就是现在的台南县永康市盐行里。康熙三年（1664年），郑经开始在赤崁街的禾寮街南建郑氏家庙，祀奉郑成功和历代祖先。

郑经取得台湾统治权之后，延续并发扬了其父郑成功所制定的政策，分

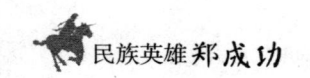

配诸镇垦荒，兴修水利，继续寓兵于农。同时，细化了执政部门的功能与职权，厚待明朝在台湾的宗室。

郑经深受台湾人民的爱戴。他任人唯贤，把政事委托于善于治国的陈永华，建圣庙，立学校，大力发展贸易，积极致力于台湾的经济建设。

郑经圆滑隐忍，在处理海外关系时，显现出作为一位领导者的睿智与沉稳。他通过英国获得火药和兵器，并借助英国人的力量，训练郑家军的炮兵。短短几年，郑经就把郑家军武装成装备先进的英武之师，从而震慑住了荷兰侵略者。在郑家军占领台湾的20年间，使台湾日盛，田畴市肆不让内地。

康熙六年至八年（1667年至1669年），清朝廷两次派人到台湾劝降郑经，均遭到郑经的拒绝。

1673年（康熙十二年）4月21日，耿精忠响应吴三桂发起三藩事变。虽然都是反清，可郑经心里明白，自己和他们绝不是同路人。但在耿精忠提供战船的前提下，郑经答应出兵倒清，放弃了攻打吕宋，再一次失去了把中国制海权推进到菲律宾群岛的机会。

一个多月后，郑经命长子郑克臧监国，陈永华辅政，自己亲率大军出师金门、厦门。可是，郑经发出了联合讨清檄文后，耿精忠与郑经并真心联合抗清，目光短浅的耿精忠是想借机扩大自己的地盘。

郑家军所到之处，闽、粤沿海的郑氏旧部，纷纷响应，相继克复漳州、泉州、同安、潮州。一时间郑家军声威大振，人们盛赞郑经颇有父亲郑成功的遗风，归者日众。不久，郑家军就控制了福建南部，以及广东东部等大部分地区。

后来，耿精忠和郑经因为争夺领土，双方产生矛盾。耿精忠经过一番权衡后，投降了清朝廷。于是，清军主力回过头来，专心对付郑经。就在郑经准备攻打福州时，在乌龙江被清军击败，随后又陆续失去很多领地，郑经只好退回厦门。

在郑经西征时，奉命监国的郑克臧方正有为，以卓著的才能赢得人们的尊重与拥护，被称之为"东宁贤主"。

西征失败的郑经，曾经一度想据守厦门。但由于清朝实行迁海令，使郑经的贸易受阻。再加上连年征战,军队缺乏补给,在不得已的情况下,郑经只好放弃东南沿海的所有据点,回到台湾。

康熙二十年(南明永历二十五年、1681年)正月,郑经病逝,郑克藏携监国剑印嗣位。郑氏宗室和郑经次子郑克塽的岳父冯锡范,早就预谋让郑经次子郑克塽继承王位。为了清除绊脚石,冯锡范计骗郑克藏的岳父陈永华交出了兵权,致使陈永华忧郁而死。接着,冯锡范又说服了董夫人,逼继位不到三天的郑克藏交出监国剑印。郑克藏不肯,冯锡范等人以他不是郑经亲生的为由,在郑经离世两天后,派人将郑克藏勒死。其妻陈氏身怀六甲,绝食数日后上吊殉夫。

就在郑氏家族内讧之时,施琅、黄梧率领清军趁乱攻台。双方在澎湖大战了一个多月后,澎湖被清军占领。

接着,郑氏集团开始讨论是降清还是攻打吕宋作为根据地。而此时,在冯锡范、刘国轩的怂恿下,年幼无知的郑克塽决定降清,历经22年的明郑政权寿终正寝。

郑氏集团降清后,第三次失去剑指吕宋的机会。由此,中国制海权推进到菲律宾群岛的机会永远地丧失了。第一次失去机会是因为郑成功身死没能攻打;第二次失去机会是因为郑经西征不想攻打;第三次失去机会是因为郑克塽无能不敢攻打。

当初,郑芝龙以台湾为起点,建立起郑氏根基;其子郑成功收复台湾,建立明郑政权;其孙郑经在其父的基础上,开发建设台湾;到郑克塽这个匆匆过客,郑氏经历四代,悲哀地又在原点终结。这样的一个结果,不能不令人感叹:历史何其残酷?

施琅进入台湾后,将郑氏家族、明朱王室等一千多人,用船载回大陆,押送北京。同时,大开杀戒,残害拥郑臣民。令人发指的是,他带兵冲到台南的洲仔尾郑成功夫妇及郑经的坟地,再次对郑氏挖坟掘墓。

这一天,清军掘开并吊出了郑成功的棺椁。绿色的草地上,红色的棺椁裸露在蒙蒙细雨中。棺椁上的泥土化作悲伤的泪,慢慢滑落。正当施琅要运走时,突然遭到了数百人的突然袭击。这群人很勇猛,个个以一当十,清军被杀了个措手不及。他们还没明白怎么回事,就有很多人成了刀下鬼。混战

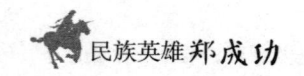

中，施琅头部被割了一刀，血流满面，险些丧命。

原来，这些人曾是郑成功南征北战的将士和百姓，因不愿跟着郑克塽降清，躲避在了树林里。见施琅挖坟掘墓，便不顾生命安危，冲杀出来，保护郑成功坟墓。

同来的清军将领怕激起民愤，力劝施琅重新埋葬郑氏棺椁。但施琅官报私仇，执意把郑氏棺椁带回北京，准备邀功请赏。

当地民众听说施琅要将郑成功的棺椁运到北京，纷纷揭竿而起，聚众反抗。

胆战心惊的施琅虽然恐慌，可并不打算放弃。于是，借着夜幕的掩护，施琅悄悄地把郑氏灵柩运回大陆，准备献给朝廷请功。

郑成功的孙子郑克塽归返大陆后，清康熙皇帝认为，郑成功是明室遗臣，非同于乱臣叛逆，其忠勇还是令人敬佩的。于是，康熙帝决定，以礼厚葬郑成功，以此来收买东南人民的民心。康熙立即派人阻止施琅运棺进京，勒令施琅将郑成功归葬于郑成功的故乡南安石井，还就地建祠祀之。

在迁葬过程中，康熙帝还亲赐一副挽联："四镇多二心，两岛屯师敢向东南争半壁；诸王无寸土，一隅抗志方知海外有孤臣。"

清康熙三十八年（1699年）五月二十日卯时，运回故乡的郑成功灵柩，安葬在距离石井13千米的橄榄山上的郑氏祖坟内。随之迁葬的还有郑成功的父亲郑芝龙的木主（指神主牌）、生母田川氏、其妻董夫人、儿媳唐氏的灵柩。

当时，迁葬仪式十分隆重，周围设有很多御林军护灵。

郑氏陵墓原是三合土拌糖水灰构筑的土堆墓，设有九间墓室，每三间一排，共设有三排，九具高大的涂朱红色的灵柩各居一间。其中，郑成功的灵柩比较特殊，整个棺椁由两层棺廓组成，里面一层油漆朱红鲜泽，棺内布满水银。墓室前另有一个小室，乃是"墓志铭厅"。内置郑经、郑克塽父子二人分别书写的《石井乐斋郑公暨妣郭氏墓志》《郑延平王附葬祖父墓志铭》。墓道采用花岗石砌成。墓前立有一对华表，华表下竖着九道石夹板，乃是立旗杆所用。

1929年5月12日，郑氏墓被盗。随后，郑氏后代对墓葬进行了清理，及时抢救出石质墓志铭两块,一块是1674年郑经回乡修祖坟时所立的《橄榄山墓志》。另一块是迁葬时郑克塽写的《郑氏归墓祖文墓志》。其中还有郑成功完好的骨骼一副、棺椁、一顶将盔、一件龙袍、17块腰围玉带的镶玉、鞋靴各一双,以及头发等珍贵一级文物。现在,都保存在南安郑成功纪念馆内。

1962年2月1日,在郑成功收复台湾300周年的纪念日这一天,国家文物局重新修葺了郑氏陵墓。这次修葺,在墓前加砌了花岗岩台阶,同时还在右侧修建了一座凉亭,并竖立《重修民族英雄郑成功陵墓碑记》。

从郑家留存下来的墓志铭可以看出,郑氏祖坟所在的山原名叫橄榄山,而从什么时候起叫"覆船山"一直是个谜。

"覆船山"一名,与郑成功一生统帅郑家军水师痛击清军所向披靡,总有些格格不入。有关人士建议,还是将"覆船山"恢复原名"橄榄山"为好。

千秋评说

清朝著名的康熙皇帝——爱新觉罗·玄烨在评价郑成功时,非常感慨地说,郑成功抗清复明,和清军战斗了几十年,他对自己的这个对手既恨又敬重。他觉得郑成功两岛屯师,一隅抗志,并非乱臣贼子,而是南明遗室。

美国著名记者、《台湾的过去与现在》一书的作者礼密臣在评价郑成功时说:"国姓爷可能是东方现代历史中最杰出的人物。在活跃于中国海面的各路英豪当中,没有一个人可以比得上这位英勇干练、成就辉煌大业的年轻将帅。他的能力表现在登高一呼而各方景从,不愿做顺民的,受到欺压的,都投到了他的旗下。虽然他执法如山,而且许多人是年龄长他两三倍的长辈,但都能俯首听命,唯令是从,这就是他的威势所在。"

纵观郑成功,他的一生是英雄的一生、光辉的一生。

郑成功出生于日本,从小就接受母亲的儒家教育,聪明向学,早早就展现出过人的智慧。但由于郑氏母子常常遭人白眼,受人轻待,这也培养了郑成功坚韧、隐忍的性格。

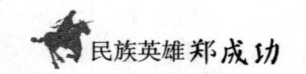

7岁时，郑成功被家人接回祖国。父亲郑芝龙是台湾海峡贸易的创始人之一，富冠南方诸省。后来，郑芝龙将基地转移到泉州，并在泉州发展了强大的海上贸易，建立起庞大的武装贸易。郑家商船来往于日本、中国台湾、吕宋（今菲律宾群岛），以及东南亚各国。此后，虽然郑芝龙被明朝招抚为福建总兵，拥兵几十万，战舰上千艘，但他商人出身的身份总令他感觉自己低人一等，故而他延请名师，多方培养，一心想把儿子郑成功培养成文武双全的相国之才。

郑成功不负父望，舞剑驰射，楚辞章句，无所不精。他的叔叔郑鸿逵逢人便说："此吾家千里驹也！"进入南京国子监以后，其师钱谦益在评价郑成功的文章时说："声调清越，不染俗气。少年得此，诚天才也。"由此对他青睐有加，可郑成功从不以书生自居。明末诗人瞿式耜曾经这样评价郑成功："瞻瞩极高，他日必为伟器。"

崇祯帝自缢，预示着腐败黑暗、软弱无能的大明王朝轰然倒塌。面对着破碎的山河、流离失所的百姓，血气方刚的郑成功决定弃文从武。

唐王朱聿键在郑芝龙等人的拥护下，建立南明政权，锐意恢复大明山河，很有一些作为。朱聿键素闻郑家有匹千里驹，一见之后，觉得果然名不虚传。唐王对郑成功甚是喜欢，对他赐姓赠名。清代浙江提督张其光说："生为遗臣，殁为正神，独有千古；今受大名，昔受赐姓，谅哉完人。"

唐王赐姓，也有借机拉拢郑芝龙、借助郑家军抗衡清军的意思。可郑芝龙老奸巨猾，原本打算挟天子以令诸侯，眼见着大清已经占据大半个中国，南明大势已去，便担心郑家失去现有的财富。于是，郑芝龙被大清虚幻的高官厚禄击倒，开始倒戈。

郑成功毅然与父亲决裂，成为中国历史上罕见的"逆子"，他也由一介儒生，摇身一变为统率千军万马的大将军。他移孝作忠，招兵买马，以厦门岛为根据地，矢志抗清复明。

晚清爱国诗人、教育家、抗日保台志士丘逢甲在评价郑成功时说："由秀才封王，主持半壁旧河山，为天下读书人顿生颜色；驱外夷出境，开辟千秋新事业，愿中国有志者再鼓雄风。"

台湾首任巡抚、清朝名臣刘铭传作联称赞："赐国姓，家破君亡，永矢孤忠，创基业在山穷水尽；复父书，词严义正，千秋大节，享俎豆于舜日尧天。"

明末著名人士卢若腾评价郑成功时写道："金陵城，秦、汉以来几战争；战胜攻取有难易，未闻不假十万兵。闽南义旅今最劲，连年破房无坚营。貔貅三万绝鲸海，直沂大江不留行；瓜步、丹徒鏖战下，江南列郡并震惊；龙盘虎踞古都会，伫看开门夹道迎。一朝胡骑如云合，百战雄师涂地倾……"

北伐江宁（今江苏省南京市）失败，郑成功并没有消极以待，而是整军练兵，制船造炮，从而实现了海门大败清军。为了积蓄抗清复明的力量，郑成功利以弓箭和木船，将拥有坚船利炮的荷兰侵略者打得落花流水，成功把强盗赶出台湾。而在对待荷兰人的问题上，郑成功更是展现了一个政治家的风范与胸襟。

台湾旅美学者汤锦台在评价郑成功时说：国姓爷不是一个粗鲁的海寇。他从来没有为个人的利益打仗。他在中国大陆和台湾治下的土地收容了所有效忠明室的人。他一生以收复明朝江山为职志。他也不是残暴之人，至少不像同一时代的欧洲人那样黩武好战。郑成功并不反对基督教义本身，如果因为士兵服从主帅的命令而把传教士给杀了，那是因为他们是荷兰人，而不是因为他们是传教士。当我们把国姓爷对待荷兰人的行为与荷兰人和西班牙人对待中国人的行为对比之后，我们只会更加站在国姓爷的一边。

郑成功收复台湾后，建立了明郑政权。当时有很多人并不理解，甚至疑惑，其中张煌言就说："窃闻举大事者，先在人和；立大业者，尤在地利……即如殿下东都之役（即攻台之战），岂诚谓外岛足以创业开基？不过欲安插文武将吏家室，使之无内顾之忧，庶得专意恢复。但自古未闻以辎重眷属，置之外夷，而后经营中原者……故当兴师之始，兵情将意，先多畏疑。"但郑成功没有称王立国，而是延续南明年制，保持政治制度与大陆一致，努力建设台湾。其捍卫祖国统一的壮举，其意义不论是过去、现在，还是将来，都尤其重大。

荷兰侵略者占领台湾38年，肆意剥削压迫台湾同胞，生产力极其低下。郑成功收复台湾以后，寓兵于农，开荒种地，自力更生。针对台湾地广人稀的现状，郑成功建房、给予优厚的政策，招抚流民迁台，开发台湾。他兴修

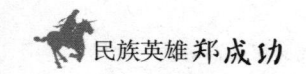

水利，开办教育，发展沿海贸易，引进晒盐、制糖的方法，创办各种工厂，使台湾的经济得到了发展。毋庸置疑，郑成功为开发台湾做出了不可磨灭的贡献，人们称之为"开山王"。清台湾府知府周懋琦写联称赞郑成功："独奉圣朝朔；来开盘古荒。"

郑成功有才气，有血性，是位不折不扣的民族英雄。但人都有缺点，英雄也不例外。由于郑成功急功近利，一味进攻泉州，顾头不顾尾，厦门布防不到位，从而导致了第一次北伐失利。在占据天时、地利、人和的大好形势之下，刚愎自用，不听甘辉之言，导致第二次北伐功败垂成。至于南下勤王，也因错用叔叔郑芝莞而失败。而施琅本是郑成功的谋士，但后来却与郑成功终生为敌，与郑成功执法有些偏激不无关系。

顾城在《南明史》中说："对永历朝廷，郑成功的内心是矛盾的，一方面他希望奉永历正朔的原大西、大顺军和其他抗清势力能支撑下去，拖住清朝的大部分兵员，借以减轻自己的压力。另一方面，他是很有政治头脑的，预见到如果应定国之约出动主力东西合击，必胜无疑，随之而来的是闽粤兵连一体、地成一片，遥相呼应的局面就要改观。郑成功不会不考虑到自己的相对独立性将受到很大限制，军政大事要秉承于朝廷，否则就难逃僭越之议。这些因素必然在郑成功的深谋远虑之中。"

就当时的历史背景来说，南明政权也不过几十年，但藩王争权，内讧不止，在拥立问题上一旦站错队伍，即使社稷功劳再大，也会万劫不复。这一事实，从于谦于少保等拥立代宗的臣子纷纷遇害就已经得到证明。所以，就算郑成功再忠心于大明，郑氏大多部将，也不会答应将郑氏势力置于永历帝的麾下。而这，恰恰是历史的局限性所致。

著名演义小说作家、历史学家、《中国历朝通俗演义》一书的作者蔡东藩说：有孙可望之跋扈，适形李定国之忠，有郑芝龙之卑鄙，益见郑成功之义，一则崛蹯滇中，一则兴师海外，虽其后赍志以终，卒鲜成效，然忠义固有足多者。

清台湾邑令吴延华曾作联："锺河岳之灵，为胜朝绵正朔；遵海滨而处，知中国有圣人。"

清福建巡抚王凯泰以两副联盛赞郑成功，其一是："忠节感苍穹，大海忽将孤岛现；经纶关运会，全山留与后人开。"其二是："孤臣秉孤忠，浩气磅礴留千古；正人扶正气，莫教成败论英雄。"

是啊！多好的一句"莫教成败论英雄"。人们评价英雄，既不要因为他是英雄，就无限地缩小缺点；更不要因为他是英雄，就无限地放大优点。唯有站在历史的角度，客观地看待，才能有的放矢。更何况是评价郑成功这样的有私心、有缺憾、有抱负、有担当，不完美却更加真实的民族英雄。

到台湾任职的沈葆桢，写联盛赞郑成功："开万古得未曾有之奇，洪荒留此山川，作遗民世界；极一生无可如何之遇，缺憾还诸天地，是刱格完人。"

素有"海桑先生"之称的陈谟在评价郑成功时说："纵绝岛别开生面，移山填海，三百年社稷系以存亡，仿箕子、比田横，志士苦心，特向胶痒留气节；是胜代第一完人，起敝扶衰，十七载勋猷明月日月，填滇海，连浙水，英雄无命，长悬肝胆照波涛。"

20世纪50年代，中华人民共和国的历史课本中，就有这样的句子："郑成功在台湾建立政权，团结当地的汉族人民与高山族人民，共同发展生产事业。"并称赞郑成功"驱逐了外国侵略者在台湾的势力……受到我国人民的崇敬"。

张学良将军在他90岁的时候，参观了坐落在台南市的延平祠。老将军感慨不已，作诗一首："孽子孤臣一稚儒，填膺大义抗强胡，丰功岂在尊明朔，确保台湾入版图。"

正是这句"确保台湾入版图"，最终道出了郑成功的功绩所在，同时也说出了所有中华儿女的共同心声。

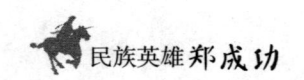

主要参考文献

[1]郁永河.裨海纪游[M]. 台北：台湾银行经济研究室，1958.

[2]吴高飞.郑成功传[M]. 南昌：百花洲文艺出版社，2006.

[3]商金龙.郑成功大传[M]. 北京：北京联合出版社，2011.

[4]皮波人物国际名人研究中心.郑成功[M]. 北京：国际文化出版公司，2012.

[5]姜正成.抗清逐夷复宝岛：郑成功[M]. 北京：海潮出版社，2013.

[6]邓孔昭.郑成功与明郑在台湾[M]. 厦门：厦门大学出版社，2014.